Special Thanks to

세상이 아무리 바쁘게 돌아가더라도
책까지 아무렇게나 빨리 만들 수는 없습니다.

길벗은 독자 여러분이
가장 쉽게, 가장 빨리 배울 수 있는 책을
한 권 한 권 정성을 다해 만들겠습니다.

독자의 1초를 아껴주는 정성을 만나보세요.

미리 책을 읽고 따라해 본 2만 베타테스터 여러분과
무따기 체험단, 길벗스쿨 엄마 2% 기획단,
시나공 평가단, 토익 배틀, 대학생 기자단까지!
믿을 수 있는 책을 함께 만들어주신 독자 여러분께 감사드립니다.

디자인이 막막한가요?
광고부터 **포스터 디자인**까지

AI 디자인

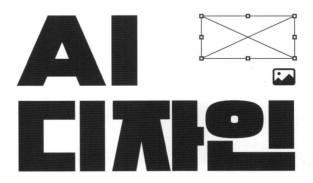

Midjourney
Chat GPT
DALL-E
Photoshop AI

신호진
강경희
최종수 지음

길벗

디자인이 막막한가요?
광고부터 포스터 디자인까지

AI 디자인

————————

초판 발행 · 2024년 9월 13일
초판 2쇄 발행 · 2025년 1월 13일

지은이 · 신호진, 강경희, 최종수
발행인 · 이종원
발행처 · (주)도서출판 길벗
출판사 등록일 · 1990년 12월 24일
주소 · 서울시 마포구 월드컵로 10길 56(서교동)
대표전화 · 02)332-0931 | **팩스** · 02)323-0586
홈페이지 · www.gilbut.co.kr | **이메일** · gilbut@gilbut.co.kr

기획 및 책임 편집 · 박슬기(sul3560@gilbut.co.kr)
표지 디자인 · 박상희 | **본문 디자인** · 앤미디어 | **제작** · 이준호, 손일순, 이진혁
영업 마케팅 · 전선하, 박민영 | **유통혁신** · 한준희 | **영업관리** · 김명자 | **독자지원** · 윤정아

기획 및 편집 진행 · 앤미디어 | **전산 편집** · 앤미디어 | **표지 일러스트** · 앤미디어
CTP 출력 및 인쇄 · 교보피앤비 | **제본** · 신정제본

ISBN 979-11-407-1088-1(03000)
(길벗 도서번호 007196)

정가 27,000원

————————

독자의 1초까지 아껴주는 정성 길벗출판사

(주)도서출판 길벗 · IT교육서, IT단행본, 경제경영서, 어학&실용서, 인문교양서, 자녀교육서 ▶ www.gilbut.co.kr
길벗스쿨 · 국어학습, 수학학습, 어린이교양, 주니어 어학학습, 학습단행본 ▶ www.gilbutschool.co.kr

페이스북 · www.facebook.com/gilbutzigy
네이버 포스트 · post.naver.com/gilbutzigy

디자인 씽킹과 생성형 AI를 통한 새로운 문제 해결 프로세스

생성형 AI를 통한 이미지 생성이 일상화된 지금, AI를 어떻게 활용하고 성과를 낼지 깊이 고민하는 단계에 이르렀습니다. 디자이너의 기술과 업무처리 방식이 변하고 있으며, 필자 또한 챗GPT와 미드저니를 사용하여 기획서 작성과 이미지 생성을 진행하고 있습니다.

같은 도구라도 사용자의 창의성과 문제 해결 능력에 따라 결과물이 다르게 나타납니다. 문제에 대한 통찰력과 정의가 선행되어야 기술이 빛을 발할 수 있습니다. 디자인 프로젝트를 통해 얻은 활용 방법을 공유할 수 있으며, 디자인 씽킹을 통해 문제를 발견하고, 생성형 AI로 업무를 빠르게 진행시킬 수 있습니다.

디자이너들을 위한 AI 디자인 실전서

챗GPT와 미드저니 같은 AI 도구는 디자인 작업의 효율성을 높이며, 아이디어 발굴부터 시각적 프로토타입 제작, 반복 작업 자동화까지 지원하고 있습니다. AI는 디자이너의 창의적 과정을 확장하지만, 디자이너의 고유한 감성과 직관을 대체할 수는 없습니다. 일부는 AI가 디자인 문제 해결을 위한 사고 과정을 저해할 수 있다고 우려하기도 합니다.

이러한 이유로 이 책은 인간 중심적 사고인 디자인 씽킹을 통하여 AI 디자인을 실무에 활용하는 방법을 다룹니다. 챗GPT와 공감하고, 문제를 정의하며, 미드저니를 통해 아이디어와 테스트를 효율적으로 해결하는 사례를 제시합니다. 이를 통해 누구나 쉽게 멋진 디자인 결과물을 얻을 수 있습니다. AI와 디자인 씽킹을 결합해 디자인 문제를 해결하는 실전서로, 디자이너와 창의적인 작업을 하는 사람들에게 유용한 자료가 되기를 기대합니다.

작업 시간을 줄이고, 업무 효율성을 높이는 노하우

생성형 AI 덕분에 시간 관리가 크게 변했습니다. 손이 많이 가는 작업 시간이 단축되고, 머리를 사용하는 시간이 늘어 업무의 효율성이 높아졌습니다. AI를 활용할수록 새로운 시간이 생겨나고, 하고 싶었던 일이나 만남, 필요한 휴식 등을 가질 수 있게 되었습니다. 시간은 돈이나 건강처럼 관리하기 어려운 자원이기에, 이 책이 여러분의 소중한 시간을 더 가치 있게 활용하는 데 도움이 되었으면 합니다.

신호진, 강경희, 최종수

AI 도구를 이용하여 누구나 쉽고 빠르게 디자인 작업을 이해할 수 있도록 3개의 파트와 69개의 섹션으로 구성하였습니다.

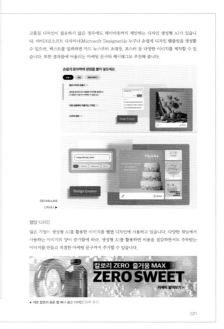

생성형 AI 디자인 이론

생성형 AI를 이용한 디자인 작업의 기본과 AI 도구를 이용한 작업 패턴을 쉽게 이해할 수 있습니다.

비주얼 프롬프트 사전

AI를 이용하여 실무 디자인에 필요한 목업 이미지를 손쉽게 생성할 수 있도록 프롬프트 사전을 제공합니다.

예제 미리 보기

AI 도구로 작업한 예제 결과물을 미리 보여주고, AI 이미지 작업을 위한 개념 및 제작 과정을 소개합니다.

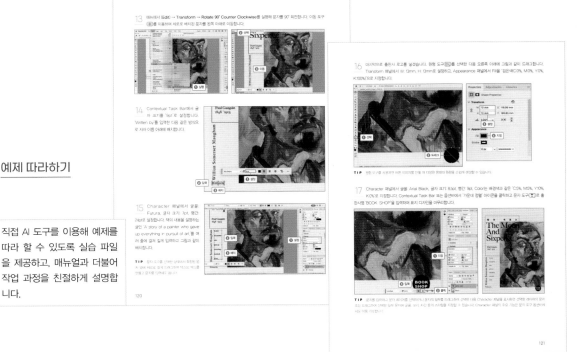

예제 따라하기

직접 AI 도구를 이용해 예제를 따라 할 수 있도록 실습 파일을 제공하고, 매뉴얼과 더불어 작업 과정을 친절하게 설명합니다.

---

* 길벗출판사에서 운영하는 홈페이지(www.gilbut.co.kr)에서는 출간 도서에 대한 정보뿐만 아니라 예제 및 완성 파일 등 학습에 필요한 자료를 제공합니다. 이 책에 사용된 모든 실습 및 완성 파일은 자료실에서 다운로드할 수 있습니다. 해당 도서 페이지 아래쪽의 [자료실]을 클릭해 실습 파일을 다운로드하세요. 홈페이지 회원으로 가입하지 않아도 누구나 자료를 다운로드할 수 있습니다.

PART 1 · AI(인공지능) 시대, 디자이너의 생존법

PART 2 · 디자인의 시간, AI 이미지 생성

PART 3   **실무 디자이너가 알려주는 실전 AI 디자인 제작**

PROJECT | 고갱의 작품을 재해석한 소설 리커버 디자인

AI(인공지능) 시대, 디자이너의 생존법

— AI DESIGN THINKING —

그래픽, 패키지, 웹앱, 광고, 제품 등 다양한 디자인 분야에서 생성형 AI의 활용이 증가하면서 아이디어와 컨셉의 중요성이 더 주목받고 있습니다. 좋은 아이디어와 컨셉은 여전히 인간의 몫입니다. AI(인공지능) 시대에는 인간의 창의적 잠재력을 더 발전시키고 차별화된 아이디어를 개발해야 합니다. 이를 위해 디자인 씽킹(Design Thinking)과 같은 창의적 문제 해결 방법론을 활용할 수 있습니다. 사용자 중심 접근 방식을 통하여 문제를 해결하고, AI와 결합해 창의적 아이디어를 자극하며 빠르게 프로토타입을 제작하여 고객과 테스트할 수 있습니다.

생성형 AI 디자인 작업의 시작, 아이디어와 컨셉

AI의 급속한 발전에도 불구하고 디자인의 특정 측면은 여전히 인간만의 고유한 특성으로 남아 있습니다. 고객의 숨겨진 니즈를 발견하고 창의적으로 문제를 해결하려면 창작자의 디자인 씽킹이 요구됩니다. 여기서는 디자인 분야에서 생성형 AI의 활용 현황을 살펴보고, 디자이너에게 더 중요해질 창의력과 공감 능력에 관해 알아보겠습니다. 또한 디자인 씽킹과 생성형 AI를 어떻게 결합하여 활용할 수 있는지도 살펴보겠습니다.

01 AI 기술이 가져올 업무 혁신

AI 기술의 활용은 이제 선택이 아닌 필수 요소입니다. 대한상공회의소에 따르면 이미 직장인의 75%가 업무에 AI를 활용하고 있다고 합니다. 그들의 주요 관심사는 AI가 일자리를 대체할 것인지보다는 일하는 방식 자체의 변화입니다. AI는 주로 반복적이고 단순한 작업을 대체하는 기술이므로, 인간은 창의적이고 의미 있는 작업에 집중할 기회를 더 많이 가질 수 있습니다.

생성형 AI는 다양한 업무 영역에서 효율성과 생산성을 크게 높일 수 있습니다. 독일 소프트웨어 기업 SAP는 직원들이 콘텐츠와 그래픽 등을 제작할 수 있도록 다양한 AI 도구를 전사적 플랫폼에서 제공합니다. 이러한 도구는 개발자, 마케터 등 다양한 직군에서 활용되며, 이를 통해 고객 및 시장 조사 생산성은 40~50% 증가했고, 콘텐츠 제작 및 전달에서도 20~30%의 생산성 향상을 이루어냈다고 분석하고 있습니다.

AI 기반의 새로운 서비스와 제품이 시장에 도입되면서 AI 생태계도 확장되고 있습니다. 이에 따라 AI 관련 분야에서 전문가 수요가 증가하고 있으며, 이는 새로운 직업의 등장과 경제 성장에 이바지할 것으로 예상됩니다. 특히 국내는 신기술 수용성이 높아 AI 기술이 빠르게 도입될 것으로 보입니다. 생성형 AI는 단순히 인간을 대체하는 것이 아니라, 새로운 작업 방식을 만들어내는 데 중점을 둡니다.

02 디자이너의 업무 방식 변화, 새로운 디자인 도구의 출현

여러분의 업무 방식은 어떻게 변화하고 있나요? 현업에서 생성형 AI는 연필이나 물감, 포토샵, 일러스트레이션과 같은 '새로운 도구'로 언급됩니다.

빠르고 효율적인 이미지 제작

이미지 생성형 AI는 간단한 키워드나 설명만으로도 빠르게 이미지를 생성할 수 있습니다. 이 기술을 활용하면 디자이너는 디자인 프로세스 초기에 다양한 디자인 옵션을 쉽게 시도하고 비교할 수 있으며, 이에 따라 디자인 작업 시간을 단축하고 생산성을 높일 수 있습니다. 또한 이미지 생성형 AI를 사용하면 이미지의 일부분을 수정하거나 새로운 요소를 추가하는 등의 디자인 수정 작업도 간편하게 할 수 있습니다.

▲ 이미지 생성형 AI로 만든 다양한 이미지   ▲ 3D 타이포그래피(150쪽 참고)

또한, 외주 작업으로 맡겼던 일들을 내부에서 처리할 수 있습니다. 스튜디오, 일러스트레이션 등 다양한 작업을 이미지, 영상, 음악 등의 생성형 AI를 활용하여 간편하게 수행할 수 있습니다. 외주 작업을 위한 업체 수배, 견적 작성, 계약서 작성, 업무 범위 및 방향성 논의 등의 모든 과정이 텍스트 프롬프트 한 문장으로 처리됩니다. 이러한 방식으로 직접 제작을 통해 디자이너나 기획자의 의도를 정확하게 반영할 수 있습니다.

방대한 데이터 기반으로 다양한 이미지 생성

이미지 생성형 AI는 방대한 양의 이미지 데이터를 기반으로 학습하여 다양한 스타일과 컨셉의 이미지를 생성할 수 있습니다. 이 기술을 통해 디자이너들은 원하는 이미지를 손쉽게 찾을 수 있을 뿐만 아니라, 기존에는 생각하지 못했던 새로운 디자인 아이디어를 발굴하는 데도 도움을 받을 수 있습니다. 또한 이미지 생성형 AI는 특정 브랜드나 디자인 스타일의 이미지를 생성하도록 학습시킬 수 있어, 브랜드 이미지의 일관성을 유지하는 데 이바지할 수 있습니다.

롯데백화점의 '원더 드림스(Wonder Dreams)' 캠페인은 AI가 생성한 이미지를 키 비주얼로 사용한 사례입니다. 이 캠페인은 '도심 한복판에서 발견한 봄'을 주제로, 네덜란드의 AI 아티스트 노엘 반다이크(Noëlle Van Dijk)와 협업해 일상에서 비현실적이고 경이로운 순간을 표현했습니다. 이 프로젝트는 꿈과 현실의 경계에서 인간의 창의성과 인공지능의 조화를 보여주기 위해 기획했으며, 촬영이나 그래픽 작업으로는 쉽게 표현할 수 없는 환상적인 이미지를 연출했습니다.

롯데백화점의 '원더 드림스(Wonder Dreams)' 캠페인 ▶

아이디어를 자극하는 도구

이미지 생성형 AI는 다양한 이미지를 생성해 디자이너에게 창의적인 영감을 제공합니다. 최근에는 AI를 활용하여 컨셉 워드를 추출하거나 가속하는 활동이 늘어나고 있습니다. 예를 들어, 특정 제품이나 컨셉을 이미지 생성형 AI에 입력하면 AI는 해당 제품이나 컨셉과 관련된 다양한 이미지를 제시합니다. 이러한 이미지들은 디자이너가 새로운 아이디어를 창출하거나 기존 디자인을 발전하는 데 유용하게 활용할 수 있습니다. 또한 이미지 생성형 AI는 사고의 경계를 넓혀주므로, 디자이너들이 창의적이고 혁신적인 방식으로 작업할 기회를 제공합니다.

▲ 미래지향적 향수 브랜드 팝업 스토어 컨셉 디자인(330쪽 참고)

나이키는 파리에서 열린 '나이키 온 에어'에서 AI를 활용해 디자인한 새로운 스니커 컬렉션 'AIR'를 공개했습니다. 이 컬렉션은 다양한 스포츠 문화로부터 받은 영감을 AI 기술로 구현하여 매끈한 재료와 독특한 디자인이 특징입니다. NBA 스타 빅터 웸반야마(Victor Wembanyama)의 별명인 '외계인'을 주제로 한 독특한 디자인은 많은 관심을 받았습니다.

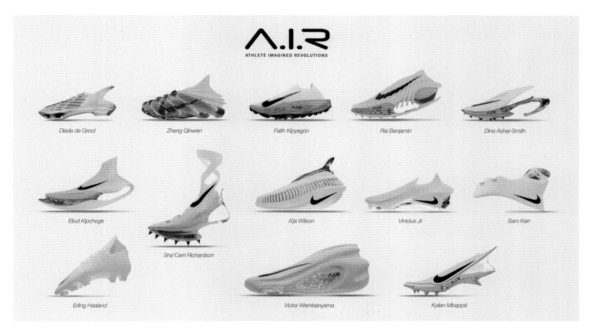

▲ 'AIR'는 'Athletized Imagined Revolution'의 약자로, 기능적 혁신과 상상력이 결합한 디자인을 의미　　　　출처: Nike

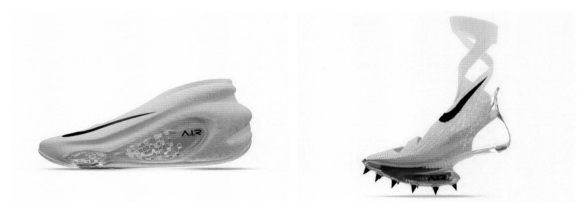

▲ AI가 미국프로농구(NBA)의 농구 선수 빅터 웸반야마(샌안토니오 스　▲ AI가 여자 육상 단거리 선수 샤캐리 리처드슨(미국)를 위해 만든 러닝화
퍼스 소속)를 위해 만든 농구화　　　　　　　　　　　　　　　　　　　　　　　출처: Nike

운동선수의 데이터를 생성형 AI 모델에 입력해 수백 개의 이미지를 생성한 후 디자이너가 스케치를 보완하고 디지털 제작 기술을 더하여 하나의 컨셉으로 완성했습니다. 나이키의 이번 프로젝트에서는 데이터가 아이디어의 기반이 되었으며, AI는 다양한 아이디어를 확장시킬 수 있는 도구로 활용되었습니다.

03 생성형 AI의 다양한 디자인 분야 활용

이미지 생성형 AI는 패키지 디자인, 그래픽 디자인, 편집 디자인, 웹앱 디자인, 광고 디자인, 공간 디자인 등 다양한 상업 디자인 분야에 활용하고 있습니다.

◀ 와인 라벨 디자인(124쪽 참고)

◀ 패턴 디자인으로 풀어가는 북유럽 식기 포장 디자인(256쪽 참고)

다양한 목업 이미지를 생성하는 AI를 활용하면 비용을 절감할 수 있습니다. 이 기술을 활용하여 다양한 제품 목업을 만들고, 디자인 선호도 테스트를 진행할 수 있습니다. 또한, 제품 연출 컷을 촬영 대신 생성형 AI를 활용해 제작할 수 있습니다. 이를 통해 제품의 특징을 잘 나타내는 이미지를 스타일리스트나 스튜디오 촬영 없이도 만들어 낼 수 있습니다. 특히 까다로운 수중 촬영이나 비용이 많이 드는 모델 촬영 역시 생성형 AI가 간편하게 처리할 수 있습니다.

그래픽 디자인

언어 모델을 활용하여 디자인 컨셉을 추출하고 아이디어를 발전시킵니다. 이미지 생성 모델을 사용해 그래픽 디자인에 활용할 다양한 그래픽을 생성합니다. 또한, 고품질의 일러스트와 같은 외주 작업도 생성형 AI를 이용하여 처리할 수 있습니다. 간단한 명령으로 패턴 기반의 작업물도 추출할 수 있습니다.

고품질 디자인이 필요하지 않은 경우에도 레이아웃까지 제안하는 디자인 생성형 AI가 있습니다. 마이크로소프트 디자이너(Microsoft Designer)는 누구나 손쉽게 디자인 템플릿을 생성할 수 있으며, 텍스트를 입력하면 카드 뉴스부터 초대장, 포스터 등 다양한 이미지를 제작할 수 있습니다. 또한 결과물에 어울리는 마케팅 문구와 해시태그도 추천해 줍니다.

마이크로소프트
디자이너 ▶

웹앱 디자인

많은 기업이 생성형 AI를 활용한 이미지를 웹앱 디자인에 사용하고 있습니다. 다양한 채널에서 사용하는 이미지의 양이 증가함에 따라, 생성형 AI를 활용하면 비용을 절감하면서도 주목받는 이미지를 만들고 적절한 마케팅 문구까지 추가할 수 있습니다.

▲ 제로 칼로리 음료 웹 배너 광고 디자인(292쪽 참고)

▲ 피트니스 브랜드 SNS 콘텐츠와 목업 디자인(348쪽 참고)

광고 디자인

광고 캠페인의 목표와 타깃 고객층을 입력하면 AI가 이 정보들을 반영해 광고 전략을 구성합니다. 이미지 프롬프트를 통해 디자인 과정을 함께 진행하며, 이미지 생성형 AI를 사용해 필요한 이미지를 제작합니다. 영상 제작 시에는 스토리보드도 AI가 구성할 수 있습니다. 이러한 방식으로 다양한 홍보 방안을 클라이언트에게 제안할 수 있으며, 시각적으로 콜라보레이션 및 팝업 스토어를 구현해 설득력을 높일 수 있습니다.

◀ 꽃집×패션 편집숍 콜라보레이션 디자인(318쪽 참고)

제품 디자인

제품 디자인도 그래픽 디자인과 마찬가지로 언어 모델을 활용하여 방향성을 결정하고 이미지 생성형 AI로 컨셉 이미지를 만듭니다.

맥주 브랜드 벡스(Beck's)는 창립 150주년을 기념해 AI와 기획, 미드저니로 패키지 디자인까지 제작했습니다. 이 브랜드는 과거를 회고하는 대신 미래를 주제로 디자인했습니다.

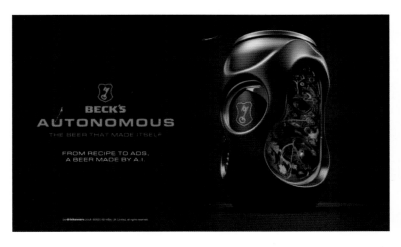

◀ 벡스(Beck's)

비즈컴(VIZCOM)은 제품 디자인에서 많이 사용하는 AI 플랫폼입니다. 텍스트만으로도 이미지를 얻을 수 있고 스케치를 3D로 변환합니다.

▲ 비즈컴(VIZCOM)

출처: www.vizcom.ai

오토데스크의 AI 드림캐쳐(Dreamcatcher)는 제품 디자인 과정에서 디자이너가 문제를 정의하고 필요한 조건 값을 입력하면 최적의 디자인을 제안합니다. 이후 디자이너는 이 제안을 수정하고 보완해 최종 디자인을 완성합니다. 이 과정은 재료를 아끼면서도 튼튼한 제품 설계를 가능하게 합니다. 드림캐쳐를 사용해 기존 제품보다 35% 가벼운 차량 섀시와 휠 연결 부품을 개발할 수 있었습니다.

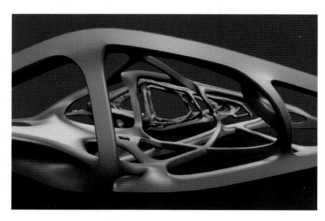

◀ 드림캐쳐로 생성한 차량 부품

또한, 카르텔(Kartell)은 최소한의 재료로 제작한 AI 의자를 개발했습니다. 이 의자는 등 부분에서 다리로 연결되는 디자인이 독특합니다. 현재 이 AI(인공지능) 의자는 제품화되어 다양한 쇼핑 채널에서 판매하고 있습니다.

▲ 다양한 쇼핑 채널에서 판매 중인 카르텔의 AI 의자

◀ 카르텔의 AI 의자

04 더욱더 중요해질 아이디어와 컨셉

생성형 AI로 작업 시간 단축 – 고객 분석, 문제 정의, 아이디어에 집중   기존 프로세스, 이미지 구현에 작업 시간 대부분 소요

| 공감하기 (Empathize) | 문제 정의하기 (Define) | 아이디어 내기 (Ideate) | 프로토타입 만들기 (Prototype) | 검증하기 (test) | 시행하기 (Implement) |

이해(Understand)   탐구(Explore)   구체화(Meterialize)

▲ 생성형 AI와 함께 하는 디자인 프로세스

기존 디자인 프로세스에서는 이미지 구현에 많은 작업 시간이 소요되었지만, 생성형 AI를 이용하면 이 시간을 대폭 단축할 수 있습니다. 생성형 AI는 이미지 처리, 색상 조합, 레이아웃 배치 등 단순하지만, 시간이 오래 걸리는 작업을 효율적으로 처리합니다. 이러한 자동화 기술은 디자이너들이 더 창의적이고 전략적인 작업에 집중할 수 있는 환경을 조성합니다.

AI는 기존 데이터를 기반으로 새로운 이미지를 생성하는 데 뛰어나지만, 진정으로 혁신적인 아이디어는 여전히 디자이너에게 달려 있습니다. AI가 대체하기 어려운 부분은 창의적인 문제 해결 능력입니다. 이는 디자이너가 독창적인 컨셉을 개발하고 새로운 아이디어를 발굴하는 데 집중해야 함을 의미합니다. 디자이너는 단축된 작업 시간으로부터 고객 분석, 문제 정의, 아이디어 발굴 단계로 시간을 분배할 수 있을 것입니다.

또한 AI가 생성한 디자인은 기술적으로 완벽할 수 있지만, 인간의 감성을 이해하고 이를 디자인에 반영하기는 어렵습니다. 사용자 경험(UX)과 감성 디자인은 사람의 감정과 필요를 깊이 이해하고 그것을 디자인에 녹이는 과정을 요구합니다. 이는 AI가 쉽게 대체할 수 없는 영역이며, 디자이너의 감각과 창의력이 중요한 이유입니다.

낫코(NotCo)의 광고 캠페인 사례는 기술보다 더 선행되어야 할 중요한 조건에 관해 이야기합니다. 뉴욕 지하철역에 쭈글쭈글한 동물의 모습이 걸려 있습니다. 늙은 돼지의 이미지가 강렬하게 눈에 띄며, 이는 비건 식품 브랜드 낫코의 새로운 캠페인입니다. 이 캠페인은 '식용을 위해 도축당하는 동물들이 만약에 수명을 다할 때까지 산다면 어떤 모습을 하고 있을까?'라는 질문을 제기하여 우리 삶의 방식에 대한 깊은 생각을 유도합니다.

2살부터 인공 수정에 시달리는 젖소는 우유의 질이 떨어지는 5살 때 도축된다고 합니다. 소의 자연 수명은 평균적으로 48년, 돼지와 닭은 20년입니다. 농장에서는 동물들이 늙은 모습을 보기 힘듭니다. 낫코는 이 점을 강조함으로써 '비건'에 대한 공감을 얻고 브랜드 철학을 알리는 기회로 삼았습니다.

▲ 낫코(NotCo)의 광고 캠페인 속 늙은 돼지

광고에 사용한 이미지는 생성형 AI가 제작했습니다. 이는 낫코가 주세페라는 식품 분자 구조 분석 AI를 통해 비건 제품을 개발하는 철학과 연결됩니다. 이를 통해 낫코는 미래의 가능성을 모색하는 기업으로 자리매김하고 있습니다.

낫코의 최고 마케팅 책임자 페르난도 마차도(Fernando Machado)는 많은 AI 기반 작품이 단순히 기술적인 활용에 그치지 말아야 한다고 강조합니다. 그는 기술을 활용하기 전에 명확한 컨셉이 필요하다고 믿으며, 이 생각은 낫코의 최근 캠페인에도 반영되었습니다. 그는 낫코의 사례가 강렬한 이미지와 함께 마음을 움직이는 컨셉을 담고 있어서 특별히 기억에 남는다고 언급했습니다.

스탠퍼드 대학교의 AIRE 프로그램 디렉터인 리 장(Li Jiang) 교수는 '스탠퍼드가 가르치는 AI 시대 생존법'에서 AI가 처리할 수 있는 일은 AI에 맡기고, 인간은 그들의 독특한 역할에 집중해야 한다고 강조합니다.

AI 기술의 발전에도 불구하고, 디자인의 특정 측면은 여전히 인간의 독특한 능력에 의존합니다. 우리는 프로젝트의 방향과 비전을 설정하고, 주어진 제안을 창의적으로 개념화해야 합니다. 또한, 인간 행동에 대한 깊은 이해와 실제 사용자 요구를 충족하는지를 점검하는 것도 중요합니다.

우리에겐 디자인 씽킹 능력이 있다!

AI 시대에 있어서 인간은 자신의 창의적 잠재력을 더 발전시키고 차별화된 아이디어와 컨셉을 개발해야 합니다. 이를 위해 디자인 씽킹(Design Thinking)이라고 알려진 창의적 문제 해결 방법론을 활용할 수 있습니다.

01 AI 시대에 디자인 씽킹이 중요해지는 이유

공감을 통한 인간 중심 접근 방식

AI는 방대한 데이터를 분석하여 트렌드와 사용자 행동을 예측할 수 있지만, 실제 사용자의 깊은 니즈와 감정적인 측면을 완전히 이해하는 데는 한계가 있습니다. 예를 들어, 숙박 애플리케이션의 주 고객은 데이터상으로 20~30대 남성이지만, 실제로 고객 행동을 분석했더니 여자 친구나 배우자가 숙박 장소를 결정하고 예약만 남성이 하는 것으로 나타났습니다. 이러한 사용자 의도나 동기를 고려하지 않으면 데이터 분석 결과의 함정에 빠질 수 있습니다.

디자인 씽킹은 관찰, 경험, 인터뷰를 통해 사용자의 감정, 경험, 동기를 깊이 이해하고 이를 기반으로 해결책을 모색합니다. 고객 이해의 좋은 예는 오랄비 어린이 칫솔입니다. 아이들이 칫솔질할 때 어른처럼 잡지 못하고 주먹 쥐듯 움켜잡는 것을 발견하고, 이를 해결하기 위해 아이의 작은 손에 맞는 통통한 그립의 칫솔을 개발한 사례가 있습니다. 이러한 접근은 깊은 공감을 통해 인간을 이해하고 올바른 문제를 정의하는 데 중요한 역할을 합니다. AI의 데이터 분석 능력과 결합해, 더 나은 솔루션을 창출할 기회를 제공합니다.

▲ 디자인 씽킹을 통해 개발된 아이용 칫솔

창의성과 협업 촉진

디자인 씽킹은 다양한 아이디어를 자유롭게 발상하고 발전하는 과정을 중요시합니다. AI 시대에 이 방법론이 주목받는 이유는 AI 기능과 인간의 창의성을 결합하여 혁신적으로 문제를 해결하고 사용자 중심의 솔루션을 창출할 수 있기 때문입니다. 또한, 협업을 통해 다양한 관점을 반영한 더 혁신적인 아이디어를 도출할 수 있는 장점이 있습니다.

프로토타입과 테스트

디자인 씽킹은 아이디어를 빠르게 프로토타입으로 만들고 테스트하며, 사용자의 피드백을 받아 최종 결과물을 개선하는 과정을 포함합니다. 프로토타입과 테스트 과정에 AI를 활용하면 더욱 빠르고 효과적으로 아이디어의 유효성을 증명하고 개선할 수 있습니다.

AI 시대에 디자인 씽킹은 좋은 컨셉과 아이디어를 제안하는 데 매우 유용한 도구가 될 것입니다. 인간 중심의 접근 방식과 창의성을 강조하며, 협업을 통한 다양한 관점의 반영, 프로토타입 제작과 테스트를 통한 아이디어 검증, 문제 재정의와 혁신적인 해결책 모색 등 디자인 씽킹의 강점은 AI의 기능을 보완하고 강화합니다. AI로 디자인 씽킹 프로세스를 가속하면 더 창의적이고 혁신적인 결과물을 얻을 수 있을 것입니다.

02 디자인 씽킹이란?

디자인 씽킹의 개념은 허버트 사이먼(Herbert A. Simon) 교수가 1960년대에 최초로 제안했습니다. 그는 '디자인이란 현재 상황을 더 나은 방향으로 바꾸는 것'이라고 정의했습니다.

1980~1990년대에는 IDEO를 비롯한 여러 컨설팅 회사가 디자인 씽킹을 발전시키고 적용해 혁신적인 해결책을 찾는 데 중요한 역할을 했습니다. 이후 스탠퍼드 대학교의 d.School에서 디자인 씽킹을 학문적으로 체계화해 대중에게 널리 알려졌습니다.

▲ 스탠퍼드 대학교 d.School의 디자인 씽킹   출처: dschool.stanford.edu

애플, IDEO, IBM과 같은 선도적인 기업들은 디자인 씽킹을 적극적으로 채택해 사용자 중심의 제품과 서비스를 개발하고 있습니다. 사회적 문제 해결에도 디자인 씽킹은 널리 활용합니다.

독일 쾰른, 세인트존역 앞의 카페 굴리버(Gulliver)는 디자인 씽킹을 활용해 사각지대에 있는 노숙자 문제를 해결한 좋은 사례입니다. 노숙자들은 기존 고정관념과 달리 무료로 자선을 받는 것을 부끄러워했습니다. 카페 굴리버에서는 우리 돈 5천 원 정도의 비용을 내면 당당하게 세탁, 인터넷, 식사 등의 서비스를 받을 수 있습니다. 노숙자들은 이곳에서 자존감을 회복하고 내일을 준비합니다. 사람을 존중하는 마음이 효과적인 문제 해결을 가능케 합니다.

국제 개발, 공공 보건, 교육 개선과 같은 다양한 영역에서 디자인 씽킹은 사용자 중심의 접근 방식을 통해 지역 사회의 실질적인 필요를 충족시키며, 혁신적인 솔루션을 제공하는 데 이바지하고 있습니다.

03 사례로 알아보는 디자인 씽킹 프로세스

디자인 씽킹 프로세스는 공감, 문제 정의, 아이디어, 프로토타입 제작, 테스트의 5단계로 구성됩니다. 각 단계에서 발견된 인사이트가 전체 과정을 유연하게 이끌어가며, 필요에 따라 되돌아가거나 새롭게 시작할 수 있습니다.

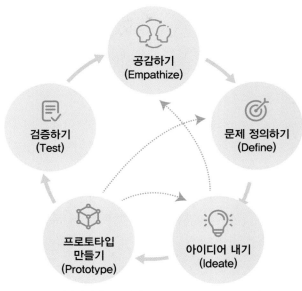

▲ 디자인 씽킹 프로세스(Design Thinking Process)

1. 공감하기

디자인 씽킹 프로세스에서 공감 단계는 매우 중요합니다. 이는 고객의 상황을 정확히 이해하기 위해 관찰과 직접적인 경험을 통해 진행됩니다. 공감의 핵심은 설문 조사나 단순한 인터뷰로 파악하기 어려운 고객의 실제 습관과 그들이 사는 환경까지 깊이 파악하는 것입니다. 이 과정을 통해 얻는 인사이트는 디자인의 기초가 되며, 고객의 진정한 필요와 문제를 명확히 이해하는 데 중요한 역할을 합니다.

GE 의료 기기 부서의 더그 디츠(Doug Dietz)는 어린 여자아이가 MRI 검사 중에 울음을 터트리는 것을 발견하고 문제 해결에 나섰습니다. 어른들도 불안을 느끼는 MRI 기계 앞에서 어린 환자들이 겪는 어려움을 덜기 위하여 디자인 씽킹을 적용했습니다. 새로운 MRI 프로토타입은 기계와 병실 전체를 해적선 등의 테마로 꾸며 어린이들에게 모험을 제안했습니다. 촬영 기사에게는 즐거운 모험의 진행자 역할을 할 수 있게 대본을 제공했습니다. 검사는 이야기를 따라 진행되고, 검사 후에는 작은 장난감이 담긴 보물 상자가 선물로 주어졌습니다. 검사 만족도는 90% 이상 향상했으며 마취제 투여 횟수도 줄었습니다. 이 결과로 병원은 더 많은 환자를 진료할 수 있었습니다.

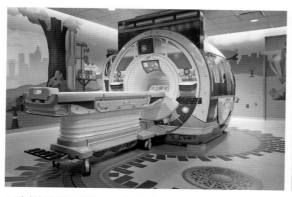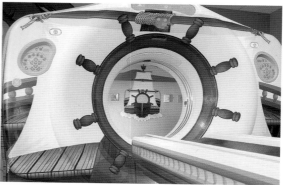

▲ 디자인 씽킹을 적용한 어린이를 위한 MRI

때로는 고객뿐만 아니라 이해관계자 모두의 니즈를 검토하는 것도 중요합니다. 덴마크의 홀스테브로(Holstebro)시는 인구 노령화 문제와 영양실조로 고통받는 요양원 노인들을 위해 디자인 씽킹을 도입했습니다. 노인들과 이해관계자들의 니즈를 검토하고, 식사 서비스를 개선하기 위해 다양한 인터뷰를 진행한 결과, 그들은 오래된 메뉴와 맛없는 식사에 불만을 표현했고, 주방 직원들은 식사를 만드는 능력은 충분하지만, 다른 접근이 필요하다고 언급했습니다. 디자인 씽킹을 통해 진짜 문제는 노인들이 선호하는 메뉴 구성과 효율적인 배송 프로세스에 있음을 확인했습니다.

브랜드를 'The Good Kitchen'으로 리뉴얼하고 메뉴 재설계, 배송 프로세스 개선, 직원 사기 진작을 위한 활동을 진행했습니다. 새로운 메뉴는 모듈화된 서비스로 개인화된 식사를 가능하게 하여 노인들의 만족도를 크게 높였고, 결과적으로 런칭 후 2개월 만에 주문량이 500% 상승했습니다. 이 성과는 덴마크 디자인상을 받으며 높이 평가받았습니다.

▲ 덴마크의 홀스테브로(Holstebro)시의 The Good Kitchen 브랜드

더그 디츠는 어린아이의 마음에서 MRI 검사를 바라봤고, 굿키친은 음식을 먹는 사람들 뿐만 아니라 만드는 사람들의 마음까지 고려합니다. 디자인 씽킹의 '공감' 단계에서는 사용자 여정 지도와 같은 분석 도구를 활용하여 고객을 관찰하고 인터뷰하는 것뿐만 아니라, 필요한 경우 직접 경험을 통해 상황을 이해합니다. 이를 통해 표면적으로 드러나지 않은 사람들의 니즈를 발견하고, 그들의 실제 문제를 해결할 방법을 모색합니다.

2. 문제 정의하기

▲ 니코레트 앱

디자인 씽킹 프로세스 중 두 번째 단계인 문제 정의는 공감으로 얻은 고객의 니즈와 페인 포인트*를 분석하여 해결해야 할 '진짜' 문제를 발견하는 과정입니다.

화이자(Pfizer)는 자사의 금연 치료제 니코레트의 성장이 둔화하여 이를 해결하기 위해 디자인 씽킹을 도입했습니다.

화이자는 사용자 경험을 분석한 결과로부터 흡연자들이 담배 피우는 것을 생활 습관으로 보고 있으며, 정신적인 통제력을 통해 해결하길 원한다는 인사이트를 얻었습니다. 이를 바탕으로 '니코레트를 홍보하기보다는 흡연 습관을 개선하자'라는 새로운 문제를 정의했습니다. 그 결과, 흡연 습관 개선을 위한 애플리케이션과 가족 및 의료진과 함께하는 프로그램을 개발하여 이를 통해 브랜드 이미지와 매출을 동시에 향상시켰습니다. 이러한 접근은 화이자에 혁신적인 관점을 제공하면서 고객의 요구와 선호를 이해하고 충족하는 핵심 역량을 강화하는 데 이바지했다고 업계 전문가들은 평가합니다.

3. 아이디어 내기

디자인 씽킹에서는 올바른 문제 정의를 찾은 후 아이디어를 발전하는 과정으로 넘어갑니다. 이 단계에서는 '어떤 아이디어라도 환영'하는 접근을 취합니다. IDEO의 설립자 데이비드 켈리(David Kelley)는 "위대한 생각을 하고 싶으면 먼저 많은 아이디어를 내라."라고 강조했습니다. 많은 아이디어를 내기 위하여 브레인스토밍, 엉뚱한 것들을 연결해 보는 시네틱스, 비유를 활용한 시각적 사고법, 그리고 성공적인 사례를 분석하는 트리즈(TRIZ)와 같은 다양한 도구와 기법을 활용할 수 있습니다. 확산 과정을 통해 추출된 많은 양의 아이디어는 이후 수렴의 과정을 거쳐 다듬어집니다.

개발도상국에서 태어나는 미숙아들은 저체온증을 해결할 인큐베이터 부족으로 사망률이 높습니다. 이 문제를 해결하기 위해 다양한 방법이 제시되었지만, 현지 실정에 맞지 않아 실질적인 문제 해결이 어려웠습니다. 스탠퍼드 대학교 디자인 스쿨의 '최고의 경제성을 자랑하는 디자인(Design for Extreme Affordability)' 수업에서 학생들은 '핫팩'이라는 새로운 아이디어를 제안했습니다.

---

* 페인 포인트(Pain Point)는 마케팅과 비즈니스 전략에서 자주 사용하는 용어로, 고객이 경험하는 불편함을 의미합니다. 고객의 문제점을 해결하면 고객 만족도와 충성도를 높일 수 있으며 차별화된 제품과 서비스를 제공할 수 있습니다.

이 아이디어는 아이를 감쌀 수 있는 파우치형 장치와 온도를 확인할 수 있는 창, 살균을 위한 핫팩 물질을 포함하고 있습니다. 'Embrace'라는 이 인큐베이터는 단 25달러로 제작할 수 있을 뿐만 아니라 엄마가 안아주기만 하면 되는 현지에 맞는 효과적인 해결책으로, 현재 20개국에서 20만 명 이상의 아기들을 구조했습니다.

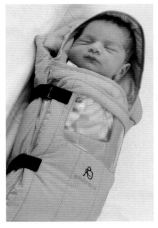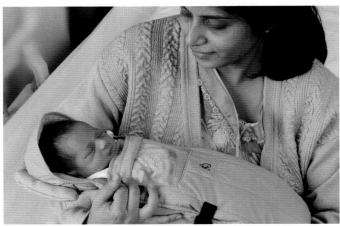

▲ 핫팩 형태의 인큐베이터 Embrace

출처: slate.com

4. 프로토타입 만들기 / 5. 검증하기

디자인 씽킹 프로세스의 특징은 빠르고 유연하게 프로토타입을 만들고 테스트하는 것입니다. 완벽한 계획보다는 빠르게 실행하고 필요에 따라 개선해 나가는 접근이 유효성을 높입니다.

에어비앤비(Airbnb)는 호텔을 보유하지 않으면서도 호텔 체인의 선두주자인 힐튼을 넘어선 기업 가치를 창출한 사례입니다. 2009년 설립 초기에는 파산 위기를 맞이했지만, 이를 디자인 씽킹 프로세스를 통해 해결했습니다.

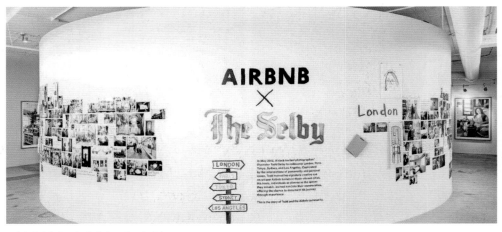

▲ '에어비앤비×더 셀비'의 콜라보레이션

그들은 플랫폼의 문제점을 검토하던 중 사람들이 올린 집 소개 사진의 품질이 낮다는 문제를 발견했습니다. 이를 해결하기 위해 집주인들과 직접 만나서 사진을 찍는 법을 가르치고 사진기도 대여했습니다. 이 아이디어를 빠르게 실행한 결과 일주일 후 수익이 두 배로 증가했습니다. 이들은 책상에서 고민하지 않고 아이디어를 직접 테스트하여 문제를 신속하게 해결했습니다.

펩시 오리지널 이모티콘 프로젝트는 경영진의 반대를 이겨내기 위하여 프로토타입 제작을 통해 성공적으로 설득하는 사례였습니다. 다양한 감정을 표현하는 이모티콘을 제품의 라벨에 디자인하고, SNS를 통해 소비자들이 자신만의 '펩시 모지(펩시 이모티콘)'를 만들어 공유하게 하는 이 아이디어는 프로토타입 제작을 통해 시연함으로써 가치를 입증할 수 있었습니다.

▲ 펩시 오리지널 이모티콘 프로젝트   출처: Pepsi.com

디자인 씽킹은 반복적이고 유연한 프로세스로, 아이디어를 빠르게 테스트할 수 있도록 프로토타입을 만들고 실제 사용자에게 테스트하며 피드백을 수집하는 과정을 포함합니다. 이를 통해 만족스러운 결과가 나올 때까지 반복적으로 개선합니다. 이 과정을 통해 효과적이고 사용자 중심의 솔루션을 개발할 수 있습니다. 초기 아이디어를 자주 테스트함으로써 가정을 검증하고 솔루션이 실현 가능하며 효과적인지를 확인할 수 있습니다. 이런 방식은 실패를 디자인 프로세스의 자연스러운 일부로 취급하며, 실수로부터 배우고 최종적으로 더 나은 솔루션을 창출할 수 있게 도와줍니다.

디자인은 결국 솔루션!
AI와 디자인 씽킹 결합하기

생성형 AI의 데이터 기반 접근 방식과 디자인 씽킹의 인간 중심 접근 방식이 결합되면 더욱 창의적인 결과를 기대할 수 있습니다. 생성형 AI는 디자인 씽킹에 어떤 도움을 줄 수 있을까요?

01 생성형 AI와 공감하기

'공감'은 사용자의 관점에서 세상을 보며, 문제의 본질을 파악하는 중요한 단계입니다. 이는 이미 존재하지만, 발견되지 않은 고객의 니즈를 찾아내기 위해 고객을 관찰하고 인터뷰하는 과정을 포함합니다. 필요하면 현장에 뛰어들어 직접 경험합니다. 공감하기 과정에서 생성형 AI를 활용해 다양한 고객 데이터를 수집할 수 있습니다. 예를 들어 고객들이 남긴 댓글을 분석하여 어떤 견해를 가졌는지, 불편한 것은 무엇인지 분석할 수 있습니다.

▼ 파트 2 – 챗GPT를 활용한 고객 데이터 분석(42쪽 참고)

CHATGPT

너는 데이터 분석 전문가야. 유튜브 내 댓글을 분석해 긍정어와 부정어를 나누고, 인사이트를 제안해 줘.

유튜브 댓글을 분석해 긍정어와 부정어를 나누고, 인사이트를 제공하기 위해서는 다음과 같은 과정을 거쳐야 합니다.

1. **데이터 수집**: 분석할 유튜브 댓글 데이터를 수집합니다.
2. **전처리**: 수집한 데이터를 분석하기 적합하게 정리합니다.
3. **감정 분석**: 댓글의 긍정/부정 감정을 분류합니다.
4. **인사이트 도출**: 분석 결과를 바탕으로 인사이트를 도출합니다.

먼저, 유튜브 댓글 데이터를 수집할 방법을 안내해 드리겠습니다. 데이터 수집이 완료된 후, 수집된 데이터를 분석하는 코드를 작성하고 인사이트를 도출하겠습니다.

다양한 방법으로 수집한 데이터를 바탕으로 페르소나*를 작성합니다. 이를 통해 효과적으로 고객 경험을 개선하고, 참여율과 전환율을 높일 수 있습니다.

▲ 파트 2 – 챗GPT를 활용한 고객 페르소나 작성(49쪽 참고)

* 페르소나(Persona)란 우리 제품과 서비스의 타깃 고객을 대표하는 가상의 프로필로, 실제 데이터를 분석, 편집해 상세하게 작성하고 표현합니다. 가상의 인물을 정해 나이와 직업뿐만 아니라 행동, 동기, 목표, 과제 및 선호도를 자세하게 작성합니다. 페르소나는 고객을 항상 중심에 놓고 생각할 수 있게 하는 중요한 도구입니다.

02 생성형 AI와 문제 정의하기

고객을 공감의 관점에서 살펴본 후 페르소나를 정의했다면 다음에 할 일은 문제를 정의하는 것입니다. 문제 정의를 어떻게 하느냐에 따라 아이디어를 내는 방향이 달라지고 해결 방법도 달라집니다. 고객의 진짜 문제를 발견할 수 있도록 다음의 3가지 질문을 염두에 두어야 합니다.

> • 이 문제점이 진짜 문제점인가?
> • 이 문제를 해결하는 것이 고객에게 어떤 의미가 있는가?
> • 내가 해결하고 싶고 영감을 주는 문제인가?

문제에 대한 관점 서술문*을 작성하면 좀 더 확실한 방향성을 잡을 수 있습니다.

> • POV(Point Of View, 관점 서술문): (Who)는 (What)이다. 왜냐하면 (Why) 때문이다.
>
> **POV 예시 1**
> • Who: 80대 후반의 혼자 사시는 할머니는
> • What: 아들과 전화 통화를 할 때마다 아픈 곳이 많다고 하소연하신다.
> • Because: 왜냐하면 할머니는 아들이 보고 싶고 외롭기 때문이다.
>
> **POV 예시 2**
> • Who: 80대 후반의 혼자 사시는 할머니는
> • What: 아들과 전화 통화를 할 때마다 아픈 곳이 많다고 하소연하신다.
> • Because: 왜냐하면 부쩍 건강이 나빠졌기 때문이다.
>
> **POV 예시 3**
> • Who: 80대 후반의 혼자 사시는 할머니는
> • What: 아들과 전화 통화를 할 때마다 아픈 곳이 많다고 하소연하신다.
> • Because: 옆집 할머니가 아들이 사준 최신형 안마의자를 자랑해서 부럽기 때문이다.

어떤가요? 3가지 POV 모두 다른 해결 방법으로 우리를 안내하고 있지 않나요?

"○○○ 고객은 ○○○다. 왜냐하면 (놀랍게도) ○○○하기 때문이다." 관점 서술문에서 '왜냐하면(Because)' 부분은 우리의 인사이트*를 요구합니다. 이때 인사이트는 증명되지 않은 가설이며 동시에 고객의 숨은 니즈를 읽어내는 힘입니다. 그래서 관점 서술문이 '놀랍게도'와 같은 놀라운 통찰이면 더 좋습니다.

관점 서술문이 작성되면 그 문제를 해결하기 위해 어떻게 행동할 것인지 HMW(How Might We) 문장을 작성함으로써 문제 정의를 구체화할 수 있습니다. 예쁘게, 귀엽게 같은 형용사는 그

---

* 관점 서술문(Point Of View, POV)은 고객이 느끼는 불편함이나 욕구를 한 문장으로 정리한 것을 말합니다.
* 인사이트(Insight)는 고객의 행동, 필요, 욕구, 그리고 문제를 깊이 이해하는 통찰력을 의미합니다.

이유를 모두 다르게 해석할 수 있는 여지가 있으므로 지양합니다. How Might We 문장은 범위가 너무 좁지도, 넓지도 않아야 합니다. 예를 들어 아래와 같은 문장으로 정의했을 때, 선물이라는 범위를 지정했고, '자랑할 만한 선물'은 유·무형으로 나눌 수 있으므로 적당한 범위의 문제 정의가 될 수 있습니다.

> • Who: 어떻게 하면
> • Might We?: 우리가 옆집 할머니에게 자랑할 만한 선물을 할 수 있을까?

생성형 AI는 인간의 인사이트가 필요한 부분에서 유용하게 활용할 수 있습니다. 자신의 논리에 갇히지 않고 새로운 관점을 제공하며, 대화를 통해 문제를 논의하고 해결 방법을 찾는 데 도움을 줍니다.

예를 들어, 챗GPT를 사용해 생성한 페르소나를 바탕으로 관점 서술문을 작성하거나, 문제 정의에 대한 샘플을 제안받을 수 있습니다. 페르소나를 통해 구체적인 상황을 이해하고, "어떻게 하면 이 문제를 해결할 수 있을까?"라는 질문을 통해 How Might We 문장을 작성할 수 있습니다.

▼ 파트 3 – '와인 라벨 디자인' 관점 서술문(Point of View)(128쪽 참고)

CHATGPT 그 문제를 해결하기 위해 어떻게 행동할 것인지 How Might We 문장을 작성해 줘.
예시:

• How: 어떻게 하면

• Might We?: 우리가 페르소나의 인스타그램에 와인 사진을 업로드할 수 있게 해줄까?

 How Might We 문장

1. • How: 사과 와인의 전통적인 문경 유래와 공예 과정을 어떻게 강조할 수 있을까요?
   • Might We?: 우리는 페르소나가 소셜 미디어에 공유하는 것을 매력적으로 만들면서, 지역적인 이야기를 강조하는 매력적인 시각적이고 서사적인 콘텐츠를 만들 수 있을까요?

2. • How: 사과 와인이 페르소나의 건강 및 건강 기준을 충족하도록 하려면 어떻게 해야 할까요?
   • Might We?: 인공 첨가물의 부재를 강조하고 사과의 건강상 이점을 홍보하면서, 우리는 와인의 자연적이고 최소한으로 가공된 특성을 강조할 수 있을까요?

3. • How: 페르소나에게 독점적이고 독특한 제품 경험을 제공하려면 어떻게 해야 할까요?

• Might We?: 독특한 제품을 선호하는 페르소나의 취향에 맞는 한정판 제품이나 사과 와인의 계절별 변형 제품을 소개할 수 있을까요?

4. • How: 우리는 사과 와인의 프리미엄 품질을 페르소나에게 어떻게 전달할 수 있을까요?

• Might We?: 우리는 와인의 프리미엄 특성을 효과적으로 전달하기 위해 고품질의 포장, 상세한 제품 설명 및 신뢰할 수 있는 출처의 보증을 사용할 수 있을까요?

5. • How: 어떻게 하면 페르소나의 활발한 소셜 미디어 활동을 활용하여 사과 와인을 홍보할 수 있을까요?

• Might We?: 인플루언서들과 협업하여 페르소나가 인스타그램에서 공유해야 할 시각적으로 매력적인 놀라운 콘텐츠를 만들어 더 많은 사람에게 다가갈 수 있을까요?

여러 가지 제안받은 결괏값을 다듬어 나갑니다. 문제 정의도 같은 방식으로 진행할 수 있습니다.

정의한 Point Of View야.

• Who: 새로운 제품을 경험해 보기를 좋아하는 32세의 마케터는

• What: 로컬 푸드에 관심이 있지만, 와인은 구매하지 않는다.

• Because: 왜냐하면 제품이 인스타그램에 올릴만 하지 않기 때문이다.

이를 바탕으로 그 문제를 해결하기 위해 어떻게 행동할 것인지 How Might We 문장을 작성해 줘.

예시:

• How: 어떻게 하면

• Might We?: 우리가 페르소나의 인스타그램에 와인 사진을 업로드할 수 있게 해줄까?

How Might We 문장

• How: 와인을 시각적으로 더 매력적이고 인스타그램에 올릴 방법은 무엇일까요?

• Might We?: 페르소나가 자신의 인스타그램에 공유하고 싶은 더 매력적이고 사진이 잘 나오는 제품을 만들기 위해 와인의 포장과 프레젠테이션을 다시 디자인할 수 있을까요?

결괏값을 제안합니다. 이 문장을 그대로 사용해도 되지만, 함께 프로젝트를 진행하는 사람들과 의견을 나누며 다듬어 나갈 수도 있습니다.

03 생성형 AI와 아이디어 내기, 프로토타입 제작하기

아이디어 내기 단계에서 생성형 AI는 창의적 도구로 활용할 수 있습니다. 가장 주목받는 방법의 하나는 '자동화된 아이디어 생성'입니다. 이 기능을 통해 AI는 다양한 입력 데이터를 기반으로 새로운 아이디어나 개념을 자동으로 생성할 수 있습니다. 예를 들어, AI는 의학과 게임이라는 두 분야의 지식을 결합해 건강을 증진하는 게임이라는 혁신적인 아이디어를 도출할 수 있습니다. 이는 AI가 학습한 내용을 바탕으로 다양한 분야의 지식을 자유롭게 결합하여 새로운 연결과 아이디어를 제안할 수 있음을 의미합니다.

▲ AI로 만든
'과일부케'
아이디어 스케치

AI는 빠르게 반복적인 테스트와 개선을 통해 사용자에게 가장 효과적인 솔루션을 제안하고 지속적으로 개선할 수 있습니다. 특히 디자인 분야에서 사용하는 이미지 생성형 AI는 기존의 시안 작업 시간을 상당히 단축합니다. 예를 들어, 과일주스의 새로운 시각적 표현을 고민할 때, 과일 부케라는 컨셉을 구현하기 위해 이전에는 이미지 검색과 합성 작업을 번거롭게 해야 했지만, 이제는 생성형 AI 서비스에 '과일'과 '부케'라는 키워드를 입력하면 됩니다. 이는 업무 프로세스를 가속할 뿐만 아니라, 더 빠르고 직관적인 아이디어 제안을 가능하게 합니다.

바비(Barbie) 패키지 디자인에서는 바비 인형이 어떤 이야기를 펼치게 될지를 결정짓는 배경 이미지가 매우 중요합니다. 이 이미지는 수많은 바비 인형의 스토리텔링을 전달하는 핵심적인 역할을 합니다. 마텔(Mattel)의 디자이너들은 바비 인형이 어떤 상황에 놓여있는지를 고민하며, 패키지 배경을 통해 바비와 친구들의 모험과 일상을 시각적으로 표현합니다.

▲ 다양한 바비 제품

마텔의 디자인팀은 어도비의 생성형 AI 파이어플라이(Adobe Firefly)를 이용하여 아이디어를 구상하기로 했습니다.

◀ 바비 제품 배경 스케치

기존 디자인 프로세스에서는 스케치를 기반으로 여러 버전을 만들어 이를 피드백하고 검토하는 과정을 주로 사용했습니다. 이런 방식은 시간이 오래 걸릴 뿐만 아니라 다양한 이해관계자들과 디자인 세부 사항을 조율하는 과정을 거쳐야 했으므로 시간이 많이 소요되었습니다.

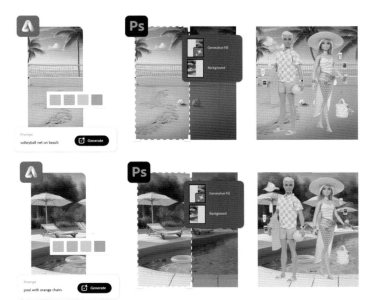

출처: blog.adobe.com

어도비의 생성형 AI 파이어플라이를 활용하면 프롬프트를 입력해 단 몇 초 안에 배경 이미지를 생성할 수 있습니다. 마텔은 이 기술을 의사결정 속도를 높이고 아이디어 구상 단계의 워크플로우를 가속하는 데 활용했습니다.

디자인 씽킹은 사용자 중심 접근 방식을 통해 문제를 해결하고 창의적인 아이디어를 발굴하는 과정입니다. 디자인 씽킹 프로세스에 AI 도구를 적절히 사용하면 창의적인 아이디어를 자극하고 프로토타입 제작의 속도를 높이는 등 업무 효율을 향상할 수 있을 것입니다.

디자인의 시간, AI 이미지 생성

— AI DESIGN THINKING —

효율적인 디자인 전략 기획과 창의적인 디자인을 위해 다양한 생성형 AI를 활용할 수 있습니다. 실무 디자인 프로세스에 맞춰 생성형 AI 활용 방법을 예시와 함께 구성했습니다.

+ PART 2에서는 멀티 모달 기능이 지원되는 챗GPT 4o 버전과 제미나이 (Gemini)로 진행했습니다. 이미지 생성형 AI는 미드저니를 이용했습니다.

SECTION

1.

디자이너가 AI로 시장 조사하는 방법

디자인 작업 전 시장 조사는 매우 중요합니다. 이는 디자인 씽킹 프로세스의 '공감하기' 단계와 관련 있으며, 소비자 요구와 선호를 이해하고 경쟁 제품을 분석해 차별화된 디자인을 개발하는 데 도움이 됩니다. 생성형 AI를 활용하면 고객 데이터 분석을 통해 소비자 요구를 파악하거나, 고객 댓글을 분석하여 의견을 이해할 수 있습니다. 또한 경쟁사의 제품 및 트렌드를 분석해 시장 위치를 파악할 수 있어, 더 효율적이고 경쟁력 있는 디자인을 개발하는 데 유용합니다.

01 챗GPT를 활용한 고객 데이터 분석

챗GPT는 많은 양의 고객 피드백을 쉽고 빠르게 처리 및 분석할 수 있습니다. 여기에는 설문 조사, 소셜 미디어, 리뷰, 고객 서비스 상호작용 등 다양한 소스에서 얻은 데이터가 포함됩니다. 데이터 분석 예시를 위해 서울시 유튜브 콘텐츠의 댓글을 바탕으로 고객 VOC(고객의 소리)를 분석해 보겠습니다.

Step 1. 챗GPT에 데이터 분석가 역할 제안하기

먼저 데이터 분석을 위한 '데이터 분석 전문가'의 역할을 제안한 후 맥락을 설명하고 목적을 제시한 다음 결과를 요청하는 식의 구성으로 프롬프트를 작성하였습니다.

CHATGPT

> 너는 데이터 분석 전문가야. 유튜브 내 댓글을 분석해서 긍정어와 부정어를 나누고, 인사이트를 제안해 줘.

> 유튜브 댓글을 분석해 긍정어와 부정어를 나누고, 인사이트를 제공하기 위해서는 다음과 같은 과정을 거쳐야 합니다.
>
> 1. **데이터 수집**: 분석할 유튜브 댓글 데이터를 수집합니다.
> 2. **전처리**: 수집한 데이터를 분석하기 적합하게 정리합니다.
> 3. **감정 분석**: 댓글의 긍정/부정 감정을 분류합니다.
> 4. **인사이트 도출**: 분석 결과를 바탕으로 인사이트를 도출합니다.
>
> 먼저, 유튜브 댓글 데이터를 수집할 방법을 안내해 드리겠습니다. 데이터 수집이 완료된 후, 수집된 데이터를 분석하는 코드를 작성하고 인사이트를 도출하겠습니다.

CHATGPT

> 정의한 관점 서술문(Point Of View)이야.
> - Who : 새로운 제품을 경험해 보기를 좋아하는 32세의 마케터는
> - What : 로컬 푸드에 관심이 있지만 사과 와인은 구매하지 않는다.
> - Because : 왜냐하면 제품이 인스타그램에 올릴 만하지 않기 때문이다.
> 이를 바탕으로 그 문제를 해결하기 위해 어떻게 행동할 것인지 How Might We 문장을 작성해 줘.

Step 2. 분석하고 싶은 내용 전달하기

분석하고자 하는 댓글을 드래그하고 복사합니다. 예시에서는 서울시 유튜브 영상의 댓글을 분석
했습니다. 별도의 편집 없이 챗GPT 화면에 그대로 붙여넣기 합니다.

너는 데이터 분석 전문가야. 서울시 유튜브 콘텐츠의 댓글을 가지고 고객 VOC(고객의 소리)를 분석
해 줘.

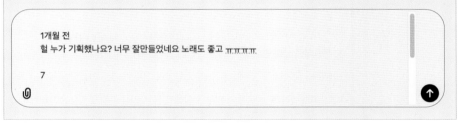

제공해 주신 유튜브 댓글 데이터를 바탕으로 감정 분석을 진행하고, 인사이트를 도출해 보겠습니다. 먼저,
데이터를 긍정, 부정, 중립으로 분류하겠습니다.

댓글 데이터

댓글 데이터를 정리해 주고 있습니다.

@user01 : 헐 누가 기획했나요? 너무 잘만들었네요. 노래도 좋고 ㅠㅠㅠㅠ

@user02 : 영상에서 청량미가 느껴집니다

@user03 : 와 한강의 여름은 진짜 핫해핫해. 영상이 너무 멋져요! 한강 스포츠를 즐기는 모든 분들 리스펙
합니다.

@user04 : WOW~~~!!!!! 제가 살고 있는 서울을 이렇게 시원시원하게 보여주셔서 감동입니다.

@user05 : 이런 영상을 만들 수 있는 건 역시 서울뿐!! 너무 좋아요~~^^

@user06 : 서울시 요즘 폼 미쳤당 서울 부심 뿜뿜

@user07 : 서울시!! 데이브레이크!! 환상의 콜라보!!

@user08: 영상이 너무 예뻐요 이것이 서울시 클라스군요.

(중략)

감정 분석

긍정/부정/중립 반응을 보인 사람들을 카테고리별로 분석합니다.

긍정 댓글

@user01

@user02

@user03

@user04

(생략)

중립 댓글

@user10

@user12

부정 댓글

부정적인 댓글은 없습니다.

인사이트

1. 전반적인 긍정 반응

대부분의 댓글이 긍정적입니다. 특히 영상의 기획, 노래, 서울의 아름다움 등에 대한 긍정적인 반응이 많습니다. 이는 영상의 콘텐츠가 많은 사람에게 좋은 인상을 주고 있음을 의미합니다.

2. 서울에 대한 자부심

여러 댓글에서 서울의 모습에 대한 자부심이 드러납니다. 이는 서울의 매력을 잘 전달하고 있음을 나타냅니다.

3. 영상의 시각적 매력

댓글에서 '멋져요', '예뻐요', '끝내 주네요' 등 시각적인 칭찬이 많습니다. 이는 영상의 퀄리티가 높고, 시청자들에게 시각적으로 큰 만족감을 준다는 것을 알 수 있습니다.

4. 음악과의 조화

여러 댓글에서 영상과 음악의 조화가 좋다는 언급이 있습니다. 이는 영상 제작 시 음악 선택이 매우 효과적이었음을 의미합니다.

5. 힐링 효과

'스트레스 다 어디로 가버렸어요', '힐링' 등의 언급이 있어, 영상이 시청자들에게 정신적인 힐링을 제공하고 있음을 알 수 있습니다.

이와 같은 인사이트를 바탕으로, 향후 영상 제작 시에도 고품질의 시각적 콘텐츠와 음악의 조화를 신경 쓰는 것이 중요하겠습니다. 또한, 서울의 매력을 강조하는 콘텐츠가 긍정적인 반응을 이끌어내는 데 도움이 될 것입니다.

챗GPT는 댓글의 긍정적이거나 부정적인 의견을 분석하며, 많이 언급된 단어를 기반으로 인사이트를 제안합니다. 이는 고객의 소리나 댓글과 같은 VOC를 분석하는 데 매우 유용합니다. 긍정적이거나 부정적인 반응을 파악하고, 사용자들의 주요 관심사를 식별하여 인사이트를 도출할 수 있습니다. 더 나아가 AI의 분석과 요약 능력을 활용하여 데이터를 정제하고 사용하기 좋은 형태로 제공하기도 합니다.

02 제미나이를 활용한 디자인 트렌드 분석

트렌드 분석은 멀티 모달과 검색 엔진이 장점인 구글의 제미나이(Gemini)를 사용하였습니다. 제미나이(Gemini)는 구글 검색이 반영되어 제공한 내용의 참/거짓, 추가 내용을 확인하기 위해 URL을 요청할 수 있어서 편리합니다. 또한 제품 이미지도 함께 보여주므로 트렌드 분석에 적합합니다.

Step 1. 제미나이 트렌드 분석가 제안하기

너는 트렌드 분석 전문가야. 시장의 흐름을 읽고 인사이트를 발견하는 것이 너의 역할이야.

네, 맞습니다! 저는 디자인 트렌드 분석 전문가로서 시장의 흐름을 파악하고 다양한 데이터를 분석해 디자인 분야의 미래를 예측하는 역할을 합니다. 저는 다음과 같은 방법으로 디자인 트렌드를 분석합니다.

1. 다양한 정보 수집

- 디자인 관련 뉴스, 기사, 블로그, 보고서 등을 읽습니다.
- 디자인 전시회, 컨퍼런스, 세미나에 참여합니다.
- 최신 디자인 트렌드를 보여주는 웹사이트와 소셜 미디어 계정을 팔로우합니다.
- 디자인 관련 책과 잡지들을 읽습니다.
- 디자인 전문가들과 네트워킹합니다.

2. 데이터 분석

- 구글 트렌드(Google Trends), 핀터레스트 애널리틱스(Pinterest Analytics)와 같은 도구를 사용하여 디자인 트렌드와 관련된 검색 데이터를 분석합니다.
- 소셜 미디어에서 디자인 관련 해시태그와 키워드를 사용하여 사람들이 어떤 디자인에 관해 이야기하고

있는지 분석합니다.

- 디자인 포트폴리오 웹사이트와 같은 플랫폼에서 인기 있는 디자인 트렌드를 분석합니다.

3. 인사이트 도출

- 수집한 정보와 데이터를 종합적으로 분석하여 디자인 트렌드의 변화를 파악합니다.
- 미래 디자인 트렌드에 영향을 미칠 수 있는 사회, 문화, 기술적 요소들을 분석합니다.
- 디자인 트렌드가 기업과 소비자(Businesses and Consumers)에게 미치는 영향을 예측합니다.

4. 트렌드 보고서 작성

- 분석 결과를 바탕으로 디자인 트렌드 보고서를 작성합니다.
- 보고서에는 주요 디자인 트렌드, 트렌드에 영향을 미치는 요소, 미래 전망 등이 포함됩니다.
- 디자인 트렌드 보고서는 기업, 디자인 전문가, 일반 대중에게 제공됩니다.

저는 디자인 트렌드 분석을 통해 기업이 미래의 디자인 방향을 설정하고, 새로운 디자인 제품과 서비스를 개발하며, 시장 경쟁력을 유지하도록 돕습니다. 또한, 디자인 트렌드에 대한 정보를 제공함으로써 일반 대중이 디자인을 더 잘 이해하고 감상하도록 돕습니다.

디자인 트렌드 분석과 관련하여 궁금한 점이 있으면 언제든지 질문해 주세요.

Step 2. 트렌드 분석 요청하기

트렌드 분석과 관련하여 구체적으로 시장 내 판매 순위와 신제품 등을 기반으로 요청하며, 이와 관련된 예시 이미지도 함께 요청합니다. 예시에서는 구글의 제미나이(Gemini)를 활용해 검색 기능을 최대한 활용했습니다.

GEMINI

RTD(Ready-To-Drink) 캔의 최신 디자인 트렌드에 관해서 자세히 분석해 줘. 예시 이미지도 함께.

RTD 캔 최신 디자인 트렌드 심층 분석

1. 지속 가능성

1.1. 재활용할 수 있는 소재

예시

- Corona Hard Seltzer : 100% 재활용할 수 있는 플라스틱 캔 사용
- Bud Light Seltzer : 재사용할 수 있는 캔 디자인 개발
- Michelob Ultra Organic Seltzer : 재활용할 수 있는 알루미늄 캔 사용

BD www.beveragedaily.com

Corona Hard Seltzer, Bud Light Seltzer, Michelob Ultra Organic Seltzer Cans

소비자 반응

- 환경에 대한 관심이 높아지는 소비자들에게 긍정적인 반응을 얻고 있습니다.
- 지속 가능한 제품을 선호하는 소비자들은 이러한 디자인을 선택할 가능성이 높습니다.
- 하지만 재활용할 수 있는 소재의 생산 비용이 많이 들어 제품 가격에 영향을 미칠 수 있다는 우려도 있습니다.

1.2. 재사용할 수 있는 디자인

예시

- Canarchy : 캔 상단 부분을 제거하여 컵으로 사용할 수 있는 디자인
- Contain : 캔 상단 부분을 제거하고 뚜껑을 끼워 텀블러로 사용할 수 있는 디자인

www.canarchy.beer

Canarchy, Contain Cans

소비자 반응

- 편리성과 지속 가능성을 모두 만족하는 디자인으로 긍정적인 반응을 얻고 있습니다.
- 일회용 컵 사용을 줄이고 싶은 소비자들에게 매력적인 디자인입니다.
- 하지만 디자인 변경으로 인해 제품 생산 비용이 증가할 수 있으며, 캔의 내구성이 떨어질 수 있다는 우려도 있습니다.

2. 최소화 디자인

2.1. 불필요한 요소 제거

예시

- White Claw : 깔끔하고 심플한 디자인의 캔
- Truly Hard Seltzer : 과도한 그래픽 없이 제품 이름과 로고를 강조하는 디자인
- Bon & Viv Spiked Seltzer : 다양한 색상과 패턴의 캔 출시

White Claw, Truly Hard Seltzer, Bon & Viv Spiked Seltzer Cans

소비자 반응

- 과도한 디자인보다는 심플하고 모던한 디자인을 선호하는 소비자들에게 인기가 높습니다.
- 제품의 이름과 브랜드를 명확하게 전달하는 디자인으로 소비자의 인지도를 높일 수 있습니다.
- 하지만 디자인이 지나치게 단순하면 경쟁 제품과 차별화하기 어려울 수 있습니다.

2.2. 명확하고 간결한 디자인

예시

- Topo Chico Hard Seltzer : 캔에 브랜드의 역사와 제품 특징의 스토리를 담았습니다.
- Wild Goose Hard Seltzer : 캔에 자연환경을 연상하는 디자인을 사용했습니다.

소비자 반응

- 제품에 대한 정보를 명확하게 전달하여 소비자의 구매 의사 결정을 돕습니다.
- 브랜드 이미지를 강화하고 소비자와의 감성적 연결을 형성하는 데 도움이 됩니다.
- 하지만 디자인이 지나치게 복잡하거나 정보가 너무 많으면 소비자의 이해를 방해할 수 있습니다.

이미지와 함께 시장 현황을 분석해 줍니다.

고객 이해를 위한 페르소나 만들기

페르소나를 작성하는 목적은 고객을 항상 중심에 두기 위해서입니다. 이는 단순한 사용자 모델을 넘어 고객의 사회적, 감정적 측면을 깊이 이해하고 반영하는 데 있습니다. 또한 페르소나는 사용자를 객관적으로 파악해 디자이너나 기획자의 주관적인 요소를 배제하는 데 도움을 줍니다. 생성형 AI를 활용하면 더 효과적인 페르소나를 작성할 수 있습니다.

01 챗GPT를 활용한 고객 페르소나 작성

Step 1. 페르소나를 만들기 전, 챗GPT 설정하기

페르소나 작성을 위한 예시를 위해 '김치 유산균'이라는 가상의 제품을 설정했습니다. 관련 분야에 초점을 맞춘 답변을 도출할 수 있도록 브랜드 매니저라는 역할을 설정합니다.

CHATGPT

> 너는 김치에서 추출한 특허받은 유산균 제품의 브랜드 전략팀 매니저야. 브랜딩 전략을 위한 시장 조사와 브랜드 포지셔닝을 포함해 네이밍 개발에서 슬로건, 로고까지 차별화된 브랜드를 만들어 출시하는 것이 네 역할이야.

김치 유래 유산균 제품의 브랜드 전략

1. 시장 조사

표적 시장

- 1차: 건강에 관심이 있는 소비자, 프로바이오틱스 사용자, 장 건강에 관심이 있는 개인, 식이 제한(예: 유당 불내증)이 있는 사람들
- 2차: 피트니스 마니아, 완전 채식주의자, 자연 및 발효 식품에 관심이 있는 사람들

경쟁사 분석

- **직접 경쟁업체**: 야쿠르트(Yakult), 다논(Danone) 및 기타 프로바이오틱스 보충제
- **간접 경쟁자**: 발효 식품(예: 콤부차, 사우어크라우트)

시장 경향

- 장 건강과 프로바이오틱스의 이점에 대한 소비자 인식이 높아졌습니다.
- 천연 식품과 발효 식품에 대한 수요가 증가하고 있습니다.
- 특정 건강 효능(예: 면역 지원, 소화기 건강)이 포함된 제품에 대한 관심이 높아지고 있습니다.

2. 브랜드 개발

상표명

- **키미프로**: '김치'와 '프로바이오틱스'를 결합하여 유래와 효능을 강조합니다.
- **GutRevive**: 장 건강을 활성화하는 제품의 핵심 이점을 강조합니다.
- **바이오김치**: 제품을 김치 원산지와 직접 연결하는 동시에 생물학적 건강상의 이점을 강조합니다.

슬로건

"자연으로 장에 활력을 불어넣으세요."

"당신의 건강을 위해 김치부터"

"자연의 프로바이오틱스 파워"

로고 디자인

- **개념**: 자연 요소, 단순성, 건강에 초점을 맞춘 이미지
- **요소**: 천연 성분, 양식화된 내장 또는 소화 시스템, 건강과 활력을 위한 녹색 또는 주황색과 같은 생생한 색상을 나타내는 잎 또는 식물 모티프입니다.

3. 브랜드 포지셔닝

포지셔닝 설명

"자연스럽고 효과적인 장 건강 솔루션을 찾는 건강에 민감한 소비자를 위해 키미프로(KimiPro)는 자연 발효 과정을 활용하여 소화 및 전반적인 건강을 지원하는 김치에서 추출한 독특한 프로바이오틱스를 제공합니다."

주요 차별화 요소

- **독특한 소스**: 강력한 발효력으로 유명한 한국 전통 김치에서 추출합니다.
- **천연 및 유기농**: 인공 첨가물이나 방부제가 없음을 강조합니다.
- **건강상의 이점**: 소화기 건강, 면역력 및 전반적인 건강에 대한 명확하고 과학적으로 뒷받침되는 이점이 있습니다.

브랜드 개성

- **신뢰할 수 있음**: 과학적 연구와 전통적인 발효 방법이 뒷받침됩니다.
- **천연(Natural)**: 천연 성분과 가공 과정을 강조합니다.
- **활기차게(Vibrant)**: 활력이 넘치고 삶을 향상시키며 건강상의 이점을 반영합니다.

4. 브랜딩 전략

캠페인 시작

- **디지털 마케팅**: 장 건강과 김치 유래 프로바이오틱스의 이점에 대한 소셜 미디어 캠페인, 인플루언서 파트너십, 교육 콘텐츠입니다.
- **콘텐츠 마케팅**: 장 건강, 발효 및 젖산균 뒤에 있는 과학에 대한 블로그 게시물, 비디오 및 인포그래픽입니다.
- **소매 파트너십**: 제품 배치 및 매장 내 프로모션을 위해 건강식품 매장, 유기농 시장, 약국과 협력합니다.

고객 참여

- **커뮤니티 구축**: 장 건강에 관한 온라인 커뮤니티를 만들고 사용자 스토리, 팁, 성공 스토리를 공유하세요.

교육 워크숍

- 영양사 및 건강 전문가와 함께 프로바이오틱스 및 발효 식품의 이점에 대하여 논의하는 웹 세미나 및 라이브 세션을 주최합니다.

포장 디자인

- 친환경 소재, 건강을 강조하는 명확한 라벨링, 선반에서 눈에 띄는 매력적이고 현대적인 디자인

5. 측정 항목 및 KPI

판매 지표

- 월간 및 분기별 매출 성장
- 프로바이오틱스 보충제 카테고리의 시장 점유율

고객 지표

- 고객 만족도 및 리뷰
- 반복 구매율

브랜드 인지도

- 소셜 미디어 참여(좋아요, 공유, 댓글)
- 웹사이트 트래픽 및 전환율

건강에 미치는 영향

- 건강상의 이점을 보여주는 고객 평가 및 임상 연구

키미프로(KimiPro)는 이러한 요소에 중점을 두어 김치 유래 유산균의 고유한 이점을 활용하여 경쟁이 치열한 프로바이오틱스 시장에서 틈새시장을 효과적으로 개척해 건강에 민감한 소비자에게 어필할 것입니다.

예시에서는 가상의 김치 유산균을 가지고 왔지만, 실무에서는 브랜드 정보를 많이 입력해 학습하는 단계로 활용할 수 있습니다.

Step 2. 페르소나 만들기

페르소나(Persona)는 주요 대상 사용자를 대표하는 가상의 인물로, 그들의 특성과 서비스 사용 패턴을 담고 있습니다. 생성형 AI에 페르소나를 구축하도록 요청하면 다양한 페르소나를 만들수 있습니다. 만약 기존에 브랜드의 명확한 타깃 고객 정보가 있다면, 해당 정보를 입력해 그들에게 맞는 페르소나를 생성하도록 요청할 수 있습니다. 반대로 타깃 고객 정보가 부족하면, 주요 고객 그룹을 정하고 그들에게 맞는 페르소나를 제안해 주도록 요청할 수 있습니다.

> 타깃 고객을 발견하고 고객에게 적합한 브랜드 전략을 세우기 위해 페르소나를 만들고 싶어. 주요 고객을 정하고 페르소나를 만들어줘.

키미프로(KimiPro)의 주요 고객 및 페르소나

시장 상황과 잠재 고객 부문을 고려한 후 키미프로(KimiPro)의 주요 고객은 다음과 같습니다.

1. 건강을 생각하는 소비자

2. 피트니스 마니아

3. 천연 및 유기농 제품 옹호자

자세한 페르소나는 다음과 같습니다.

페르소나 1: 건강을 생각하는 이유나

- 나이: 34
- 성별: 여성
- 소득 수준: 연간 7,500만 원
- 교육 수준: 학사 학위
- 직업: 마케팅 관리자
- 라이프 스타일: 바쁜 전문가이자 천연 및 유기농 제품을 선호합니다.
- 가치와 신념: 예방 건강에 대한 강한 신념을 갖고 지속 가능성과 친환경 제품을 중요하게 생각합니다.
- 관심 분야 및 취미: 요가, 하이킹, 건강한 식사 요리
- 건강 의식 수준: 매우 높음; 건강 블로그를 자주 읽고 웰빙 영향력 있는 사람들을 팔로우합니다.
- 구매 행동: 유기농 시장에서 식료품을 쇼핑하고 온라인으로 보충제를 구매합니다.
- 선호하는 쇼핑 채널: 온라인 건강 상점, 유기농 식품 시장
- 건강 및 웰빙 목표: 건강한 장 유지, 면역력 강화, 전반적인 웰빙

페르소나 2: 피트니스에 집중하는 최승민

- 나이: 28
- 성별: 남성
- 소득 수준: 연간 6,000만 원
- 교육 수준: 대학 졸업
- 직업: 회사원
- 생활 방식: 매우 활동적이며 매일 운동하고 엄격한 식단을 따릅니다.
- 가치와 신념: 체력을 중시하고 과학이 뒷받침된 건강 제품을 선호합니다.
- 관심 분야 및 취미: 달리기, 피트니스 챌린지 참여
- 건강 의식 수준: 높음; 보충제와 다이어트 트렌드를 자주 연구합니다.
- 구매 행동: 건강 전문 매장에서 보충제를 구매하고, 성분 목록이 투명한 브랜드를 선호합니다.
- 선호하는 쇼핑 채널: 건강 전문 매장, 온라인 피트니스 및 보충제 소매업체
- 건강 및 웰빙 목표: 성능 향상, 근육 회복 지원, 소화기 건강 유지

페르소나 3: 웰빙을 중시하는 부모 이지영

- 나이: 45
- 성별: 여성
- 소득 수준: 연간 8,000만 원
- 교육 수준: 석사 학위
- 직업: 마케팅 관리자

- 라이프 스타일: 환경을 생각하며 유기농 및 비GMO 제품을 옹호합니다.

- 가치와 신념: 자연적인 삶을 강력하게 옹호하며 최소한의 가공을 거친 제품을 선호합니다.

- 관심 분야 및 취미: 정원 가꾸기, 농산물 직거래 장터, DIY 가정 요법

- 건강 의식 수준: 높음; 자연 요법을 선호하고 합성 제품을 피합니다.

- 구매 행동: 지역 농산물 직판장에서 쇼핑하고 지속 가능한 소규모 기업을 지원합니다.

- 선호하는 쇼핑 채널: 지역 농산물 직판장, 협동조합 상점, 온라인 유기농 상점

- 건강 및 웰니스 목표: 소화기 건강을 촉진하고 화학 물질을 사용하지 않는 자연적인 라이프 스타일을 지원합니다.

페르소나에 맞춘 브랜드 전략

1. 브랜드 포지셔닝

- 건강을 생각하는 이유나: 키미프로(KimiPro)를 그의 바쁘지만, 건강에 초점을 맞춘 라이프 스타일에 완벽하게 들어맞는 과학적으로 뒷받침되는 프리미엄 프로바이오틱스로 포지셔닝합니다. 편의성, 품질 및 천연 유래를 강조합니다.

- 피트니스에 집중하는 최승민: 키미프로(KimiPro)의 성능 향상 및 근육 회복 이점을 강조합니다. 피트니스 전문가의 보증과 과학적 증거를 활용하여 신뢰를 구축하세요.

- 웰빙을 중시하는 부모 이지영: 천연 발효 과정, 유기농 재료, 지속 가능한 관행을 강조합니다. 최소한의 처리와 환경 의식이라는 그의 가치에 호소하세요.

2. 마케팅 메시지

- 건강을 생각하는 이유나: 자연스럽고 효과적인 장 건강 지원으로 최고의 상태를 유지하세요. 키미프로(KimiPro) – 김치에서 추출한 프리미엄 프로바이오틱스입니다.

- 피트니스에 집중하는 최승민: 키미프로(KimiPro)로 운동 능력과 회복력을 높이세요. 최적의 장 건강을 위해 김치의 힘을 활용하세요.

- 웰빙을 중시하는 부모 이지영: 키미프로(KimiPro)와 함께 자연의 순수한 힘을 경험해 보세요. 건강을 위하여 유기농, 발효, 지속할 수 있게 제조되었습니다.

3. 유통 채널

- 건강을 생각하는 이유나: 온라인 건강 매장, 웰빙 영향력 있는 사람들과의 파트너십, 타깃 소셜 미디어 광고에 중점을 둡니다.

- 피트니스에 집중하는 최승민: 전문 건강 매장, 체육관, 피트니스 센터에 재고가 있습니다. 피트니스 인플루언서 및 트레이너와 협력하세요.

- 웰빙을 중시하는 부모 이지영: 현지 농산물 직거래 장터, 협동조합 상점, 온라인 유기농 상점에서 판매하세요. 지역사회 행사와 환경 전략(이니셔티브)에 참여하세요.

4. 참여 및 커뮤니티 구축

- 건강을 생각하는 이유나: 가상 웰니스 워크숍을 제공하고, 성공 사례를 공유하며, 편의를 위한 구독 서비스를 만드세요.

- 피트니스에 집중하는 최승민: 피트니스 챌린지를 구성하고 장 건강 및 피트니스에 대한 교육 콘텐츠를 제공하며 충성도 프로그램을 제공합니다.
- 웰빙을 중시하는 부모 이지영: 발효, 장 건강 및 지속 가능한 생활에 관한 웹 세미나를 주최합니다. 팁과 경험을 공유하기 위한 커뮤니티 포럼을 만드세요.

키미프로(KimiPro)는 이러한 주요 고객에게 초점을 맞추고 그들의 특정 요구와 선호도에 맞게 브랜드 전략을 조정함으로써 효과적으로 시장에 침투하고 충성도 높은 고객 기반을 구축할 수 있습니다.

Step 3. 추출된 페르소나에게 질문하기

만들어진 페르소나에게는 여러 가지 질문을 할 수도 있습니다. 이는 마치 실제 고객과 대화하는 듯한 느낌으로, 궁금한 사항들을 직접 물어봅니다. 고객이 불편했던 부분을 확인하기 위한 페인 포인트를 분석해 보겠습니다.

이유나의 페인 포인트는 무엇이야?

CHATGPT

건강을 생각하는 이유나의 문제점

1. 바쁜 생활 방식
- **고충점**: 이유나는 힘든 직업과 바쁜 일정으로 인해 건강과 웰빙 루틴을 지속해서 유지하기가 어렵습니다.
- **해결책**: 키미프로(KimiPro)는 바쁜 생활에 최적화된 간편하고 효과적인 프로바이오틱스 보충제를 제공합니다.

2. 정보 과부하
- **고충점**: 이용할 수 있는 건강 정보와 제품의 양이 너무 많아서 이유나가 신뢰할 수 있고 효과적인 솔루션을 찾기가 어렵습니다.
- **해결책**: 키미프로(KimiPro)는 프로바이오틱스의 이점에 관해 명확하고 과학적으로 뒷받침되는 정보를 제공하며 투명성과 전문가 보증을 통해 신뢰를 구축합니다.

3. 품질 및 순도 문제
- **고충점**: 이유나는 특히 인공 첨가물, 방부제와 관련하여 건강 제품의 품질과 순도에 관심이 있습니다.
- **해결책**: 키미프로(KimiPro)는 천연 유기농 성분과 전통적인 김치 발효 과정을 강조해 이유나에게 제품의 품질과 순도를 보장합니다.

4. 지속 가능성
- **고충점**: 이유나는 지속 가능성과 친환경 제품을 중요하게 생각하지만, 자신의 환경 가치에 맞는 보충제를 찾는 것이 어렵다는 것을 알고 있습니다.
- **해결책**: 키미프로(KimiPro)는 환경친화적인 포장과 지속 가능한 소싱 방식을 사용하여 이유나의 가치에 부합하고 이유나의 구매에 관해 좋은 느낌을 줍니다.

이러한 문제점을 해결함으로써 키미프로(KimiPro)는 이유나의 삶과 가치에 원활하게 통합하는 솔루션을 제공하여 이유나의 마음을 효과적으로 공감할 수 있습니다.

고객의 페인 포인트뿐만 아니라 가치관 등 생각과 행동에 공감하기 위한 다양한 질문을 합니다. 제대로 된 문제 정의를 위해 다양한 각도에서 질문하며 고객 이해를 높여야 합니다. 그러기 위해 다음의 질문 예시를 이용해도 좋습니다.

- **고객은 무엇을 보는가?** 환경, 친구들, 시장 상황
- **고객은 무엇을 듣는가?** 어디에서 정보를 수집하는가, 미디어
- **고객은 무엇을 생각하고 느끼는가?** 주요 관심사, 걱정과 열망, 꿈
- **고객은 무엇을 말하고 행동하는가?** 고객의 말, 태도, 갈등
- **고객은 어떤 페인 포인트를 가지고 있는가?**
- **고객이 원하는 것, 필요한 것, 구매의 기준은 무엇인가?**

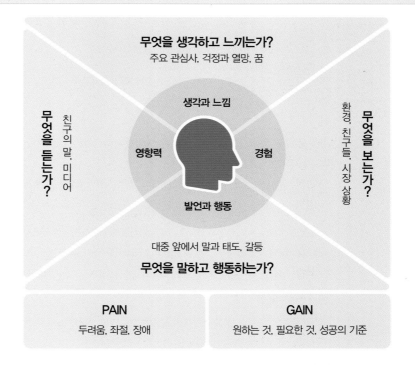

 페르소나 제작 사이트 – boardmix

페르소나를 제작해 주는 사이트도 있으니 필요하면 이용해 보세요!

출처: https://boardmix.com/kr/skills/persona-template/

아이디어! AI 디자인 컨셉 구성하기

디자인의 방향성을 결정하는 디자인 컨셉은 매우 중요합니다. AI를 활용하면 다양한 디자인 컨셉을 빠르게 도출할 수 있습니다. 이를 통해 다양한 분야의 요소를 조합해 디자이너가 생각하기 어려운 독특한 아이디어를 창출할 수 있습니다.

챗GPT를 효과적으로 활용하기 위해서는 단계적으로 질문하는 것이 좋습니다. 특히 디자인 컨셉을 추출할 때도 단계를 나눠 질문하는 것이 효과적입니다. 예를 들어, 김치 유산균을 기준으로 한 페르소나를 만들겠습니다.

CHATGPT

너는 트렌디하고 창의적인 그래픽 디자이너야. 효과적인 디자인 컨셉을 추출하는 데 어떠한 정보가 필요할까?

건강을 생각하는 이유나의 마음을 사로잡는 키미프로(KimiPro)의 효과적인 디자인 컨셉을 만들기 위해서는 다음과 같은 정보가 필요합니다.

1. 브랜드 아이덴티티와 가치
- **브랜드 사명**: 키미프로(KimiPro)의 핵심 사명은 무엇입니까?
- **브랜드 가치**: 키미프로(KimiPro)는 어떤 가치를 지지합니까?(예: 자연, 지속 가능, 과학적 뒷받침)
- **독특한 판매 제안(USP)**: 키미프로(KimiPro)가 다른 프로바이오틱스 제품과 차별화되는 점은 무엇입니까?

2. 타깃 고객 통찰력
- **인구 통계**: 주요 타깃층에 대한 자세한 정보(예: 연령, 성별, 소득 수준)
- **심리학**: 대상 청중의 관심, 가치 및 라이프 스타일 선택
- **행동 통찰력**: 대상 고객은 일반적으로 건강 제품과 어떻게 상호작용합니까?

3. 제품 세부 정보
- **주요 이점**: 키미프로(KimiPro)의 주요 건강상 이점은 무엇입니까?
- **성분**: 강조해야 할 특정 성분이 있나요?
- **용도**: 제품은 어떻게 사용하도록 만들어졌나요?

4. 시장 및 경쟁사 분석
- **경쟁사**: 프로바이오틱스 시장의 주요 경쟁자는 누구입니까?
- **시장 동향**: 건강 및 웰니스 산업의 현재 동향은 무엇입니까?
- **시각적 포지셔닝**: 경쟁업체는 브랜드를 시각적으로 어떻게 포지셔닝합니까?

5. 브랜드 개성과 톤
- **브랜드 개성**: 키미프로(KimiPro)의 성격을 어떻게 설명하시겠습니까?(예: 신뢰할 수 있음, 생동감, 자연스러움)
- **브랜드 톤**: 디자인은 어떤 톤(예: 전문적, 친근함, 활력)을 전달해야 합니까?

6. 시각적 환경 설정
- **선호하는 색상**: 선호하는 색 구성표나 팔레트가 있습니까?
- **타이포그래피**: 특정 글꼴 스타일이나 기본 설정이 있나요?
- **이미지**: 어떤 유형의 이미지나 일러스트레이션을 사용해야 합니까?(예: 자연 요소, 과학적 시각 자료)
- **로고 스타일**: 로고에 대한 구체적인 아이디어나 스타일(예: 모던, 클래식, 미니멀리스트)이 있습니까?

7. 고객의 불만 사항 및 요구 사항
- **고충점**: 디자인이 해결해야 하는 대상 고객의 주요 문제점은 무엇입니까?
- **욕구**: 고객이 프로바이오틱스 제품에서 원하는 것은 무엇입니까?

8. 디자인 요소
- **포장**: 포장 디자인에 대한 특정 요구 사항이 있습니까?
- **디지털 존재**: 어떤 디지털 자산이 필요합니까?(예: 웹사이트 디자인, 소셜 미디어 그래픽)
- **인쇄 자료**: 인쇄 자료(예: 브로슈어, 전단)에 대한 요구 사항이 있습니까?

9. 브랜드 스토리
- **스토리텔링**: 디자인에 포함해야 할 특정 스토리나 테마가 있습니까?
- **문화적 참고 자료**: 포함해야 할 문화적 요소나 참고 자료가 있습니까?

이 정보가 수집되면 키미프로(KimiPro)의 브랜드 아이덴티티를 효과적으로 전달하고 타깃 고객의 공감을 얻으며 그들의 문제점과 욕구를 해결하는 디자인 컨셉을 만들 수 있습니다. 이 컨셉은 시각적으로 매력적이고 기억에 남으며 브랜드의 사명 및 가치와 일치합니다.

필요한 내용을 모두 입력할 필요는 없습니다. 이미 이전 대화에서 이유나의 페르소나를 제안했으므로 다음과 같이 요청합니다.

이유나의 페르소나를 해당 브랜드에 적용하여 필요한 정보를 작성해 줘.

브랜드 아이덴티티와 가치
- **브랜드 사명**: 키미프로(KimiPro)는 한국 전통 김치에서 추출한 프리미엄 천연 프로바이오틱스를 제공해 전반적인 건강과 웰니스를 향상하는 것을 목표로 합니다.
- **브랜드 가치**: 자연스럽고 지속 가능하며 과학적으로 뒷받침되고 신뢰할 수 있으며 건강에 중점을 둡니다.
- **독특한 판매 제안(USP)**: 키미프로(KimiPro)는 김치의 전통적인 발효 과정을 활용해 강력한 천연 프로바이오틱스를 제공하고 인공 첨가물 없이 품질과 효과를 보장합니다.

타깃 고객 분석

1. 인구 통계

- **나이**: 25~45
- **성별**: 주로 여성
- **소득 수준**: 중산층
- **교육 수준**: 대학 교육
- **직업**: 까다로운 직업의 전문가(예: 마케팅 관리자, 컨설턴트, 기업가)

2. 사이코 그래픽스: 소비자의 심리적 구성을 기술(그래프)하려는 아이디어

- **관심 분야**: 건강 및 웰니스, 요가, 유기농 요리, 지속 가능성
- **가치**: 예방 건강, 지속 가능성, 진정성, 편의성
- **라이프 스타일**: 업무와 개인 건강의 균형을 맞추는 바쁜 직장인

3. 행동 통찰력

- 건강 블로그를 자주 읽고 웰빙 영향력이 있는 사람들을 팔로우
- 유기농 시장에서 식료품을 쇼핑하고 온라인으로 보충제 구매
- 천연 및 유기농 제품 옹호자

4. 제품 세부 정보

- **주요 이점**: 장 건강과 면역력을 강화하고 전반적인 건강 지원
- **성분**: 한국 전통 김치에서 유래한 유산균, 100% 천연, 유기농
- **용도**: 편리한 형태(예: 캡슐, 분말)의 일일 프로바이오틱스 보충제

5. 시장 및 경쟁사 분석

- **경쟁사**: 야쿠르트(Yakult), 다논(Danone), 컬처렐(Culturelle), 얼라인(Align)
- **시장 동향**: 장 건강에 대한 인식 증가, 천연 및 유기농 제품에 대한 선호, 프로바이오틱스 보충제 시장의 성장
- **시각적 포지셔닝**: 경쟁업체는 종종 깨끗하고 임상적이거나 자연에서 영감을 받은 디자인 사용

6. 브랜드 개성 및 톤

- **브랜드 개성**: 신뢰할 수 있고, 생동감 있고, 자연스럽고, 활력이 넘치고, 지식이 풍부합니다.
- **브랜드 톤**: 전문적이면서도 친절하고 유익하며 지원적입니다.

7. 시각적 환경 설정

- **선호하는 색상**: 천연 성분을 표현하는 흙빛 톤(녹색, 갈색)과 에너지 및 활력을 위한 생동감 넘치는 악센트(예: 주황색)
- **타이포그래피**: 따뜻함이 가미된 깔끔하고 현대적인 글꼴
- **이미지**: 자연 요소(잎, 식물), 장 건강 관련 영상(행복하고 활동적인 사람), 발효 과정 이미지

- **로고 스타일**: 자연과 건강의 요소를 결합한 현대적이고 미니멀한 디자인

8. 고객의 불만 사항 및 요구 사항

- **고충점**: 자기 관리를 위한 시간 부족, 엄청난 양의 건강 정보, 제품 품질 및 정품에 대한 우려, 지속 가능한 천연 제품에 대한 욕구
- **욕망**: 편리한 건강 솔루션, 신뢰할 수 있는 제품 정보, 자연스럽고 지속 가능한 삶의 가치에 부합하는 제품

9. 디자인 요소

- **포장**: 친환경 소재, 주요 효능과 성분이 포함된 명확한 라벨링, 시각적으로 매력적이고 높은 가독성
- **디지털 존재**: 웹사이트 디자인, 소셜 미디어 그래픽, 이메일 뉴스레터
- **인쇄 자료**: 브로슈어, 전단, 매장 내 디스플레이

제안된 컨셉이 마음에 들지 않으면 계속해서 다른 제안을 받아보세요. 브레인스토밍 중이라면 가능한 많은 답변을 요청하되, 보통 3~5개 정도로 개수를 지정하는 것이 비교하기 편리합니다.

디자인 컨셉을 5가지 제안해 주고 근거도 함께 제시해 줘.

다음은 키미프로(KimiPro)의 5가지 디자인 컨셉입니다. 각 컨셉에는 그 효과를 뒷받침하는 간략한 설명과 증거가 포함되어 있습니다.

1. 자연에서 영감을 받은 미니멀리즘

개념

- 나뭇잎, 식물, 흙빛 톤과 같은 자연 요소를 갖춘 깨끗하고 미니멀한 디자인입니다.
- 제품의 천연, 유기농 유래를 강조하기 위해 녹색과 갈색을 사용합니다.
- 신뢰와 품질을 전달하는 심플하고 우아한 타이포그래피

증거

- **천연 제품에 대한 소비자 선호도**: 닐슨(Nielsen)의 보고서에 따르면 전 세계 소비자의 73%가 환경에 미치는 영향을 줄이기 위해 소비 습관을 확실히 또는 아마도 바꿀 것이라고 말하며 이는 지속 가능한 천연 제품에 대한 선호를 나타냅니다.
- **브랜드 예**: 아베다(Aveda) 및 오리진스(Origins)와 같은 브랜드는 자연에서 영감을 받은 미니멀리스트 디자인을 사용하여 천연 및 유기농 제품 라인을 전달해 건강을 중시하는 소비자의 공감을 얻습니다.

2. 과학적 우아함

개념

- 깨끗하고 임상적인 디자인과 우아한 요소를 결합하여 제품의 과학적인 뒷받침을 강조하는 디자인입니다.
- 흰색과 파란색 톤에 녹색을 강조하여 청결함과 건강함을 표현합니다.
- 과학적 요소(예: 박테리아 균주, 장 건강 다이어그램)를 나타내는 아이콘 또는 그래픽을 통합합니다.

증거

- **과학에 대한 신뢰**: 퓨 리서치 센터(Pew Research Center)의 조사에 따르면 미국인 86%가 과학자가 대중의 최선 이익을 위해 행동할 것이라고 확신하는 것으로 나타났습니다. 이는 과학을 기반으로 하는 접근 방식이 신뢰를 구축할 수 있음을 나타냅니다.
- **브랜드 예**: 뉴트로지나(Neutrogena) 및 크리니크(Clinique)와 같은 브랜드는 제품의 효능과 신뢰성을 전달하기 위해 과학적인 우아함을 디자인에 효과적으로 사용합니다.

3. 전통적인 퓨전

개념

- 한국의 전통 모티브와 현대적인 미학을 융합하여 제품의 고유한 유래를 부각하는 디자인입니다.
- 전통적인 문양과 은은한 한국 문화 요소, 현대적인 타이포그래피를 사용하였습니다.
- 전통과 현대의 균형을 이루는 흙빛의 생생한 색상입니다.

증거

- **문화적 진정성**: 소비자는 점점 더 진정한 문화적 경험을 중요하게 생각하고 있습니다. 유로모니터 인터내셔널(Euromonitor International)의 보고서는 진정성과 문화유산이 특히 건강 및 웰니스 부문에서 소비자에게 중요한 요소임을 강조합니다.
- **브랜드 예**: 타차(Tatcha, 일본 스킨케어)와 같은 브랜드는 전통문화 요소와 현대적인 디자인을 성공적으로 통합하여 진정성과 유산을 찾는 소비자에게 어필합니다.

4. 활기찬 웰니스

개념

- 활력과 건강을 전달하는 밝고 활기찬 디자인입니다.
- 에너지와 자연을 상징하는 오렌지, 그린 등 생동감 넘치는 색상을 사용합니다.
- 활동적이고 건강에 관심 있는 소비자의 관심을 끌 수 있는 역동적인 타이포그래피와 생동감 넘치는 이미지입니다.

증거

- **색상 심리학**: 연구에 따르면 주황색 및 녹색과 같은 생생한 색상은 에너지 및 건강과 관련되어 있어 소비자 인식 및 행동에 긍정적인 영향을 미칠 수 있습니다. 〈출처: 파버 비렌(Faber Birren)의 색채심리학과 색채 요법(Color Psychology and Color Therapy)〉
- **브랜드 예**: 네이키드 주스(Naked Juice) 및 이멀전-씨(Emergen-C)와 같은 브랜드는 생동감 넘치는 디자인을 사용하여 건강상 이점을 전달하고 브랜드 이미지에 활력을 불어넣습니다.

5. 친환경 공예

개념

- 지속 가능성과 친환경성에 중점을 둔 디자인
- 재활용 소재 사용, 흙빛 질감, 친환경 포장재 사용
- 제품의 환경에 대한 헌신을 강조하기 위한 단순하고 소박한 타이포그래피와 자연스러운 이미지

증거

- **지속 가능성 동향**: IBM과 미국 소매 연맹(National Retail Federation)이 실시한 설문 조사에 따르면 미국과 캐나다 소비자의 거의 70%가 브랜드가 지속 가능하거나 환경친화적인 것이 중요하다고 생각합니다.
- **브랜드 예**: 버츠비(Burt's Bees) 및 어니스트 컴퍼니(The Honest Company)와 같은 브랜드는 환경친화적인 디자인을 사용하여 환경에 관심 있는 소비자에게 어필하고 지속 가능성에 대한 약속을 강조합니다.

각 개념의 시각화

- **자연에서 영감을 받은 미니멀리즘**

  깔끔한 선, 단순한 레이아웃, 자연 모티브(예: 나뭇잎)

  팔레트: 그린, 브라운, 화이트

  타이포그래피: 유기적인 느낌의 세리프 또는 산세리프체

- **과학적 우아함**

  우아한 터치로 임상적이고 깔끔한 디자인

  팔레트: 흰색, 파란색, 녹색 악센트

  타이포그래피: 모던, 산세리프체

- **전통의 퓨전**

  한국의 전통 요소를 가미한 모던한 디자인

  팔레트: 흙빛 톤, 생생한 악센트

  타이포그래피: 전통 글꼴과 현대 글꼴의 혼합

- **활기찬 웰니스**

  생동감 넘치는 이미지와 밝고 에너지 넘치는 디자인

  팔레트: 오렌지, 그린, 화이트

  타이포그래피: 대담하고 역동적인 글꼴

- **친환경 공예**

  자연스러운 질감을 지닌 지속 가능하고 소박한 디자인

  팔레트: 흙빛 톤, 자연스러운 색상

  타이포그래피: 단순하고 소박한 글꼴

이러한 개념을 탐구함으로써 키미프로(KimiPro)는 브랜드 가치에 가장 잘 부합하고 특히 이유나의 페르소나를 염두에 두어 대상 고객의 공감을 불러일으키는 방향을 선택할 수 있습니다. 각 컨셉은 시장에서 브랜드를 효과적으로 포지셔닝하기 위한 독특한 접근 방식을 제공합니다.

5가지의 결괏값이 문장으로 되어 있어 보기 불편하므로 디자인 컨셉을 비교하기 위해 표로 작성해달라고 요청합니다.

제안한 디자인 컨셉을 비교할 수 있게 표로 만들어줘.

다음은 키미프로(KimiPro)에 관해 제안된 5가지 디자인 개념을 비교한 표입니다.

측면	자연에서 영감을 받은 미니멀리즘	과학적 우아함	전통적인 퓨전	활기찬 웰니스	친환경 공예
컬러 팔레트	녹색, 갈색, 흰색	흰색, 파란색, 녹색	흙빛 톤, 생생한 악센트	주황색, 녹색, 흰색	흙빛 톤, 자연스러운 색상
타이포 그래피	유기적인 느낌의 세리프 또는 산세리프	현대적인 산세리프체	전통 글꼴과 현대 글꼴의 혼합	굵고 역동적인 글꼴	단순하고 소박한 글꼴
이미지	자연 모티브 (잎, 식물)	과학적 요소(박테리아 균주, 장 건강 다이어그램)	한국의 전통 문양, 미묘한 문화적 요소	활기차고 에너지 넘치는 이미지	자연스러운 질감, 친환경적인 비주얼
핵심 요소	깔끔한 라인, 심플한 레이아웃	임상적이고 깔끔한 디자인, 우아한 터치	전통미와 현대미의 융합	밝고 에너지 넘치는 디자인	지속 가능한 소재, 소박한 디자인
대상 고객의 호소	천연 제품을 중시하는 건강에 민감한 소비자	과학적 근거와 효능을 중시하는 소비자	문화적 진정성을 추구하는 소비자	활동적이고 건강에 관심 있는 소비자	환경을 생각하는 소비자
브랜드 가치 강조	천연, 유기농, 품질	신뢰할 수 있고 효과적이며 과학적인	정통하고 유산이 풍부하며 균형 잡힌	활력, 활기가 넘치고 건강	지속 가능하고 친환경적이며 자연적인
증거/지원	천연 제품에 대한 높은 소비자 선호도	과학 기반 제품에 대한 높은 신뢰	문화적 진정성의 가치 상승	건강 인식에 대한 생생한 색상의 긍정적인 영향	지속 가능성에 대한 강력한 소비자 요구
예	아베다, 오리진스	뉴트로지나, 크리니크	탓차	네이키드 주스, 이멀전-씨(Emergen-C)	버츠비(Burt's Bees), 어니스트 컴퍼니
포장	친환경적이고 명확한 라벨링	임상적이고 현대적인 디자인, 유익한	현대적인 터치가 가미된 전통 패턴	밝고 매력적이며 명확한 이점	재활용 재료, 흙빛 질감
디지털 존재	깨끗하고 자연에서 영감을 받은 웹사이트와 소셜 미디어	유익하고 전문적이며 깔끔한 온라인 디자인	전통적인 요소와 현대적인 UX/UI의 융합	활기차고 역동적인 디지털 콘텐츠	소박하고 자연스러운 디자인, 친환경적인 메시지
브랜드 스토리 통합	천연 유래와 품질 강조	과학적 연구와 효능 강조	문화유산과 진정성에 대한 이야기 전달	활력과 건강상 이점	지속 가능성과 환경을 고려한 실천 강조

항목을 추가하거나 제거하며 비교합니다. 예시에서는 디자인 에센스*가 빠져 있어 요청했습니다.

표에 디자인 에센스 항목을 추가해 줘.

* 디자인 에센스는 해당 프로젝트에서 비주얼을 특별하게 만드는 중요하고 독특한 부분을 말합니다. 디자인의 주제나 방향을 설정하는 디자인 컨셉이 전체 계획을 설정한다면 디자인 에센스는 디자인 분위기나 감정을 다룹니다.

다음은 키미프로(KimiPro)에 관해 제안된 5가지 디자인 개념을 비교한 표입니다.

측면	자연에서 영감을 받은 미니멀리즘	과학적 우아함	전통적인 퓨전	활기찬 웰니스	친환경 공예
컬러 팔레트	녹색, 갈색, 흰색	흰색, 파란색, 녹색	흙빛 톤, 생생한 악센트	주황색, 녹색, 흰색	흙빛 톤, 자연스러운 색상
타이포 그래피	유기적인 느낌의 세리프 또는 산세리프	현대적인 산세리프체	전통 글꼴과 현대 글꼴의 혼합	굵고 역동적인 글꼴	단순하고 소박한 글꼴
이미지	자연 모티브 (잎, 식물)	과학적 요소(박테리아 균주, 장 건강 다이어그램)	한국의 전통 문양, 미묘한 문화적 요소	활기차고 에너지 넘치는 이미지	자연스러운 질감, 친환경적인 비주얼
핵심 요소	깔끔한 라인, 심플한 레이아웃	임상적이고 깔끔한 디자인, 우아한 터치	전통미와 현대미의 융합	밝고 에너지 넘치는 디자인	지속 가능한 소재, 소박한 디자인
대상 고객의 호소	천연 제품을 중시하는 건강에 민감한 소비자	과학적 근거와 효능을 중시하는 소비자	문화적 진정성을 추구하는 소비자	활동적이고 건강에 관심이 있는 소비자	환경을 생각하는 소비자
예	아베다, 오리진스	뉴트로지나, 크리니크	탓차	활력, 활기가 넘치고 건강	지속 가능하고 친환경적이며 자연적인
포장	친환경적이고 명확한 라벨링	임상적이고 현대적인 디자인, 유익한	현대적인 터치가 가미된 전통 패턴	밝고 매력적이며 명확한 이점	재활용 재료, 흙빛 질감
디지털 존재	깨끗하고 자연에서 영감을 받은 웹사이트와 소셜 미디어	유익하고 전문적이며 깔끔한 온라인 디자인	전통적인 요소와 현대적인 UX/UI의 융합	활기차고 역동적인 디지털 콘텐츠	소박하고 자연스러운 디자인, 친환경적인 메시지
브랜드 스토리 통합	천연 유래와 품질 강조	과학적 연구와 효능 강조	문화유산과 진정성에 대한 이야기 전달	활력과 건강상 이점	지속 가능성과 환경을 고려한 실천 강조
디자인 에센스	순수하고 단순하며 유기적인	정확하고, 신뢰할 수 있으며, 세련된	정통, 균형, 문화	활기차고 활기차고 건강한	자연스럽고 지속 가능하며 소박한

표 아래에 디자인 에센스가 추가되었습니다. 주요 비교 요약으로 추가된 항목을 확인합니다.

 디자인 에센스(Design Essence)와의 주요 비교 요약

1. 자연에서 영감을 받은 미니멀리즘

- **본질**: 순수하고 단순하고 유기적입니다.
- 천연, 유기농 제품을 중요하게 생각하는 사람들에게 어필합니다.
- 흙빛 색상과 자연 모티브를 사용합니다.
- 깔끔하고 심플한 디자인 요소

2. 과학적 우아함

- **디자인 본질**: 정확하고, 신뢰할 수 있으며, 세련됩니다.
- 과학과 효능을 신뢰하는 사람들에게 호소합니다.
- 과학적인 그래픽과 임상적이고 깔끔한 디자인을 사용합니다.
- 현대적이고 우아한 시각적 요소

3. 전통적인 퓨전

- **디자인 본질**: 진정성, 균형, 문화적

- 문화적 진정성을 추구하는 사람들에게 호소합니다.
- 한국의 전통적인 모티브와 현대적인 미학을 결합합니다.
- 소박하고 생생한 색상 팔레트

4. 활기찬 웰니스

- **디자인 에센스**: 활기차고 생기 넘치며 건강합니다.
- 활동적이고 건강에 관심이 있는 소비자에게 어필합니다.
- 밝고 활기찬 색상과 역동적인 이미지를 사용합니다.
- 건강, 활력, 에너지를 강조합니다.

5. 친환경 공예

- **디자인 본질**: 자연스럽고 지속 가능하며 소박한 느낌입니다.
- 환경을 생각하는 소비자에게 어필합니다.
- 흙빛 톤, 자연스러운 질감, 지속 가능한 소재를 사용합니다.
- 친환경적인 실천과 투박한 디자인 요소를 강조합니다.

'디자인 에센스(Design Essence)' 항목이 포함된 이 테이블은 각 디자인 컨셉의 핵심 품질과 정서적 영향에 대한 더 깊은 이해를 제공해 키미프로의 브랜드 아이덴티티 개발에 대한 더 명확한 지침을 제공합니다.

결괏값을 편집할 수 있게 파일로 다운로드할 수 있도록 요청했습니다.

CHATGPT
> 표 결괏값을 다운로드할 수 있게 해줘.

아래 링크에서 디자인 개념 비교와 함께 표를 다운로드할 수 있습니다.

<u>키미프로(KimiPro) 디자인 컨셉 비교표 다운로드</u>

엑셀 파일로 다운로드할 수 있게 합니다. 다운로드하면 데이터값이 셀에 들어가 있어 편집하여 쓸 수 있습니다.

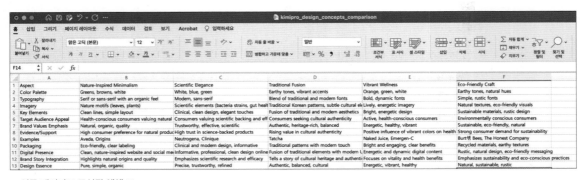

▲ 영문 데이터로 구성된 엑셀 표

AI 이미지 생성을 위한
미드저니 툴킷 사용하기

이미지 생성형 AI는 디자이너에게 새로운 강력한 도구입니다. 빠른 시각적 프로토타이핑을 통해 초기 디자인 컨셉을 신속히 검토하고 수정할 수 있습니다. 다양한 스타일과 변형을 시도하여 여러 디자인 옵션을 쉽게 탐색할 수 있으며, 반복 작업을 자동화해 디자이너가 창의적인 작업에 집중할 수 있도록 돕습니다. 이 과정에서 새로운 아이디어와 영감을 제공해 디자이너의 창의성을 촉진하며, 시각적 프로토타이핑과 작업의 자동화는 시간과 비용을 절감하는 데 이바지합니다. 이미지 생성형 AI의 기본 사용 방법을 습득하고 다양한 디자인 프로젝트에 활용해 봅니다.

01 다양한 이미지 생성형 AI

이미지 생성형 AI는 예술, 디자인, 마케팅 등 다양한 분야에서 혁신적인 도구로 자리 잡고 있습니다. 대표적인 플랫폼으로는 달리(DALL-E), 미드저니(Midjourney), 스테이블 디퓨전(Stable Diffusion)이 있습니다. 레오나르도(Leonardo)는 무료 플랫폼으로 다양한 화가의 스타일을 지원합니다.

▲ 미드저니(Midjourney)

달리(DALL-E)는 OpenAI가 개발한 모델로, 텍스트 설명을 기반으로 창의적이고 다양한 스타일의 이미지를 생성합니다. 챗GPT와 함께 사용할 수 있어 접근성 및 사용성이 좋습니다. 미드저니(Midjourney)는 예술적이고 독특한 이미지 생성에 강점을 가지며, 다양한 텍스트 입력에 높은 반응성을 보입니다. 스테이블 디퓨전(Stable Diffusion)은 오픈 소스 기반의 텍스트-이미지 변환 모델로, 사용자가 자유롭게 커스터마이징할 수 있습니다. 고품질 이미지를 제공하지만, 사용자가 직접 설치 및 운영해야 하는 부담이 있습니다.

서비스 이름	장점	단점
달리 (DALL-E)	챗GPT(OpenAI)와 함께 사용할 수 있어 접근성, 사용 편리	대비가 강한 달리의 화풍, 금지 키워드가 많은 편
미드저니 (Midjourney)	예술적 이미지 생성 강점, 높은 반응성	구독료, 복잡한 프롬프트 이해도 문제
스테이블 디퓨전 (Stable Diffusion)	오픈 소스, 자유로운 커스터마이징, 높은 품질	기술적 이해 필요, 직접 설치 및 운영 부담
레오나르도 (Leonardo)	사용자 친화적 인터페이스, 다양한 스타일 지원	상업적 사용 시 비용 발생, 제한된 무료 사용량

▲ 이미지 생성형 AI 플랫폼 비교

이들 플랫폼은 각각의 특징과 장단점을 가지고 있어, 플랫폼별로 지원하는 다양한 스타일을 적용하면서 사용자의 목적과 필요에 맞게 선택할 수 있습니다.

02 미드저니: 텍스트로부터 이미지를 창조하는 AI

다양한 이미지 생성 툴이 있지만, 이 책에서는 주로 미드저니를 다루고 있습니다. 미드저니는 예술적인 표현에 특화되어 있으며, 파라미터 조정을 통해 세밀하게 디자인을 수정할 수 있습니다. 유료로 구독해야 하지만, 스톡 이미지를 구매하는 비용보다 상대적으로 저렴하면서도 고품질의 이미지를 제공합니다.

최근 V6.1 버전 업그레이드를 통해, 더 사실적이고 일관성 있는 이미지 생성이 가능해졌습니다. 이번 업데이트에서는 스타일의 정확성이 높아져 더 현실감 있는 결과물을 제공합니다. 특히 눈과 피부 표현이 더 자연스럽고, 팔, 다리, 손, 식물 등도 더욱 일관성 있게 표현됩니다. 표준 이미지 작업에서는 25% 더 빠른 속도와 향상된 텍스처 품질을 제공하는 새로운 2X 업스케일러 기능이 추가되었습니다.

◀ 출처: 미드저니 – https://www.midjourney.com/updates

미드저니 요금제

미드저니는 현재 무료 서비스를 종료하여 결제 후 사용해야 합니다. 연간 구독으로 전환하면 20% 할인 혜택이 제공됩니다. 요금 플랜은 사용 빈도에 따라 선택할 수 있습니다.

	Basic Plan	Standard Plan	Pro Plan	Mega Plan
Monthly Subscription Cost	$10	$30	$60	$120
Annual Subscription Cost	$96 ($8 / month)	$288 ($24 / month)	$576 ($48 / month)	$1152 ($96 / month)
Fast GPU Time	3.3 hr/month	15 hr/month	30 hr/month	60 hr/month
Relax GPU Time	-	Unlimited	Unlimited	Unlimited
Purchase Extra GPU Time	$4/hr	$4/hr	$4/hr	$4/hr
Work Solo In Your Direct Messages	✓	✓	✓	✓
Stealth Mode			✓	✓
Maximum Concurrent Jobs	3 Jobs 10 Jobs waiting in queue	3 Jobs 10 Jobs waiting in queue	12 Fast Jobs 3 Relaxed Jobs 10 Jobs in queue	12 Fast Jobs 3 Relaxed Jobs 10 Jobs in queue

▲ 미드저니 연간 구독 플랜

각 요금제는 사용 가능한 GPU와 관련이 있으며, 이는 이미지 생성 속도와 한 달 동안 생성할 수 있는 이미지 수에 영향을 미칩니다. 예를 들어, Basic 플랜은 3시간 20분 동안 이미지를 생성할 수 있고, Standard 플랜은 15시간 동안 생성할 수 있습니다. Standard 플랜부터는 Relax Mode를 통해 무제한으로 이미지 생성이 가능합니다.

GPU 사용 시간은 매월 이월되지 않습니다. 미드저니 홈페이지에서 원하는 구독 플랜을 선택하고 결제를 진행하며, 구독 취소나 변경은 미드저니 메인 화면의 프로필에서 'Manage Subscription'을 클릭하여 관리할 수 있습니다.

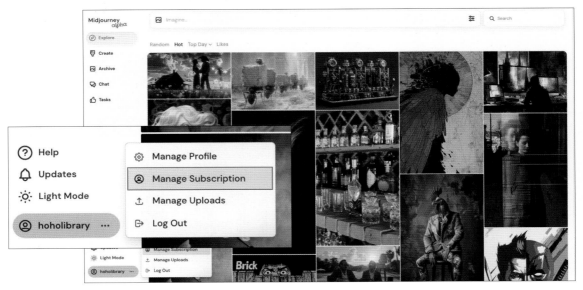

▲ 미드저니 구독 취소/변경

Manage Subscription 화면에서 구독 취소는 〈Uncancel Plan〉, 구독 변경은 〈Change Plan〉 버튼을 클릭하여 진행할 수 있습니다.

▲ 미드저니의 Manage Subscription 화면

 디스코드에서 구독 취소/변경하기

사용할 수 있는 GPU 시간(남은 시간)을 확인하기 위해서는 디스코드에서 '/info' 명령을 사용합니다. 사용 시간이란 이미지 생성을 위해 명령어를 입력한 뒤 결괏값이 나오는 데까지 걸리는 시간을 의미합니다.

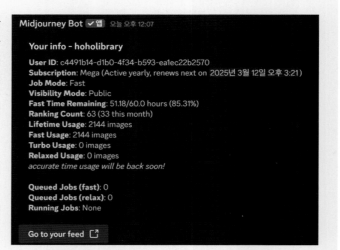

미드저니 구독을 취소하려면 프롬프트창에 '/subscribe'를 입력하고 〈Manage Account〉 버튼을 클릭합니다.

Manage Subscription 화면에서 구독을 취소하려면 〈Uncancel Plan〉 버튼을 클릭하고, 구독을 변경하려면 〈Change Plan〉 버튼을 클릭합니다.

03 디스코드(Discord)의 이해

디스코드는 음성 통화, 영상 통화, 텍스트 및 파일 공유를 포함한 커뮤니케이션 및 협업 플랫폼입니다. 이 앱은 주로 게이머들 사이에서 소셜 및 게임 관련 커뮤니케이션에 사용하지만, 비즈니스 및 교육 분야에서도 널리 사용하고 있습니다. 각 서버에는 다양한 주제에 따라 토론을 구성하기 위한 여러 채널이 있습니다.

❶ **디스코드 메뉴**: 디스코드에 관련된 메뉴를 확인할 수 있습니다. 클릭하고 **모든 채널 표시하기**를 실행하면 다른 채널들을 모두 보여줍니다.

❷ **채널 목록**: 채널에 입장해서 이미지를 만들며 소통할 수 있습니다. 이미지를 제작하려면 개인 서버를 추가하거나 채널 목록에서 'newbie'로 시작하는 이름들 중 하나를 선택하여 입장합니다.

TIP 다른 사람들이 이미지를 어떻게 만들어 나가는지 확인할 수 있는 장점이 있지만, 여러 사람들이 이미지를 올리므로 다소 어수선하고 시간이 많이 지난 내 이미지를 찾기가 어렵다는 단점이 있습니다.

❸ **프롬프트 입력창**: 대화를 하거나 프롬프트를 입력하기 위한 창입니다.

❹ **다이렉트 메시지**: 친구를 추가하고 목록을 보여주며 메시지를 주고받을 수 있는 페이지입니다.

❺ **서버 추가하기**: 개인 서버를 추가할 수 있습니다. 프로젝트별로 나누어 만들면 작업하기 편리합니다.

❻ **서버 찾기 및 살펴보기**: 공개된 서버를 찾고 참여할 수 있는 링크가 있습니다.

❼ **앱 다운로드**: PC 등 기기에 프로그램을 설치합니다. 웹에서 로그인하는 절차를 거치지 않고 프로그램으로 바로 실행하고 이용할 수 있습니다.

NOTE

접근성을 높인 웹 이미지 생성기 '알파'

미드저니 자체 웹사이트에서도 이미지를 만들 수 있는 알파 버전이 출시되었습니다. 미드저니에 접속하면 왼쪽 상단에서 알파 버전을 확인할 수 있습니다.

상단 입력 창에 프롬프트를 입력하면 이미지가 만들어집니다. 왼쪽 (Create(생성)) 탭에 숫자가 표시되고 이 탭으로 이동하여 확인할 수 있습니다.

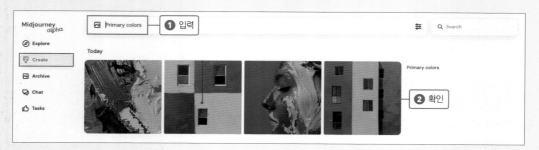

사용자는 복잡한 파라미터를 직관적으로 설정할 수 있습니다. 현재는 100개 이상의 이미지를 생성한 사용자만 이 기능을 사용할 수 있으며, 테스트 중에 있지만, 사용성을 개선하려는 미드저니의 노력이 엿보입니다.

04 프롬프트의 기초, 마음껏 상상의 나래를 펼치자

미드저니에서는 명령어 입력이 영어로만 가능합니다. 필요한 경우 번역기를 사용하여 작업할 수 있습니다.

디스코드 서버에 접속해 프롬프트 입력하기

01 디스코드를 실행한 다음 '미드저니' 아이콘(🛥)을 클릭합니다. 'newbie'로 시작하는 이름들 중에서 선택하거나 개인 서버로 들어갑니다.

02 프롬프트 입력창을 클릭한 다음 '/'를 입력합니다. 나타나는 명령어 중 '/imagine prompt'를 클릭하거나 '/imagine prompt'를 입력합니다.

03 예시에서는 'an apple --s250'을 입력했습니다. 4개의 사과 그림이 추출되면 그림 아래의 8개의 버튼을 클릭해 이미지를 다듬어 나갑니다. 예시에서는 '재요청' 아이콘을 클릭했습니다.

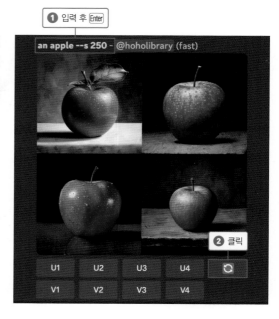

TIP • U(Upscaling, 업스케일링)은 고해상도 이미지로 만든다는 의미입니다. U 오른쪽의 1, 2, 3, 4는 왼쪽 상단부터 오른쪽 상단, 왼쪽 하단, 오른쪽 하단 순으로 이미지에 부여된 번호입니다.
• V(Variation, 배리에이션)는 선택한 이미지를 변형하여 추출한다는 의미입니다. 마찬가지로 V 오른쪽 1, 2, 3, 4는 이미지 번호입니다.
• '재요청' 아이콘(   )을 클릭하면 Remix Prompt 창이 표시되어 배리에이션하면서 추가 요소를 지정할 때 사용합니다.

04 Remix Prompt 창이 표시되면 'green' 프롬프트를 추가하고 〈전송〉 버튼을 클릭합니다.

05 'green' 프롬프트를 추가하였더니 녹색 사과로 변경되었습니다. 〈U1〉 버튼을 클릭해 업스케일합니다.

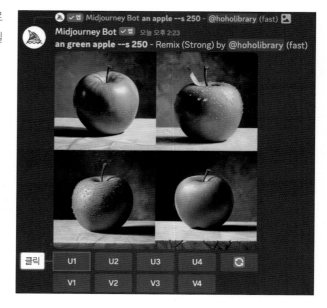

06 〈Custom Zoom〉 버튼을 클릭합니다.

07 프롬프트를 'apples flying in the blue sky(하늘을 날고 있는 사과) --s 250 --ar 1:1 --zoom 2'로 변경한 다음 〈전송〉 버튼을 클릭하면 다음과 같은 결과가 나타납니다.

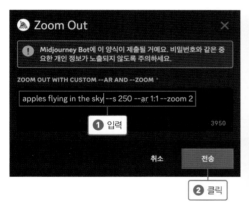

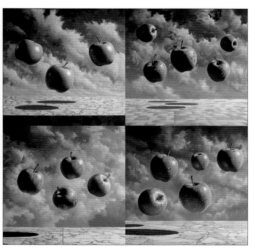

NOTE 확장 옵션

❶ 〈Vary (Subtle)〉와 〈Vary (Strong)〉 버튼은 출력된 이미지에 더 강하거나 적은 변형을 만드는 것을 의미합니다. Strong은 강한 변형, Subtle은 미묘한 수준의 변형으로 다시 4가지 이미지를 제시합니다.

❷ 〈🔍 Zoom Out 2x〉, 〈🔍 Zoom Out 1.5x〉, 〈🔍 Custom Zoom〉 버튼을 클릭하면 선택된 이미지를 중심으로 이미지를 확장합니다. 2배, 1.5배로 설정한 이미지를 축소하여 원본 이미지의 내용을 변경하지 않고 캔버스의 원래 경계를 확장합니다. 새로 확장된 캔버스는 프롬프트의 안내와 원본 이미지를 사용하여 채워집니다. 〈🔍 Custom Zoom〉 버튼을 클릭하면 이미지를 확장하기 전에 프롬프트를 변경할 수 있습니다.

❸ 〈←〉, 〈→〉, 〈↑〉, 〈↓〉 방향 버튼을 클릭하면 선택한 방향으로 이미지 캔버스를 확장합니다.

이미지 저장하기

이미지를 선택하고 마우스 오른쪽 버튼을 클릭한 다음 **이미지 저장하기**를 실행해서 이미지를 저장할 수 있습니다. 만들었던 모든 이미지는 어디로 갔을까요? 내가 만든 이미지, 다른 사람들이 만든 이미지 모두 'Midjourney.com/imagine'에서 확인할 수 있습니다. [My Images] 탭을 선택하면 열람할 수 있고, 다시 디스코드에서 열어 편집할 수도 있습니다.

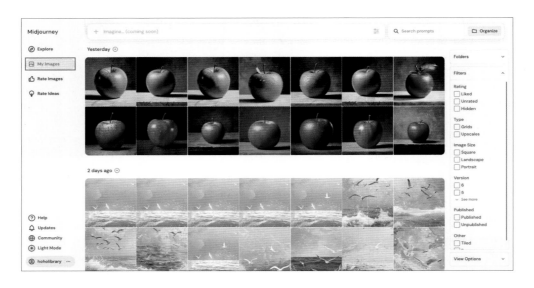

프롬프트 작성 공식 알아보기

프롬프트 작성 순서는 다음과 같습니다.

❶ **이미지 URL**: 참고하려는 이미지를 업로드하거나 온라인 링크를 입력합니다. 꼭 입력하지 않아도 되며, 확장자는 .png, .gif, .webp, .jpg 또는 .jpeg로 끝나야 합니다.

❷ **텍스트**: 텍스트로 프롬프트를 입력합니다. '사막에 세워진 에펠탑은 어떤 모습일까?', '물로 만들어진 책이 있다면?' 등 무엇이든 입력해 보세요. 프롬프트 작성 수칙을 알고 입력한다면 더욱더 이미지를 정교하게 추출할 수 있습니다.

프롬프트 작성 수칙

❶ 구체적인 단어 선택

텍스트를 기본으로 하므로 단어 선택이 중요합니다. 비슷한 단어라도 뉘앙스에 따라 다른 결과물을 만들어 냅니다. Big(큰 것) 대신 Tiny(작은 것), Huge(커다란 것), Gigantic(거대한 것), Enormous(거대한 것), Immense(굉장한 것) 등의 다른 단어를 사용할 수 있습니다.

❷ 특정 숫자 사용

'~s'를 사용한 복수형 단어는 광범위한 결괏값을 도출하므로 '사과들'보다는 '사과 세 개'라고 정확하게 입력합니다.

❸ 원하는 것에 집중

원하지 않는 것을 프롬프트에 설명하지 마세요. 벌레가 없는 사과를 만들고 싶다면 '벌레가 없는 사과'로 표현하는 것보다 '-no' 파라미터값을 사용하여 벌레에 대한 결괏값을 제거하는 것이 좋습니다.

❹ 프롬프트 길이 및 세부 정보

하나의 단어만 입력하더라도 미드저니는 충분히 이미지를 생성할 수 있습니다. 하지만 짧은 프롬프트는 기본 스타일을 사용하므로 우리의 상상력과는 동떨어진 이미지를 추출할 수 있습니다. 세부 사항이 자세할수록 이미지는 정교화됩니다.

미드저니가 제안하는 프롬프트: /describe

멋진 이미지를 발견했는데 어떻게 설명할지 모른다면 미드저니에 물어보는 것도 좋습니다. 〈+〉 버튼을 클릭하거나 프롬프트 입력창에 '/D'를 입력하고 [Tab]을 누르면 해당 옵션이 선택됩니다. '/describe image' 옵션 선택 후 이미지를 업로드합니다.

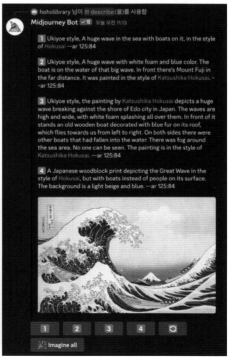

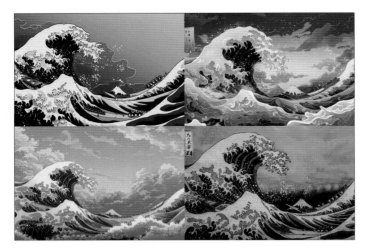

이미지를 설명하는 텍스트들이 추출됩니다. 이를 바탕으로 비슷한 이미지들을 만들 수 있습니다. 단 미드저니의 'Describe' 명령어는 업로드한 이미지를 AI가 분석하여 추출한 명령어를 사용해 새로운 이미지를 생성하는 기능입니다.

명령어 간소화: /shorten

프롬프트를 체크하는 다른 과정입니다. 미드저니 봇(Midjourney Bot)은 텍스트를 통해 이미지를 생성하는 과정에서 '토큰'이라는 더 작은 단위로 메시지를 나눕니다.

'/shorten' 명령은 프롬프트에서 가장 중요한 단어와 생략할 수 있는 단어를 찾는 데 도움이 됩니다. 이를 통해 더 정확하고 만족스러운 이미지를 얻을 수 있습니다.

아래는 긴 프롬프트를 '/shorten' 명령어로 축소한 것입니다.

추가로 미드저니의 개별 토큰 가중치를 보려면 〈Show Details〉 버튼을 클릭합니다.

이미지 합성: /prefer remix

'/prefer remix'는 이미지를 합성하는 리믹스 모드입니다. 리믹스 모드는 생성한 이미지에서 'Make Variation'으로 이미지를 합성합니다. 그러기 위해서는 리믹스 모드가 활성화되어 있는지 확인합니다.

'/prefer remix off-on'으로 변경되면 다음과 같은 메시지가 나타납니다.

01 프롬프트 입력창에서 '/imagine prompt' 명령어를 실행하고 만들고 싶은 이미지를 묘사합니다. 예시에서는 'Cake stacked like a tower on white background'를 입력했습니다. 그중 마음에 드는 이미지를 업스케일합니다. 예시에서는 〈U3〉 버튼을 클릭했습니다.

02 이미지를 변형하는 〈Vary (Subtle)〉이나 〈Vary (Strong)〉 버튼을 클릭하면 표시되는 Remix Prompt 창에서 'A pile of fruit piled like a tower'를 입력하고 〈전송〉 버튼을 클릭합니다.

03 탑처럼 형태를 유지한 채 케이크가 과일로 변경되었습니다.

TIP 이미지 합성은 기존 이미지와 어느 정도 비슷한 형태나 느낌의 연장 선상에 있어야 비교적 잘 생성되는 편입니다.

여러 개의 이미지 합성: /blend

'/blend' 명령을 사용하면 여러 사진을 혼합하여 하나의 새로운 사진을 만들 수 있습니다.

01 '/blend'를 입력하면 아래와 같이 이미지를 업로드하는 창이 표시됩니다.

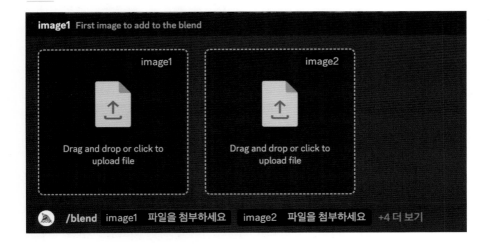

02 함께 혼합할 이미지를 각 창에 하
나씩 업로드합니다. 드래그하여
간단히 불러올 수 있습니다.

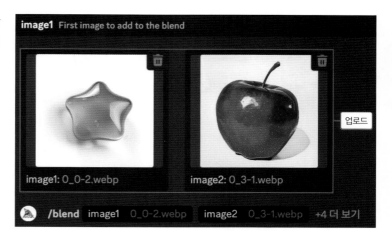

03 사과와 별이 만나 재미있는 이미지가 생성되었습니다.

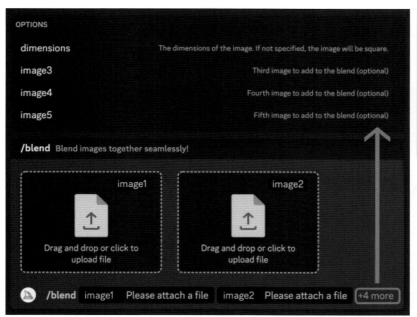

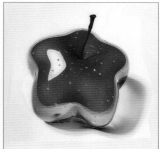

이미지는 최대 5개까지 합성할 수 있습니다. '/blend'는 텍스트 프롬프트에서는 작동하지 않습
니다. 텍스트와 이미지 프롬프트를 함께 사용하려면 이미지 프롬프트에서 텍스트를 입력하고 이
미지를 링크하거나 올리는 방식으로 함께 사용합니다. 최상의 결과를 얻으려면 원하는 결과와
가로, 세로 비율이 같은 이미지를 업로드합니다.

창의력으로 디테일하게!
프롬프트 작성의 법칙

프롬프트에서 파라미터는 이미지의 다양한 측면을 제어하기 위한 매개변수로, 종횡비, 스타일, 색상, 조명 등을 조절할 수 있습니다. 다양한 파라미터를 살펴보며 프롬프트의 작성 법칙을 이해하도록 합니다.

01 파라미터 조절하기

파라미터는 매개변수로, 종횡비, 스타일, 색상, 조명 등 이미지의 다양한 측면을 제어할 수 있습니다. 프롬프트는 이미지, 텍스트, 파라미터 순서로 입력합니다. 마지막 주황색 구간에 해당하는 부분에 파라미터값을 입력하여 조정합니다. 하이픈을 두 번 입력한 후 '– –' 명령어를 입력하고, 띄어쓰기 없이 명령어를 입력합니다. 세부 파라미터값을 입력할 때는 한 칸 띄운 다음 입력해야 하며, 띄어쓰기를 잘못하면 오류 메시지가 표시됩니다.

▲ 띄어쓰기가 잘못된 오류 화면

TIP 하이픈과 대시

애플 기기를 사용할 경우 자동으로 이중 하이픈(--)을 em 대시(—)로 변경합니다. 두 가지 경우 모두 허용하므로 사용하실 때 참고해 주세요.

종횡비: --aspect, --ar

종횡비를 변경할 수 있습니다. 입력하지 않으면 기본적으로 정사각형 비율(– –ar 1:1)로 출력됩니다. 2:3과 3:2는 일반적인 사진 비율이며, 16:9는 영화 스크린 비율로 많이 사용됩니다.

3:2
35mm 필름,
DSLR 카메라,
스마트폰

4:3
SDTV/비디오
컴퓨터 디스플레이

5:4
컴퓨터
디스플레이

16:10
와이드 스크린 컴퓨터
디스플레이,
스마트폰(수평)

9:16
스마트폰(수직)

16:9
HDTV, 와이드스크린 SDTV,
스마트폰(수평)

1.85:1
시네마 필름(미국)

2.35:1
시네마스코프

자주 쓰는 종횡비 값인 3:2 비율로 이미지를 만들고 싶다면 텍스트 프롬프트 뒤 파라미터값을 '--ar 3:2'로 입력합니다. 이미지의 종횡비를 조절함으로써 다양한 용도와 스타일에 맞는 이미지를 생성할 수 있습니다.

프롬프트 living room made out of gummy bears --ar 1:1 --v 6

TIP 가로, 세로가 매우 긴 종횡비는 실험적이며 예측할 수 없는 결과를 초래할 수 있어 주의합니다.

> 프롬프트 　living room made out of gummy bears --ar 2:1 --v 6

제거: --no

No 프롬프트는 결과물에 나오지 않았으면 하는 특정 대상을 제거하는 설정입니다. 예를 들어, 강아지가 나오지 않았으면 한다면 '--no dog'를 입력합니다. '--no item1, item2, item3, item4'와 같이 쉼표로 여러 단어를 설정할 수 있습니다.

프롬프트 입력창에 'still life gouache painting'을 입력했을 때 기본으로 과일이 출력됩니다.

똑같은 프롬프트 입력창에 파라미터값만 '--no fruit'로 입력하면 과일 이미지가 제거됩니다.

'코끼리를 생각하지마!'라고 말하면 더 강하게 코끼리를 떠올리듯이 생성형 AI도 프롬프트 입력 창에 입력하는 순간 더욱더 강하게 인식합니다. 'still life gouache painting, please don't add fruit!'라고 입력한 경우 최종 이미지에 더 많은 과일이 출력됩니다.

제거하고 싶은 요소가 포함된 이미지로 학습된 데이터가 많다면 완전히 제거되지 않는 경우도 있습니다.

혼돈: --Chaos

다양성을 조정하는 파라미터로, 0부터 100까지 설정할 수 있으며, 기본값은 0입니다. 값을 입력하지 않으면 기본 0으로 설정됩니다. 값이 클수록 생성하는 이미지의 다양성이 증가합니다.

프롬프트	black cat --c 10	프롬프트	black cat --c 80

적절한 카오스 값을 입력함으로써 프롬프트 방향성, 스타일을 잡아나갈 수 있습니다.

이미지 퀄리티 설정: --quality, --q

품질 관련 파라미터로, 수치가 클수록 품질이 향상되지만, 속도는 느려집니다. 예를 들어, 품질을 25%로 낮추면 속도가 4배 빨라집니다. 기본적으로는 1, 0.5, 0.25로 설정할 수 있습니다.

프롬프트 입력창에 'Clean vector linocut, peony, black and white'로 테스트했습니다.

프롬프트	--quality 0.25	프롬프트	--quality 0.5	프롬프트	--quality 1(기본 설정)

이미지 고유 번호: --seed

시드(Seed)는 이미지의 고유 번호입니다. 시드(Seed)값을 활용하면 일관된 스타일의 이미지를 계속해서 생성해 나갈 수 있습니다. Seed를 지정하지 않으면 미드저니에서는 무작위로 생성된 Seed 번호를 사용하여 프롬프트가 사용될 때마다 다양한 옵션을 생성합니다.

시드값을 확인하는 방법은 다음과 같습니다.

01 'ice flower'를 입력하여 생성한 이미지 오른쪽 상단의 〈반응 추가하기〉 버튼을 클릭합니다.

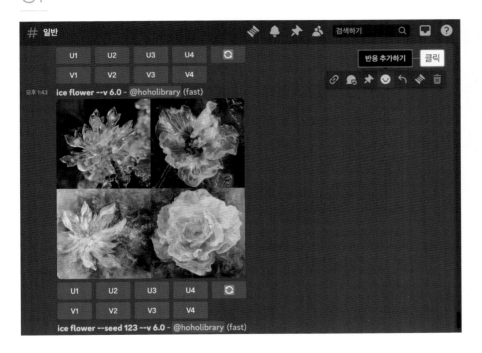

02 표시되는 입력창에 'envelope'를 입력하고, 가장 첫 번째 봉투 이모지를 선택합니다.

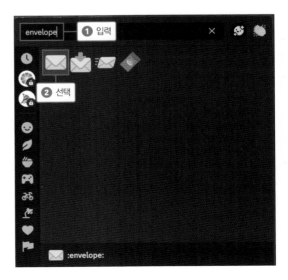

창을 닫고 생성했던 이미지를 다시 확인하면 하단에 봉투 표시가 생기는 것을 확인할 수 있습니다. 왼쪽 상단 미드저니 봇(Midjourney Bot)이 메시지를 보내줍니다. 알림창을 클릭하면 시드 번호를 다음과 같은 화면에서 확인할 수 있습니다.

▲ seed 2058284518

04 이 시드값을 이용하여 스타일을 유지해 보겠습니다. 새로운 프롬프트 'Ice cat'을 입력한 다음 시드값 'seed 2058284518'을 입력합니다.

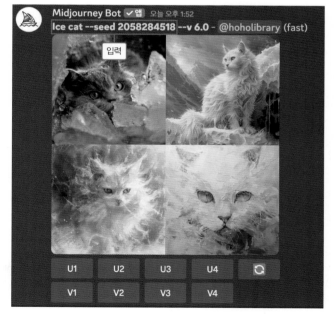

05 이미지가 생성되면 두 가지 이미지를 비교합니다. 각 그리드에서 스타일이 유지되는 것을 확인할 수 있습니다. 이때 프롬프트에서 어느 정도 유사성이 있어야 연결됩니다.

▲ 시드값 적용 전   ▲ 시드값 적용 후

스타일 강조: --stylize, --s

'stylize' 파라미터는 이미지 생성 시 특정 스타일을 적용하며, 값은 0에서 1,000까지 설정할 수 있고 기본값은 100입니다. 이 파라미터는 미드저니가 얼마나 많은 붓질을 할지 결정합니다. 값이 낮으면 프롬프트에 충실하지만, 예술성이 떨어질 수 있고, 값이 높으면 더 예술적인 이미지를 생성하나 프롬프트와의 일치도는 낮아집니다.

프롬프트 Illustration of a baby --s 100   프롬프트 Illustration of a baby --s 1000

'――style raw' 파라미터로 장식적인 표현을 걷어낸 이미지를 만듭니다.

프롬프트 black and white rabbit

프롬프트 black and white rabbit
――style raw

프롬프트 black and white rabbit
――sref random

번역 랜덤으로 스타일을 설정한 두 개의 다른 검은 토끼와 흰 토끼 이미지

미드저니 버전 변환: ――version, ――v

미드저니는 정기적으로 새로운 버전으로 업데이트됩니다. 버전마다 지원하는 명령과 파라미터 값이 다를 수 있습니다. 버전을 선택하려면 '――version' 또는 '――v'를 입력한 후, 공백을 두고 원하는 버전 번호를 입력합니다. 예를 들어, 1, 2, 3, 4, 5, 5.0, 5.1, 5.2, 6, niji 등이 있습니다.

프롬프트 Upper body image of Korean K-pop female singer ―― v 6.0

프롬프트 Upper body image of Korean K-pop female singer ―― niji 6

애니메이션 스타일: --niji

'니지(Niji)' 파라미터는 애니메이션 스타일의 이미지를 생성하는 기능입니다. 최근 미드저니는 이 기능을 강화하기 위해 스펠브러시(Spellbrush)와 협력했습니다. 니지 효과를 적용하려면 --niji를 입력한 뒤 버전 번호를 붙이면 됩니다. 최신 버전을 사용하면 역동적인 장면과 캐릭터 중심의 이미지를 출력할 수 있습니다.

버전 5에서는 이미지 표현을 2가지 방식으로 세분화할 수 있습니다. 귀여운 이미지에 중점을 둔 '--style cute'와 표현력을 강화하는 '--style expressive'입니다. 예를 들어, 귀여운 고양이를 만들고 싶다면 '/imagine kitten --style cute --niji 5'를 입력합니다.

| 프롬프트 | --style cute |
| 프롬프트 | --style expressive |

패턴: --tile

'--tile' 파라미터는 패턴이나 타일 형태의 이미지를 생성합니다. 반복적으로 연결되는 이미지가 만들어지므로, 텍스타일이나 배경 화면 제작에 유용합니다. 아래 페이지에서 이어 붙여 사용하는 방법을 안내하고 있습니다.

https://www.pycheung.com/checker/

| 프롬프트 | Simple fruit illustration in lithography style --tile |

애니메이션: --video

'--video' 파라미터는 이미지를 애니메이션으로 변환하여 짧은 동영상을 생성할 수 있습니다. 프롬프트 끝에 '--video'를 추가하면 됩니다. 생성된 이미지의 오른쪽 〈반응 추가하기〉 버튼을 클릭한 후, 엽서 아이콘을 클릭합니다. 엽서 아이콘을 찾을 수 없으면 'envelope'를 입력하세요. 상단의 '다이렉트 메시지' 아이콘(📧)에서 동영상 링크를 확인할 수 있으며, 링크를 클릭하면 새 창에서 재생하거나 다른 이름으로 저장하여 다운로드할 수 있습니다.

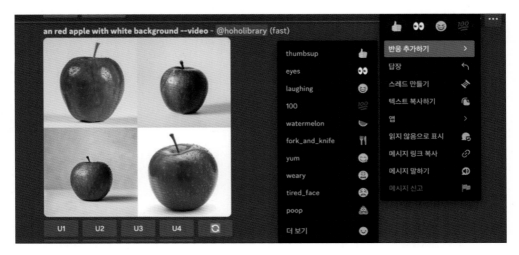

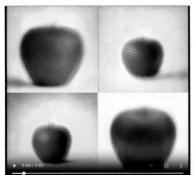  

TIP 이미지 그리드에서만 작동하며 제작 후 30일이 지나면 삭제됩니다.

실험적인 이미지: --weird, --w

'--weird' 파라미터는 실험적인 이미지를 생성할 때 사용합니다. 이 파라미터를 활용하면 색다르고 예상치 못한 결과를 얻을 수 있으며, 이를 통해 새로운 영감을 발견할 수도 있습니다. 기본값은 0이며, 0부터 3,000까지 조정할 수 있습니다. 값이 클수록 이미지의 변형 정도가 커집니다. '--stylize' 파라미터와 함께 사용하면 더 다양한 결과를 얻을 수 있습니다. 예를 들어, '/imagine prompt apple, cat --stylize 250 --weird 250'처럼 비슷한 값을 설정하고 조정해 보세요.

--weird 0

--weird 1000

반복 작업: --repeat, --r

'--chaos'와 같은 다른 파라미터와 함께 사용하여 다양한 변형을 시도할 수 있습니다. Basic 플랜은 24 값을 적용할 수 있으며, Standard 플랜은 210, Pro 및 Mega 플랜은 2~40까지 사용할 수 있습니다. 이 매개변수는 Fast 및 Turbo GPU 모드에서만 사용할 수 있습니다.

이미지 가중치 적용: --iw

'--iw' 파라미터는 이미지와 텍스트 사이의 가중치를 조절합니다. 0부터 2까지 값을 설정할 수 있으며, 값이 클수록 이미지에 더 큰 가중치를 부여합니다.

◀ Camellia.jpg 〈출처: Pl.046 (로렌조 베를레스 1841-1843)〉

'/imagine prompt Camellia.jpg cupcake --iw' 프롬프트를 입력해 비교합니다.

프롬프트 --iw 0.25	프롬프트 --iw 1.5	프롬프트 --iw 2

프롬프트 가중치 적용

이미지를 생성할 때 주제를 강조하기 위해 특정 단어에 가중치를 적용할 수 있습니다. 강조하고 싶은 단어 뒤에 '::'를 입력하고 숫자를 추가하면 됩니다. 기본값은 1입니다. 음수를 입력하면 해당 단어의 가중치를 제거할 수 있으며, 음수를 사용할 때는 가중치로 설정된 모든 숫자의 합이 양수여야 합니다.

프롬프트 Apple Gelato	프롬프트 Apple Gelato::5	프롬프트 Apple::5 Gelato

 미드저니 파라미터 활용 팁

파라미터값을 조절하면 이미지를 더 섬세하게 다듬을 수 있습니다. 이미지 생성 과정을 완전히 통제할 수는 없지만, 원하는 결과를 얻기 위해 여러 번 실험하는 것이 중요합니다. 미드저니의 업데이트로 인한 값 변경 등 자세한 정보는 공식 웹사이트와 도큐멘테이션 페이지에서 확인할 수 있습니다.

미드저니 사용 안내 페이지 QR ▲

SECTION

6.

챗GPT로 미드저니 프롬프트 만들기

이미지를 어떻게 만들어야 할지 막막할 때는 언어 모델을 활용해 프롬프트를 추출할 수 있습니다. 미드저니 프롬프트 생성을 위해 챗GPT 모델이 훈련되었으므로 활용해 봅니다.

01 챗GPT로 미드저니 프롬프트 작성하기 1

CHATGPT

김치 유래 유산균 제품의 광고 이미지를 만들거야. 식물성 유산균이라는 디자인 컨셉으로 미드저니 프롬프트 명령어를 제안해 줘.

/imagine a vibrant and dynamic advertisement for a kimchi-derived lactic acid bacteria product.

The scene features fresh, colorful vegetables like cabbage, radishes, and carrots surrounded by swirling, glowing particles representing healthy bacteria. The background should have a clean, modern look with a subtle hint of traditional Korean elements, like a hanbok pattern or kimchi jars.

The product packaging, sleek and eco-friendly, is prominently displayed in the center, with a label that highlights the health benefits and natural origins of the lactic acid bacteria. The overall aesthetic is fresh, healthy, and inviting, with a bright and positive color scheme.

CHATGPT

미드저니 프롬프트 명령어를 3가지 더 제안해 줘.

Sure, here are three Mid Journey prompt commands that can help you create advertising images for a kimchi-derived lactic acid bacteria product.

1. Vibrant Vegetable and Bacteria Harmony

```sql
/imagine a vibrant advertisement for a kimchi-derived lactic acid bacteria pro
```

2. Healthy Living with Kimchi Lactic Acid Bacteria

```csharp
/imagine an eye-catching advertisement for a vegetable lactic acid bacteria pro
```

3. Nature and Science in Harmony

```vbnet
/imagine a compelling advertisement for a kimchi-derived lactic acid bacteria
```

These prompts should help create visually appealing and effective advertising images that highlight the key features and benefits of your kimchi-derived lactic acid bacteria product.

3가지 옵션이 출력되었습니다. '코드 복사'를 클릭하면 복사됩니다.

1. Vibrant Vegetable and Bacteria Harmony

```sql
/imagine a vibrant advertisement for a kimchi-derived lactic acid bacteria proc
```
[클릭]

디스코드나 미드저니 웹에서 '/imagine' 명령어를 실행해 붙여넣습니다.

▲ 각각의 프롬프트로 만들어진 이미지

프롬프트를 수정하거나 삭제 또는 추가하면서 구체화시킬 수 있습니다.

02 챗GPT로 미드저니 프롬프트 작성하기 2 - GPTs(유료 버전)

유료로 챗GPT를 이용하면 GPTs 기능을 사용할 수 있습니다. 첫 화면에서 왼쪽 바의 'GPT 탐색'을 선택합니다.

다양한 커스텀 GPTs가 있습니다. 'Midjourney Prompt Generator'를 검색합니다. 'Midjourney Prompt Generator'는 미드저니 프롬프트를 만드는 데 특화된 GPT입니다.

이 봇과 대화하면서 프롬프트를 제안받습니다. 아래쪽의 〈채팅 시작〉 버튼을 클릭합니다.

같은 프롬프트를 입력해 보겠습니다.

 CHATGPT 김치 유래 유산균 제품의 광고 이미지를 만들거야. 식물성 유산균이라는 디자인 컨셉으로 미드저니 프롬프트 명령어를 제안해 줘.

 To complete your request and create great images in Midjourney, I will focus on depicting the concept of vegetable lactic acid bacteria derived from kimchi. This will include vibrant and fresh vegetable elements combined with microscopic visuals of bacteria to emphasize the product's unique origin. I will create 5 optimized Midjourney commands for you.

Prompt 1:

```sql
/imagine prompt: A photorealistic image of fresh kimchi ingredients, including nap
```

Prompt 2:

```sql
/imagine prompt: A detailed illustration of lactic acid bacteria derived from kimc
```

Prompt 3:

```sql
/imagine prompt: A vibrant and dynamic scene showing a close-up of kimchi vegetabl
```

Prompt 4:

```sql
/imagine prompt: A scientific and artistic representation of kimchi-derived lactic
```

Prompt 5:

```sql
/imagine prompt: A stylized photograph of kimchi vegetables surrounded by swirling
```

기본으로 5개의 프롬프트를 제안합니다. 마찬가지로 오른쪽 상단에 있는 '코드 복사'를 클릭하면 프롬프트가 복사됩니다. 디스코드에 붙여 넣습니다.

이미지가 출력되었습니다.

부분 변경 기능으로 이미지
를 다듬어 나갑니다. 실험실
느낌의 목업 이미지를 만들
었습니다.

미드저니로 바로 시작해도
되지만, 어디서부터 시작해
야 할지 막막하다면 언어 모
델을 이용하여 다양한 프롬
프트를 제안받고 수정해 나
가도 됩니다.

실무 디자이너가 알려주는 실전 AI 디자인 제작

AI DESIGN THINKING

생성형 AI와 디자인 씽킹은 상호작용을 함으로써 더 창의적인 결과를 도출할 수 있습니다. 예를 들어, 생성형 AI는 공감 단계에서 사용될 수 있어 디자인 프로세스에서 사용자의 필요와 감정을 이해하는 데 도움을 줄 수 있습니다. 또한 문제 정의 단계에서 생성형 AI는 다양한 시각과 아이디어를 제공해 창의적 문제 해결에 이바지할 수 있습니다. 그리고 아이디어 내기 단계에서는 생성형 AI가 다양한 디자인 옵션을 제시하고, 프로토타입 제작 단계에서는 디자인 개발을 더욱 빠르고 효율적으로 할 수 있도록 돕습니다. 이러한 방식으로 생성형 AI와 디자인 씽킹을 결합하여 실무 디자인 프로젝트에서 창의적이고 혁신적인 결과물을 제작해 봅니다.

고갱의 작품을 재해석한
소설 리커버 디자인

표지(북커버) 디자인의 핵심은 책의 성격을 효과적으로 표현하는 것입니다. 소설의 경우 등장인물이나 분위기를, 교양서적의 경우 전문성과 신뢰감을 전달해야 합니다. 표지 디자인에는 창의성과 전문성이 필요하며, 단순히 멋진 디자인에 그치지 않고 책의 내용과 성격을 잘 반영해야 합니다. 이를 위해 디자이너의 깊이 있는 이해력과 독창적인 아이디어가 중요합니다. 생성형 AI를 활용하면 시간과 비용 절감, 창의성 향상, 개인화된 아이디어 제공 등의 장점을 통해 표지 디자인을 효과적으로 제작할 수 있습니다.

책 진열대에서 눈에 띄는 책은 주로 제목과 어울리는 표지(북 커버) 디자인 덕분입니다. 표지에 그려진 이미지는 책의 내용을 짐작할 수 있게 해 주어, 책을 펼치지 않아도 내용을 유추할 수 있습니다.

디자이너는 책의 내용과 작가의 의도를 잘 반영해 인상적인 표지를 만들어야 합니다. 이번 프로젝트에서는 두꺼운 책 한 권이 전하는 무게를 이미지에 담아 폴 고갱의 삶을 현대적으로 재해석한 《달과 6펜스》 소설의 리커버 프로세스를 진행합니다.

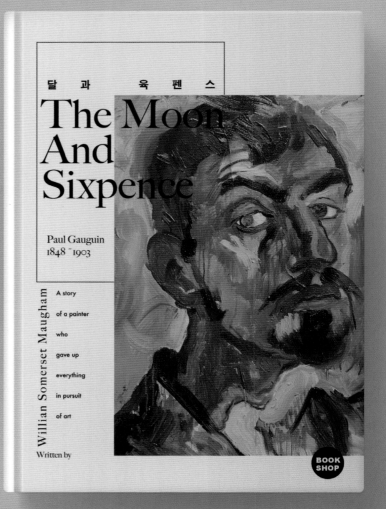

1. 독자들의 시선을 사로잡을 리커버 컨셉

고객에게 맞는 리커버 컨셉을 챗GPT에 요청하여 '고갱의 작품을 현대적으로 재해석'하는 방향으로 진행합니다.

2. 컨셉을 변경하여 이미지 완성

미드저니로 생성한 타히티의 여인들 이미지는 고갱을 충분히 연상시키지 않으므로, 고갱의 화풍을 유지하면서 현대적인 느낌의 '모던 아트 자화상 고갱' 컨셉으로 완성합니다.

SECTION 1.

새로운 가상의 독자로
공감대 형성하기

책 리커버를 위해서는 표지에 포함된 제목, 부제, 이미지, 출판사, 레이아웃 등의 다양한 요소가 리커버 이유
와 부합하는 디자인이 필요합니다. 챗GPT를 활용하여 리커버 디자인 컨셉을 설정하고, 목표에 맞는 전략을
차근차근 실행해 보겠습니다.

01 출판사의 홍보 매니저 역할 제안하기

CHATGPT

넌 출판사의 홍보 매니저야. 기존에 판매되고 있던 소설책을 시장 조사와 포지셔닝을 통해 새롭게 표지를
디자인하여 출간하는 것이 역할이야.

알겠습니다. 새로운 표지 디자인을 위해 어떤 아이디어를 고려 중이신가요? 어떤 분위기와 메시지를 전달하
길 원하시나요? 또한 시장에서 어떤 변화와 추세를 고려하고 계신가요? 이 정보를 참고하여 효과적인 표지
디자인을 완성하는 데 도와드릴 수 있습니다.

02 《달과 6펜스》 소설의 새로운 독자 확인하기

CHATGPT

이번에 다시 출간하는 책은 《달과 6펜스》야. 이 소설은 예술가 '폴 고갱'을 모티브로 삶을 그려냈으며, 기
존 표지는 주로 고갱의 '자화상' 작품을 그대로 사용하여 논픽션 장르로 착각하는 독자들이 있어. 따라서
소설이라는 장르에 맞게 각색된 새로운 디자인을 하고 싶어. 《달과 6펜스》 소설을 구매할 주요 사용자의
페르소나(Persona: 대상 고객을 나타내는 가상의 인물)를 작성하고 그에 맞는 시장 세분화, 마케팅
전략을 제시해 줘.

페르소나 작성

1. 나이: 25세

2. 직업: 예술 학생

3. 관심사: 미술, 문학, 창작 활동

4. 성격: 예술에 대한 열정이 높고, 창의적이며 자유로운 영혼

5. 구매 동기: 고갱과 같은 예술가의 삶에 대한 이해와 공감, 현대 예술에 대한 관심

시장 세분화 및 마케팅 전략

1. 시장 세분화

예술에 관심 있는 독자들을 중심으로 시장을 세분화합니다. 미술, 문학, 창작 활동에 관심이 있는 사람들을 대상으로 합니다.

2. 마케팅 전략
   - 소셜 미디어 플랫폼(인스타그램 등)을 활용하여 예술과 창작 관련 커뮤니티에 광고를 집중합니다.
   - 대학교나 예술 학원 등의 교육 기관을 대상으로 프로모션을 진행하여 학생들에게 책을 소개합니다.

챗GPT가 제안한 우리의 고객, 즉 페르소나에게 추가로 더 알고 싶은 내용이 있거나 새로운 페르소나를 만들고 싶다면 다시 제안을 요청합니다.

페르소나에 대한 상세 정보 요청하기

페르소나에 관해 관심사, 성격, 생활 방식 등을 더 상세하게 제시해 줘.

1. 관심사
   - 미술: 다양한 예술 형태에 대한 탐구와 연구에 열정을 가지고 있습니다. 주로 현대 미술과 추상 예술에 관심이 많습니다.
   - 문학: 고전부터 현대까지 다양한 문학 작품을 읽고 분석하는 것을 즐깁니다. 문학에서는 주로 상징주의와 실존주의를 선호합니다.
2. 성격: 영감을 주는 것을 좋아하며, 예술에 대한 열정이 높습니다. 개성이 강하고 자유로운 영혼으로, 새로운 아이디어와 경험에 열려 있습니다.
3. 생활 방식: 도시 생활을 즐기며, 갤러리와 카페를 자주 방문합니다. 시간이 허락된다면 문학 카페에서 책을 읽거나 자신의 창작물을 만듭니다.
4. 구매 동기: 고갱과 같은 예술가의 삶에 대한 깊은 공감과 이해를 바탕으로, 예술의 세계와 인간의 내면을 탐구하는 소설에 관심이 있습니다.

제안 내용이 프로젝트 목표에 벗어난다고 생각하면 다시 제안해달라고 요청하거나 질문을 변경합니다.

SECTION

2.

질문을 통한 문제 구체화하기

앞서 정의한 페르소나를 바탕으로 고객의 니즈를 구체적으로 알아보도록 하겠습니다. 챗GPT를 이용하여
질문을 빌드업시키면 새로운 관점의 컨셉을 도출하고 구체화할 수 있습니다.

앞서 정의한 페르소나는 다양한 경험과 문화를 중시하며 온라인 커뮤니티 활동이 활발한 것으로
나타났습니다. 따라서 예술, 문화, 독서와 관련된 온라인 커뮤니티에서 활동적으로 홍보하고 이
벤트를 진행하며 리뷰를 통해 새롭게 리커버된 에디션 북을 소개하여 구매를 유도하는 것이 효
과적일 것입니다.

또한 페르소나를 통해 다양한 예술 형태에 대한 탐구와 열정이 있고 문학 작품을 분석하며 즐기
지만, 직접적으로 연상시키기 어려운 표지 이미지로 인해 구매로 이어지지 않는 경우가 있음을
인지했습니다. 특히 소셜 미디어 플랫폼에서 소개된 광고 외에는 정보 접근이 제한적인 상황임
을 고려해야 합니다.

앞서 페르소나에게 추출한 데이터를 가지고 관점 서술문(POV)을 작성해 봅니다.

- **Who**: 예술에 대한 열정이 높은 25세 학생은
- **What**: 예술가의 삶과 히스토리에 관심이 있지만, 《달과 6펜스》 소설책은 구매하지 않았다.
- **Because**: 왜냐하면 기존의 소설책 제목과 표지는 예술가 고갱을 직접적으로 연상시키기 어려운 이미지라서,
  예술에 관심 있는 세분화된 고객층의 관심을 받기 어려웠다.

페르소나가 가진 페인 포인트(고객이 불만스럽거나 불편하게 여기는 부분)를 분석한 후, 표지 이
미지가 구매 결정에 중요한 요소임을 인식하면서, 우리가 해결할 수 있는 문제를 정의해 보겠습
니다.

- **How**: 어떻게 하면
- **Might We~?**: 우리가 새로운 책의 리커버 이미지로 구매를 유도할 수 있을까?

페르소나를 통해 직관적으로 예술가를 연상할 수 있는 이미지가 필요하다는 점을 고려하면, 우
리는 홍보해야 할 대상에 관해 공감과 방향을 설정할 수 있지만, 더 구체적인 컨셉을 도출하기
위해 직접 서점을 방문해 카테고리의 책을 진열한 선반에서 표지를 관찰하고, 주요 구매자들을
면밀히 분석하는 것도 필요합니다.

작품의 재해석, 리커버 디자인 컨셉 잡기

챗GPT와 같은 창의적인 조력자와 협력해 시선을 사로잡을 리커버 컨셉을 어떻게 만들어 나갈지 핵심 아이디어를 정리하고, 고갱의 작품을 어떤 컨셉으로 재해석할지 고민하여 디자인 컨셉을 마련합니다.

01 창의적인 조력자가 필요해!

넌 창의력 및 혁신에 대한 조언자야. 내가 관점을 넓히고 새로운 아이디어를 생각해 현재 상황에 정체되지 않고 발전하도록 돕는 것이 네 역할이야.

물론이죠! 여기 있습니다.

1. 발산적 사고
2. 산업 간 영감

02 시선을 사로잡을 리커버 컨셉은 어떻게 만들까?

페르소나의 고객에게 맞는 리커버 컨셉의 제안을 챗GPT에 요청합니다. 챗GPT가 제시한 컨셉이 다소 평범하다면 질문을 더 구체화해서 재요청할 수도 있습니다.

정의된 페르소나의 고객에게 맞는 표지와 디자인 요소 등의 컨셉을 제안해 줘.

페르소나에게 맞는 디자인 전략을 고려하여 다음과 같은 컨셉을 제안해 드립니다.

1. 표지 컨셉: "현대적인 고갱"

    고갱의 대표 작품 중 하나를 선택하여 현대적으로 재해석하는 것이 주요 컨셉이 될 수 있습니다. 예를 들어, 고갱의 대표작「자기 초상」을 선택하고, 그림의 색채와 무드를 유지하면서 현대적인 요소를 더하여 새로운 해석을 더하는 것입니다.

2. 디자인 요소

    - **색채**: 고갱의 독특한 색채 사용을 존중하면서, 현대적인 감각을 더하기 위해 조금 더 선명하고 밝은 색상을 사용할 수 있습니다.
    - **폰트**: 제목과 저자 이름 등은 현대적이면서도 예술적인 느낌의 폰트를 사용하여 표지에 독특한 터치를 더합니다.

- **레이아웃**: 고갱의 그림이 주를 이루는 표지에, 제목과 저자 이름 등의 텍스트는 깔끔하게 배치해 읽기 쉽게 합니다.
3. **시각적 메시지**: 표지 디자인을 통해 페르소나와 같은 대상이 이 책을 보았을 때, 고갱의 예술과 그의 삶의 깊이를 느낄 수 있도록 하는 것이 중요합니다.

기존 책의 표지 디자인은 고갱의 작품을 그대로 담아내었습니다. 하지만 리커버될 책은 이전과는 다르게, 고갱의 작품을 현대적으로 재해석할 것입니다. 추상적인 표현과 세련된 색감을 활용하여 디자인을 새롭게 구성하면, 페르소나와 예술에 관심 있는 독자들에게 흥미로운 시각적 경험을 선사할 것으로 예상됩니다.

리커버 컨셉 ・ 고갱의 현대적 재해석

03 챗GPT와 나눈 핵심 컨셉을 정리하여 전달하기

디자인 컨셉을 요청하기 전에 구체적으로 질문하기 위해서 제품 특성, 고객 페르소나 정의, 컨셉 정의를 다시 한번 입력하고 컨셉의 개수도 입력합니다.

너 유능한 출판사의 홍보 매니저야. 《달과 6펜스》라는 소설의 리커버 디자인을 하는 게 우리의 목표야. 우리 페르소나는 시, 소설, 그림 등 자신의 창작 활동을 즐기는 25세 학생이야. 페르소나는 소셜 미디어 플랫폼을 활용하여 예술과 창작 관련 커뮤니티 및 광고에 집중해. 페르소나가 구매할 《달과 6펜스》의 디자인 컨셉은 '고갱의 작품을 현대적으로 재해석'하는 것이고 그것을 그래픽이나 작품을 통해 표현하려 해. 이 내용에 관해 이해했어?

네, 제가 제공한 정보를 이해했습니다. 페르소나와 같은 고객을 대상으로 한 《달과 6펜스》의 리커버 디자인에 대한 목표와 요구 사항을 알고 있습니다. 페르소나의 취향과 관심사를 고려하여 고갱의 작품을 현대적으로 재해석한 추상적인 느낌이나 색채감을 강조하는 디자인을 추구할 것이라는 점도 이해했습니다.

04 고갱의 작품을 어떤 표현으로 재해석하면 좋을까?

리커버 컨셉에 맞게 이미지화할 수 있는 고갱의 작품을 10가지 추천받고 대화하면서 질문을 구체화합니다. 추천받은 고갱의 10가지 작품과 표현 방법을 미드저니에서 활용하려면 프롬프트 작성 또한 필요합니다.

CHATGPT

컨셉에 맞게 이미지화할 수 있는 고갱의 작품 10가지를 추천해 줘. 그리고 각 10가지에 해당하는 작품을 미드저니에서 활용할 수 있도록 영어로 프롬프트를 작성해 줘.

1. 현대 미술 자화상 고갱

고갱의 자화상과 모던한 그래픽의 조화를 이루어 현대적인 분위기를 만들어 보세요.

2. 미니멀리즘의 여인들

「타히티의 여인들」을 미니멀리즘 스타일로 표현하여, 간결하면서도 강렬한 이미지를 만나보세요.

3. 추상적인 나방

나방의 비행을 추상적으로 재해석하여, 고갱의 작품에서 느껴지는 화려함과 독특함을 경험해 보세요.

4. 디지털 아트의 영혼

알리 아르리의 영혼을 디지털 아트로 표현하여, 신비로운 분위기를 현대적으로 느껴보세요.

5. 포토리얼리즘의 투푸푸아

마나오 투푸푸아를 포토리얼리즘(극사실주의) 스타일로 재해석하여, 사실적이면서도 화려한 이미지를 만나보세요.

6. 현대 미술의 아테아

아테아의 여신을 현대 미술 스타일로 표현하여, 감각적인 이미지를 만나보세요.

7. 콜라주 아트의 여인들

「타히티의 여인」들을 콜라주 아트로 재해석하여, 다양한 재료와 이미지의 조합을 통한 새로운 느낌을 경험해 보세요.

8. 인상파의 두 여인

파티마의 두 여인을 인상파 스타일로 표현하여, 섬세한 붓 터치와 밝은 색상의 조화를 느껴보세요.

9. 슈퍼플의 마타이아

아이타이 마타이아를 슈퍼플랫 스타일(일본 만화와 애니메이션의 영향을 받은 포스트모더니즘 미술사조)로 재해석하여, 독특하고 경쾌한 이미지를 만나보세요.

10. 퓨처리즘의 에바

튀피어파, 다시 태어난 에바를 퓨처리즘(미래주의적) 스타일로 표현해, 동적이고 속도감 있는 이미지를 경험해 보세요.

각 프롬프트는 해당 컨셉의 핵심을 간결하게 전달하며, 사용자가 각 디자인 컨셉을 체험하도록 안내합니다. 이 프롬프트가 미드저니에서의 디자인 컨셉 표현에 도움이 되었으면 합니다. 다른 의견이나 추가 요구 사항이 있으시다면 언제든지 말씀해 주세요.

챗GPT에 제안받은 10가지 중 마음에 드는 표현 스타일에 대한 영문 프롬프트 2가지를 다음과 같이 제안받았습니다.

 제안해 준 10가지 표현 스타일 중에서 '1. 현대 미술 자화상 고갱', '2. 미니멀리즘의 여인들'에 관하여 영문 프롬프트를 제안해 줘.

1. Modern Art Gauguin

Express Gauguin's self-portrait in a modern way in Gauguin's style.

2. Minimalist Women of Tahiti

Express the women of Tahiti in a minimalist style, and encounter an image that is both simple and striking.

폴 고갱을 가장 잘 연상시킬 수 있는 2가지 컨셉을 선정했습니다.

- 현대 미술 '자화상' 고갱
- 미니멀리즘의 여인들 – '타히티의 연인들' 작품

 아이디어 모색

제안된 컨셉이 마음에 들지 않으면 계속해서 제안받습니다. 브레인스토밍 중이라면 '가능한 많은 답변'을 요청합니다. 보통은 적당한 개수를 지정하는 것이 비교하기 편합니다. 3~5개 정도로 답변의 개수를 지정합니다.
챗GPT에서 주어진 키워드와 함께 '아이디어'를 추가로 모색하기 위해서 프로젝트 상황에 맞게 다양한 방법론을 활용할 수도 있습니다.
- 브레인스토밍: 이야기하면서 아이디어를 발산하는 것. 주제에 대한 학습이 되어 있고 여러 명이서 자유로운 토론이 가능할 때 활용
- 브레인라이팅: 글로 적으면서 아이디어를 발산하는 것. 혼자서 조용하게 생각을 정리한 후 공유가 필요할 때 활용
- 브레인드로잉: 그림으로 그려서 아이디어를 발산하는 것. 집중하면서 자유롭게 그림을 그리는 것에 익숙한 사람일 때 활용
- 보디브레인스토밍: 몸으로 연기하면서 아이디어를 발산하는것. 상황과 문제에 대해 자유롭게 몸으로 표현할 수 있는 환경일 때 활용

완성파일: 리커버\타히티의 여인들.png, 리커버 시안.jpg, 리커버 시안 목업.jpg

S E C T I O N

AI로 고갱의 다양한 작품을
빠르게 만나기

고갱의 「타히티의 연인들」을 현대적으로 재해석한 미니멀리즘의 여인 디자인 컨셉을 빠르게 테스트해 보겠습니다.

01 AI로 이미지를 생성하기 위해 웹 브라우저에서 'discord.com'을 입력해 디스코드 사이트에 접속하고 로그인합니다. 미드저니 채널로 들어가서 입력창에 '/i'를 입력하고 '/imagine prompt'를 선택합니다.

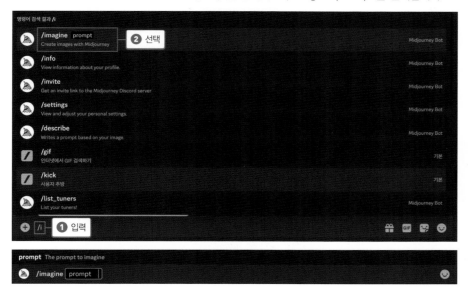

TIP 원하는 키워드를 직접 미드저니에서 작성할 수 있고 챗GPT에서 제안받은 프롬프트를 사용하여 부족한 부분의 문자는 보완, 수정하는 방법도 있습니다.

02 이미지 추출을 명령하기 위해 프롬프트 입력창이 표시되면 프롬프트를 입력하고 [Enter]를 누릅니다. 고갱의 타히티의 여인들 이미지를 요청합니다.

프롬프트
Express the women of Tahiti in a minimalist style, and encounter an image that is both simple and striking

번역 타히티의 여인들을 미니멀리즘 스타일로 표현, 간결하면서도 강렬한 이미지

TIP 기존에 많이 사용한 도구라면 명령어 '/imagine prompt'를 모두 입력하지 않아도 [Enter]를 누르면 자동으로 프롬프트가 생성됩니다.

03 잠시 후 이니셜 옵션(Initial Options)으로 구성된 4 개의 타히티의 여인들 이미지를 확인할 수 있습니다. 타히티섬 연출이 더 드러나지 못해 아쉬움이 있습니다.

04 한 번 더 이미지를 요청하겠습니다. 이번에는 Stylize(스타일라이즈) 값을 변경하여 프롬프트를 작성해 보겠습니다. 프롬프트 뒤에 '――s 250'을 입력하고 [Enter]를 누릅니다.

(NOTE) '――stylize / ――s'는 예술성을 조절하는 파라미터입니다. 세밀해지는 정도를 말하며 값이 작을수록 요청한 프롬프트에 충실한 다소 단순한 이미지가 나오고, 스타일라이즈 값이 클수록 미드저니의 상상력과 노력이 첨가된 예술성 높은 이미지가 나옵니다.

프롬프트 /imagine prompt Prompt1 , Prompt2 ――s 500

• V4, V5는 0~1,000까지 입력 가능(기본 값 100)
• V3에서는 625~60,000까지 입력 가능 (기본값 2,500)
• 니지 모델에서는 사용 불가

▲ ――s 50

▲ ――s 250

05 4개 이미지 중 왼쪽 아래의 세 번째 이미지가 마음에 들어 해당 이미지를 추출하기 위하여 〈U3〉 버튼을 클릭합니다.

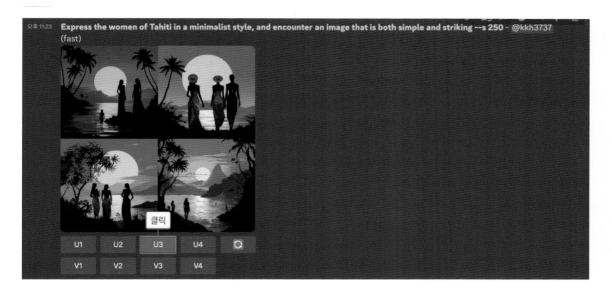

06 세 번째 이미지가 고해상도로 생성되었습니다.

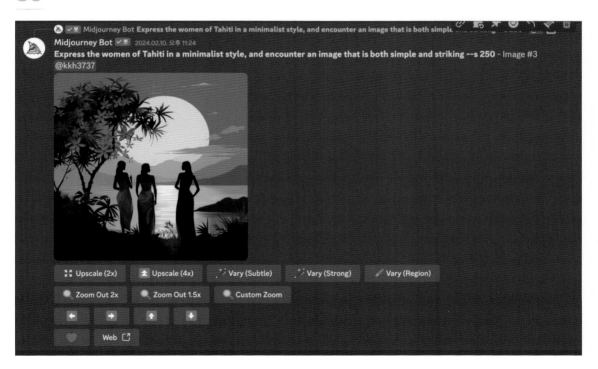

07

최종 이미지를 클릭한 다음 '브라
우저로 열기'를 클릭합니다.

08 열린 브라우저 창에서 마우스 오른쪽 버튼을 클릭한 다음 **이미지를 다른 이름으로 저장**을 실행하면 이미지가 고해상
도로 저장됩니다. 생성된 이미지를 조합해 표지를 만들 수 있습니다.

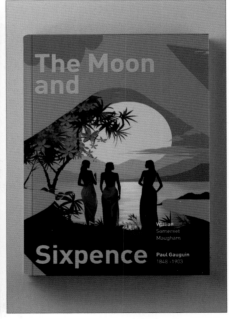

▲ 시안 이미지

◉ 예제파일: 리커버\book mockup.psd　◉ 완성파일: 리커버\고갱.png, 표지.jpg, 표지 목업.jpg

SECTION

5.

고갱의 화풍으로
새롭게 표지 디자인하기

미드저니가 추출한 타히티의 여인들 이미지는 고갱을 연상하기에 다소 부족하다는 의견이 있었습니다. 고갱의
화풍은 그대로 표현하면서 현대적이고 모던한 느낌을 그래픽과 글꼴을 편집하여 '현대 미술 자화상 고갱'의
컨셉을 새롭게 제안해 보려고 합니다. AI 생성 이미지에 표지 문구를 더해 소설 리커버 디자인을 진행하고,
목업 파일에 적용해 완성도를 높이겠습니다.

01 고갱 자화상 컨셉의 AI 이미지 생성하기

01 디스코드 사이트에 접속하고 로그인합니다. 미드저니 채널로 들어가서 입력창에 '/imagine prompt'를 입력하고
Enter 를 누릅니다. 프롬프트 입력창이 표시되면 프롬프트를 입력하고 Enter 를 누릅니다.

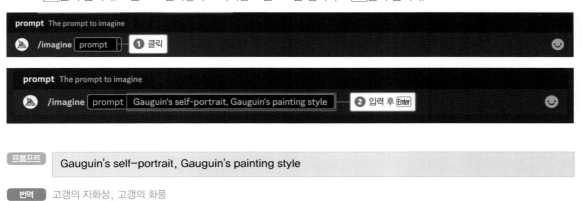

프롬프트　Gauguin's self-portrait, Gauguin's painting style

번역　고갱의 자화상, 고갱의 화풍

02 이미지가 생성되기까지 약간의 시간이 소요됩니다. 잠시
후 이니셜 옵션으로 구성된 4개의 고갱 이미지를 확인할
수 있습니다.
오른쪽 이미지들(두 번째와 네 번째)에서 발전시켜 추가 이미지를
요청하려고 합니다. 〈V2〉, 〈V4〉 버튼을 클릭하여 해당 이미지의
배리에이션 버전을 확인합니다.

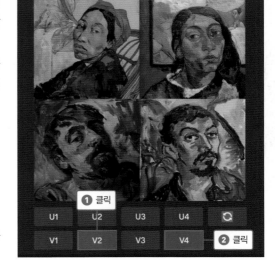

TIP 원하는 이미지의 〈V(번호)〉 버튼을 클릭하여 다른 형태의 이미지를
요청할 수 있습니다.

03 네 번째 배리에이션 버전이 마음에 들었으며, 그중에서도 네 번째 이미지를 추출하기 위해 〈U4〉 버튼을 클릭합니다.

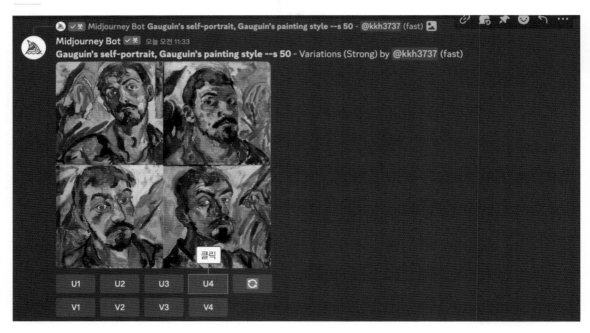

TIP Upscale(Creative)은 결과물의 디테일 및 질감 등을 한 번 더 검수하여 업스케일하는 과정입니다.

04 네 번째 이미지를 고해상도 이미지 1,024×1,024픽셀로 만들었습니다. 이미지를 클릭하고 왼쪽 아래에 있는 '브라우저로 열기'를 클릭합니다.

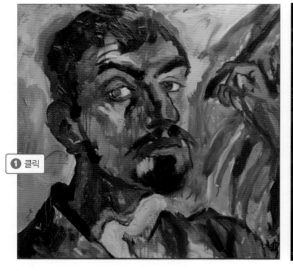

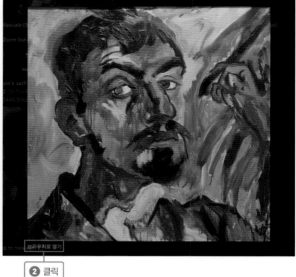

05 브라우저가 열리면 이미지에서 마
　우스 오른쪽 버튼을 클릭한 다음
이미지 저장을 실행하여 이미지를 저장할
수 있습니다.

02 표지 디자인하기

01 포토샵을 실행하고 메뉴에서
　(File) → **New**를 실행합니다.
표지 크기의 새 도큐먼트를 만들기 위
해 New Document 대화상자가 표시되
면 그림과 같이 Width: 140Millimeters,
Height: 200Millimeters, Resolution:
300Pixels/Inch, Color Mode: CMYK
Color로 지정한 다음 〈Create〉 버튼을
클릭합니다.

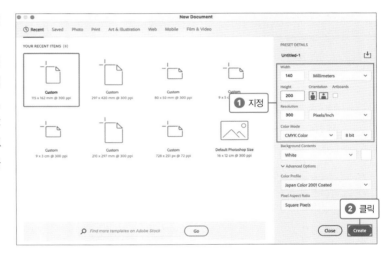

02 메뉴에서 (File) → **Place**
　Embaded를 실행한 다음 미드
저니에서 만들어 저장한 파일 또는 리커버
폴더의 '고갱.png' 파일을 불러옵니다.

TIP 포토샵 작업 창에 이미지를 드래그하면
X자 표시와 함께 이미지가 불러들여집니다. 이것
은 스마트 오브젝트 이미지를 나타내며, 원본 이
미지를 유지한 상태에서 이미지의 크기 조절 및
변형할 수 있습니다.

03 고갱 이미지의 크기와 위치를 조절하기 위해 메뉴에서 (Edit) → Transform → Scale(Ctrl+T)을 실행하고 이미지를 드래그하여 확대합니다. 이동 도구(✛)를 이용해 그림과 같이 위치를 잡고 〈Done〉 버튼을 클릭하거나 Enter를 누릅니다.

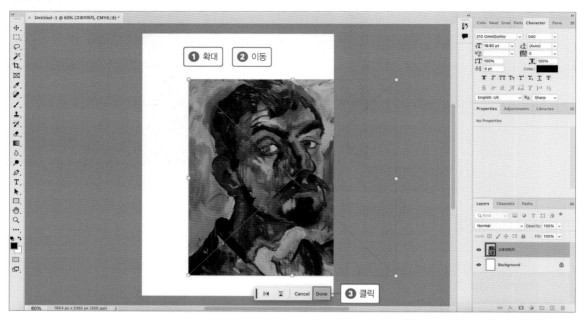

04 사각형 도구(▢)를 선택한 다음 도큐먼트 전체 크기에 맞춰 드래그합니다. Transform 패널에서 W: 140mm, H: 200mm로 설정하여 표지와 같은 크기를 지정합니다. Appearance 패널에서 Fill을 'C:5%, M:5%, Y:10%, K:0%'로 지정하여 배경색을 적용합니다.

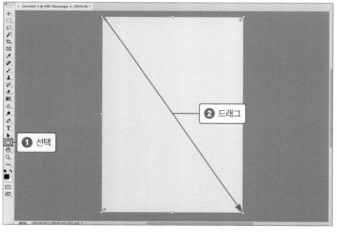

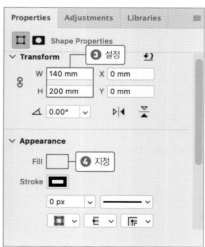

05 Layers 패널에서 배경색이 적용된 사각형 레이어를 '고갱' 레이어 아래로 드래그하여 이동합니다.

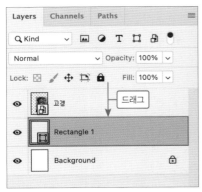

06 현대적인 그래픽 요소 중 하나로 사각형 테두리를 만들겠습니다. 먼저 Layers 패널에서 'Create a new layer' 아이콘(🔳)을 클릭하여 레이어를 추가합니다. 사각형 선택 도구(▣)를 선택하고 그림과 같이 이미지 왼쪽 상단에 드래그하여 선택 영역을 지정합니다.

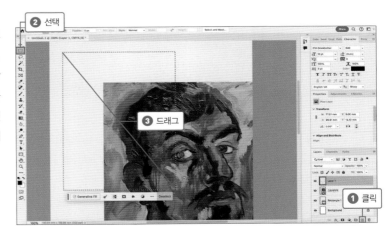

07 메뉴에서 (Edit) → Stroke를 실행합니다. Stroke 대화상자가 표시되면 Width: 3px, Color: 검은색(C:0%, M:0%, Y:0%, K:100%)으로 지정한 다음 〈OK〉 버튼을 클릭합니다.
선택 영역을 해제하기 위해 메뉴에서 (Select) → Deselect((Ctrl)+(D))를 실행합니다.

TIP Stroke 기능은 도형 외곽선에 적용될 색상이나 그러데이션, 패턴을 지정합니다.

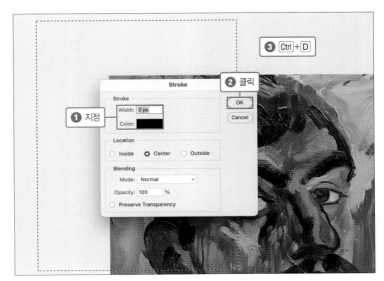

08 사각형 선택 도구(□)를 선택하고 이번에는 고흐 이미지의 영역까지 침범한 사각형 선 부분을 드래그해 그림과 같이
선택 영역을 지정한 후 Delete를 눌러 삭제합니다. 선택 영역을 해제하기 위해 메뉴에서 (Select) → Deselect(Ctrl
+D)를 실행합니다.

09 표지 제목을 디자인하기 위해 먼저 문자 도구(T.)를 선택하고 Character 패널에서 글꼴: Big Caslon, 글자 크기:
47pt, 행간: 42pt로 설정한 후 옵션바에서 왼쪽 정렬, 글자 색: 검은색(C:0%, M:0%, Y:00%, K:100%)으로 지정합니다.
이미지 왼쪽 상단에 'The Moon And Sixpence'를 입력합니다.

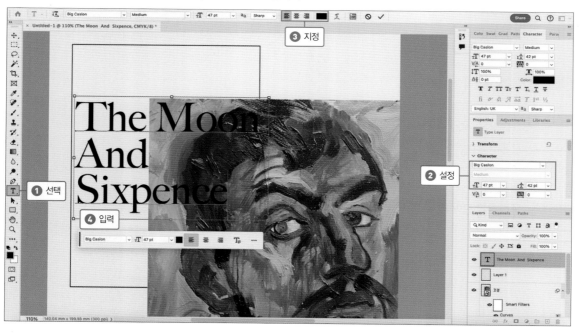

10 책 제목에 한글도 함께 디자인하기 위해 먼저 글꼴을 설정하겠습니다. Character 패널에서 글꼴: Adobe Gothic Std, 글자 크기: 12pt, 자간: 2300, 장평: 95%로 설정하고 '달과 육펜스'를 입력한 다음 그림과 같이 배치합니다.

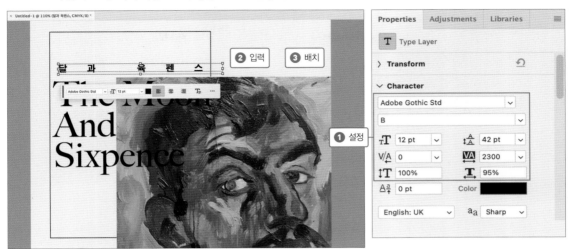

11 고갱의 출생년도를 추가하기 위해 먼저 Character 패널에서 글꼴: Big Caslon, 글자 크기: 11.5pt, 행간: 14p 로 설정합니다. 문자 도구(**T.**)로 'Paul Gauguin 1848~1903'을 입력하고 그림과 같이 배치합니다.

12 같은 방식으로 저자 이름을 넣어 디자인하기 위해 Character 패널에서 글자 크기: 14pt, 자간: 120으로 설정합니다. 'Willian Somerset Maugham'을 입력한 다음 그림과 같이 배치합니다.

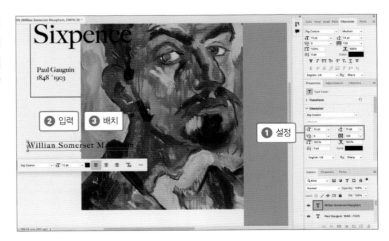

13 메뉴에서 (Edit) → Transform → Rotate 90° Counter Clockwise를 실행해 문자를 90° 회전합니다. 이동 도구
(⊕)를 이용하여 세로로 배치된 문자를 왼쪽 아래로 이동합니다.

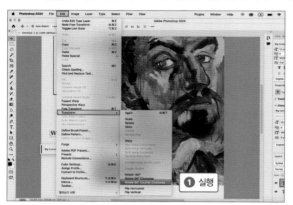 

14 Contextual Task Bar에서 글
자 크기를 '9pt'로 설정합니다.
'Written by'를 입력한 다음 같은 방식으
로 저자 이름 아래에 배치합니다.

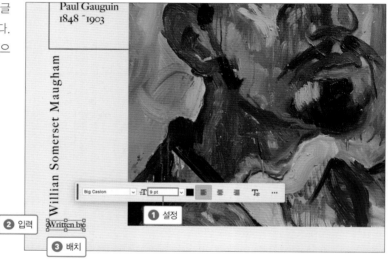

15 Character 패널에서 글꼴:
Futura, 글자 크기: 7pt, 행간:
24pt로 설정합니다. 책의 내용을 설명하는
글인 'A story of a painter who gave
up everything in pursuit of art.'를 여
러 줄에 걸쳐 길게 입력하고 그림과 같이
배치합니다.

TIP 문자 도구를 선택한 상태에서 회전된 문
자 옆에 세로로 길게 드래그하여 텍스트 상자를
만들고 문자를 입력해도 됩니다.

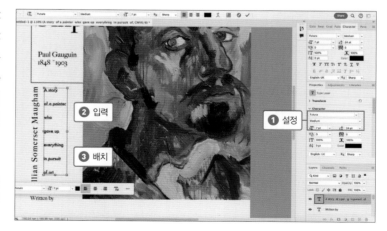

16 마지막으로 출판사 로고를 넣겠습니다. 원형 도구(◯.)를 선택한 다음 오른쪽 아래에 그림과 같이 드래그합니다. Transform 패널에서 W: 13mm, H: 13mm로 설정하고, Appearance 패널에서 Fill을 '검은색(C:0%, M:0%, Y:0%, K:100%)'으로 지정합니다.

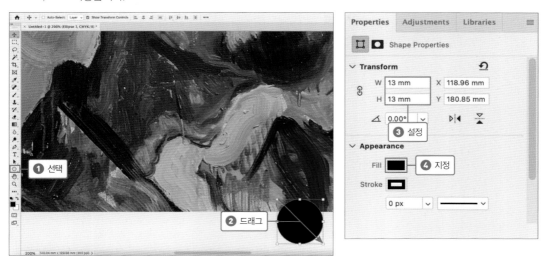

TIP 원형 도구를 사용하면 버튼 이미지를 만들 때 다양한 형태의 원형을 손쉽게 생성할 수 있습니다.

17 Character 패널에서 글꼴: Arial Black, 글자 크기: 8.5pt, 행간: 9pt, Color는 배경색과 같은 'C:5%, M:5%, Y:10%, K:0%'로 지정합니다. Contextual Task Bar 또는 옵션바에서 '가운데 정렬' 아이콘을 클릭하고 문자 도구(T.)로 출판사명 'BOOK SHOP'을 입력하여 표지 디자인을 마무리합니다.

TIP 문자를 입력하고 문자 레이어를 선택하거나 문자의 일부를 드래그하여 선택한 다음 Character 패널을 표시하면 선택한 레이어의 문자 또는 드래그하여 선택한 일부 문자에 글꼴, 크기, 자간 등의 스타일을 지정할 수 있습니다. Character 패널의 주요 기능은 문자 도구 옵션바에서도 이용 가능합니다.

03 표지 목업 디자인 완성하기

01 메뉴에서 (File) → Open을 실행한 다음 리커버 폴더에서 목업 디자인 'book mockup.psd' 파일을 불러옵니다.

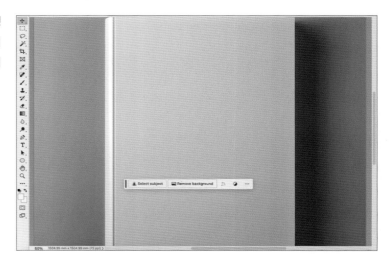

02 메뉴에서 (File) → Place Embaded를 실행한 다음 포토샵에서 작업한 파일 또는 리커버 폴더에서 '표지.jpg' 파일을 불러옵니다.

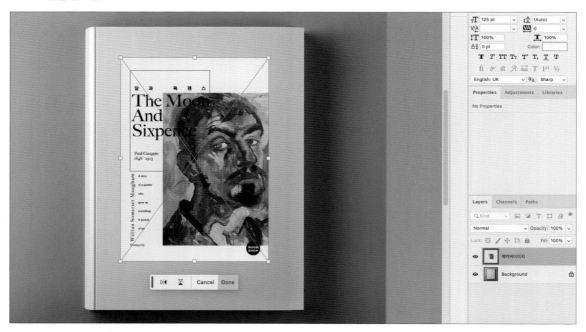

TIP Place Embedded 명령을 이용하여 파일을 추가로 불러오면 이미지 안에 원본 이미지를 포함시켜 불러올 수 있습니다. 포함하여 불러온 이미지는 변형해도 원본 이미지가 그대로 유지됩니다.

O3 메뉴에서 〔Edit〕 → Free Transform을 실행하거나 〔Ctrl〕+〔T〕를 누르면 조절점이 만들어집니다. 목업 표지 크기에 맞춰 디자인한 표지 이미지의 크기를 확대하고 〔Enter〕를 누릅니다.

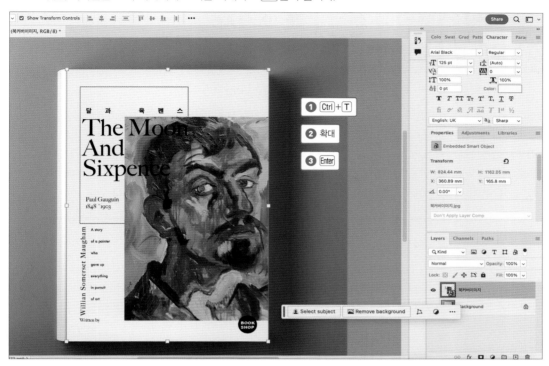

O4 표지 목업 디자인을 마무리합니다.

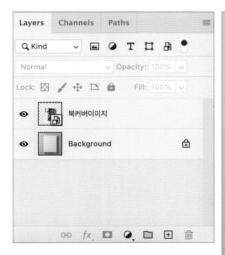

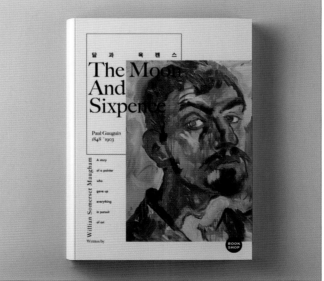

브랜드의 스토리를 전달하는 패키지,
와인 라벨 디자인

패키지 디자인은 제품을 포장하는 패키지의 외관과 기능을 설계하는 작업으로, 소비자에게 제품의 첫인상을 주는 중요한 요소입니다. 생성형 AI는 패키지 디자인 과정에서 여러 방식으로 도움을 줄 수 있습니다. AI는 패키지의 목업 이미지를 신속하게 제작해 디자이너가 다양한 디자인 옵션을 시각적으로 검토하고 최적의 선택을 할 수 있도록 지원합니다. 또한, AI는 제품 연출 이미지를 생성하여 마케팅 자료로 활용할 수 있으며, 이를 통해 웹사이트, 소셜 미디어, 광고 등에서 소비자에게 제품의 실제 모습을 효과적으로 전달할 수 있습니다.

와인 상점을 방문하면 다채로운 와인 병들이 눈에 띕니다. 이 와인 병들은 주로 비슷한 형태를 가지고 있지만, 그들을 구별하는 가장 큰 특징은 라벨입니다. 라벨은 와인의 지역적 특성, 품종, 맛과 향을 포함하여 브랜드의 이야기를 담고 있어, 고객은 라벨을 통해 와인의 본질을 유추할 수 있습니다. 때로는 정보 전달을 넘어서 라벨의 아름다움이 호기심을 자극하고 구매 욕구를 불러일으킵니다. 이러한 와인 라벨은 손끝으로 만지고, 입으로 맛보며, 감각적인 즐거움을 제공하여 와인의 가치를 한층 높입니다.

패키지 디자인은 초기에는 제품의 보호와 정보 전달을 목적으로 했지만, 오늘날에는 브랜드 경험을 강화하는 중요한 역할을 합니다. 이번 프로젝트에서는 '사과 와인'의 상쾌한 향을 담은 패키지 디자인을 AI와 함께 생성해 브랜드의 가치를 효과적으로 전달하고자 합니다.

1. 패키지 디자인의 첫인상, 디자인 컨셉 분석

패키지 디자인은 제품의 첫인상입니다. 생성형 AI로 고객의 잠재적 니즈를 분석하고 디자인 컨셉을 제안받습니다. 'Botanical Abstract'라는 자연적인 이미지를 검토하였습니다.

2. 페르소나에게 맞는 패키지 디자인과 빠른 목업 제작

고객 페르소나에게 맞는 팝아트 컨셉으로 변경하여 AI 이미지를 생성합니다. 더불어 생성형 AI는 패키지의 목업 이미지를 신속하게 제작, 검토할 수 있습니다. 또한 제품의 분위기에 맞는 연출 이미지를 생성하여 마케팅 자료로 활용합니다.

SECTION

1.

AI와 함께
방구석에서 시장 조사하기

다양한 감각을 고려한 패키지 디자인은 사용자의 공감 단계에서 더 중요한 역할을 합니다. 이를 위해 사용자의 페르소나를 세밀하게 파악하여 챗GPT를 통해 생성할 수 있습니다. 사용자의 관점에서 생각하는 것이 중요하므로 의견을 분별하는 것이 필요합니다. 이러한 맥락에서 챗GPT를 활용하면 사용자의 요구 사항, 선호도, 문제점을 다양한 관점에서 고려할 수 있어 매우 유용합니다. 챗GPT가 제안한 내용이 사용자의 실제 감각과 일치하는지 검증하며 전략을 조율해 나갈 수 있습니다.

01 주류 회사의 마케팅 매니저 역할 제안하기

CHATGPT

너는 주류 회사의 마케팅 매니저야. 시장 조사와 제품 포지셔닝을 포함해 제품의 개발 및 출시하는 것이 너의 역할이야.

물론이죠! 주류 업계에서 신제품을 개발하고 출시하기 위해서는 전략적인 접근이 필요합니다. 여기 마케팅 매니저로서 당신의 역할을 위한 단계별 가이드가 있습니다.

1. 시장 조사
   - 시장 조사를 철저히 하여 트렌드, 소비자 선호도, 시장의 격차를 파악합니다.
   - 경쟁 환경을 분석하여 현재 성공적인 제품과 기회가 어디에 있는지 파악합니다.

02 사과 와인을 좋아하는 고객은 누구일까?

CHATGPT

이번에 출시할 신제품은 '사과 와인'이야. 이 와인은 한국의 문경 지역에서 생산한 사과로 만들었어. 이 제품에 사용될 라벨을 제작하려고 해. 이 제품을 사용할 사용자의 페르소나를 작성하고 그에 맞는 시장 세분화, 마케팅 전략, 디자인 전략을 제시해 줘.

페르소나

독특하고 프리미엄한 음료에 깊은 관심을 가지고 있는 32세의 트렌디한 마케터를 만나보세요. 이 사람은 건강을 생각하고, 진정성을 중시하며, 다양한 맛을 탐구하는 것을 즐깁니다.

1. 나이: 32세 여성
2. 직업: 크리에이티브 마케팅 에이전시 매니저
3. 소득: 중상위층
4. 위치: 도시 환경, 트렌디한 동네에 거주

5. 라이프 스타일과 관심 분야
- 새로운 레스토랑, 카페, 수제 음료 매장을 탐험하는 것을 즐깁니다.
- 정기적으로 문화 행사, 미술 전시회, 음식 축제에 참석합니다.
- 건강과 웰빙을 중시하며 요가와 야외 활동에 참여합니다.
- 소셜 미디어, 특히 인스타그램을 적극적으로 활용하여 라이프 스타일 트렌드에 대한 정보를 공유합니다.

6. 행동 특성
- 음료의 경우 가격보다는 품질을 선호하는 편입니다.
- 독특하고 한정적인 제품을 선호하고, 다른 사람이 경험하지 못한 제품을 먼저 사용하는 것을 좋아합니다.
- 흥미로운 스토리나 특정 지역과의 연관성이 있는 제품을 적극적으로 찾습니다.

7. 요구 사항과 불편함
- 웰빙에 초점을 맞춘 라이프 스타일에 맞는 음료를 추구하며, 즐거움과 건강 사이의 균형을 원합니다.
- 지나치게 가공되고 인공적인 제품에 대한 불편함을 느끼고 있습니다.
- 독특하고 기억에 남는 경험을 제공하는 눈에 띄는 음료가 필요합니다.

만든 페르소나에게 궁금했던 내용을 질문합니다. 고객과의 인터뷰에서 얻는 정보와 비슷한 효과를 얻을 수 있을 뿐만 아니라 다른 관점을 제시합니다.

페르소나를 추출하면서 포도로 만든 와인이 주요한 제품인 와인 시장에 사과로 만든 와인의 셀링 포인트는 무엇일까?

와인에 대한 인식 수준
- 사과 와인을 하나의 카테고리로 인식하고 있지만, 특정 제품에 대한 지식은 제한적입니다.
- 시중에서 눈에 띄게 사과 와인을 접한 적은 없지만, 그 개념에 흥미를 느낍니다.
- 시각적 매력이 없다고 생각합니다.
- 트렌디한 제품에 대한 선호 때문에 다른 제품이나 경험이 우선시되었을 수 있습니다.

1. **시각적 매력이 제한됨**: 인스타그램을 즐기는 사람이라면 시각적으로 매력적이거나 심미적으로 만족스러운 제품에 끌릴 수 있습니다. 문경의 사과 와인이 매력적인 포장과 사진, 창의적인 프로모션 등 인스타그램에서 시선을 사로잡는 방식으로 판매되지 않았다면 시도해 볼 만큼 충분히 관심을 끌지 못했을 수도 있습니다.
2. **트렌디한 제품에 대한 선호**: 인스타그램은 트렌드와 신제품이 빠르게 관심을 끄는 플랫폼인 경우가 많습니다. 문경 지역의 사과 와인이 인스타그램 커뮤니티 내에서 트렌디하거나 꼭 먹어봐야 할 제품으로 자리매김하지 않았다면, 동료들 사이에서 더 많은 화제나 흥미를 불러일으키는 다른 제품이나 경험을 우선시하는 경향이 더 클 수도 있습니다.

실무에서는 효과적인 결과물을 도출하기 위해 방구석 탐험에 그치지 않고 고객 관찰과 인터뷰가 함께 이루어져야 합니다. 디자인 씽킹에서는 인터뷰와 직접 관찰 등으로 충분하지 않을 때 데스크 리서치(온라인 자료와 기존 정보를 분석해 사용자 경험 및 디자인에 관한 통찰력을 얻는 방법)를 추가하기도 합니다. 다각도의 분석은 고객의 잠재된 니즈를 끌어내는 데 효과적입니다.

SECTION

2.

탐험가처럼 진짜 문제 발견하기

탐험가처럼 사용자 문제의 깊은 곳까지 탐험해 본질을 발견한 뒤에야 진정한 해결책을 도출할 수 있습니다. 우선 앞서 정의한 페르소나를 기반으로 고객의 니즈를 파악합니다. 챗GPT를 활용해 때로는 비판적인 관점에서, 때로는 새로운 제안을 추가하여 컨셉을 더 구체화할 수 있습니다.

챗GPT가 제안한 내용은 그대로 사용하지 않습니다. 챗GPT는 세컨드 브레인으로 다양한 상황과 대안을 제시할 뿐입니다. 영감을 주는 키워드를 골라 정보를 재조합합니다.

페르소나를 통해 그가 다른 사람보다 먼저 독특한 제품을 경험해 보고 싶어 하는 것을 알 수 있습니다. 웰빙과 로컬 푸드에 대한 관심이 높아 지역 특산품에 호감을 가지고 있습니다. 페르소나의 페인 포인트(고객이 경험하는 문제나 불편)는 '남들이 마시지 않은 새로운 제품을 접하고 공유하고 싶지만, 지역 특산품의 인스타그래머블하지 않은 제품'입니다.

앞서 추출한 데이터를 가지고 관점 서술문(Point of View)을 작성해 봅니다.

> • **Who**: 새로운 제품을 경험해 보기를 좋아하는 32세 마케터는
> • **What**: 로컬 푸드에 관심이 있지만, 사과 와인은 구매하지는 않는다.
> • **Because**: 왜냐하면 제품이 인스타그램에 올릴 만하지 않기 때문이다.

페르소나에서 한 걸음 나아가 페인 포인트를 포함한 관점 서술문(Point of View, POV)을 작성하였습니다. SNS 활동을 적극적으로 하는 우리 고객이라면 흥미롭고 독특한 사진은 중요한 구매 요인입니다. 이 내용을 바탕으로 우리는 무엇을 할 수 있을지 문제를 정의해 봅니다.

사과 와인은 인식이 강한 카테고리가 아니므로 새로운 제품을 경험해 보기를 좋아하는 페르소나에게는 카테고리 자체로 흥미를 끌 수 있을 것입니다. 그러나 전통적인 디자인이 주류를 이루고 있는 제품 카테고리 특성상 트렌디한 패키지 디자인이 필요한 것으로 보입니다.

> • **How**: 어떻게 하면
> • **Might We~?**: 우리가 페르소나의 인스타그램에 와인 사진을 업로드할 수 있을까?

문제 정의를 조금 넓게 정의했습니다. 시각적 경험에 제안하는 것이 아니라 인스타그램에 올릴 만하게 하려면 매력적인 고객 경험도 수반되어야 한다고 생각했기 때문입니다. SNS 등을 적극적으로 활용한 인스타그램에 올릴 만한 제품이라면 새롭고 독특하게 느낄 수 있을 것입니다.

스페셜티에 관한 독특한 컨셉 찾기

스페셜티 컨셉의 핵심은 창의성과 열정이며, 디자인의 시작은 단순한 아이디어에서 출발하지만,, 블랜딩을
통해 독특하고 혁신적인 결과물을 창출할 수 있습니다. 디자인 프로세스에서 중요한 것은 끊임없는 실험과
탐구이므로 제품 컨셉과 디자인 컨셉을 함께 추출해 보겠습니다.

01 나에게 조언해 줄 조언자가 필요해!

CHATGPT

너는 창의력 및 혁신에 대한 조언자야. 내가 관점을 넓히고 새로운 아이디어를 생각해 내어 현재 상황에
정체되지 않고 발전하도록 돕는 것이 너의 역할이야.

물론이죠! 여기 있습니다.

1. 발산적 사고:
   - 격려
   - 쓰임새
2. 산업 간 영감:

02 특별한 경험을 만드는 제품 컨셉은 어떻게 만들 수 있을까?

'정의된 페르소나의 고객에게 맞는 제품 컨셉을 제안해 주세요.'라고 물어볼 수 있습니다. 제안
된 다양한 컨셉 중 적절한 것을 고르는 것은 우리의 몫입니다.

챗GPT가 제시한 컨셉을 바로 사용할 수는 없습니다. 디자인 씽킹의 핵심 요소인 고객의 마음으
로 '공감하기'로 돌아가 고객이 어떤 페르소나를 가지는지 재확인 및 점검하는 것이 필요합니다.

챗GPT가 이번 과제인 사과 와인의 경우 '문경'이라는 지역 특색에 초점을 맞추는 바람에 "문경
과수원의 인증된 제품과 함께 맛있는 순간을 만드세요!" 혹은 "장인 정신과 과수원의 신선함"이
라는 다소 평범하고 전통적인 컨셉을 제안했습니다. 이 컨셉은 트렌디한 페르소나의 라이프스타
일과 맞지 않아 그의 트렌디함을 한번 더 강조하면서 재요청했습니다.

CHATGPT

우리 제품을 이해했다면, 거기에 맞는 트렌디한 디자인 컨셉을 제안해 줘.

물론이죠! 트렌드를 반영하면서 제품과 어울리는 트렌디한 디자인 컨셉을 소개합니다.

다양한 컨셉을 고려한 결과, 고객들의 건강과 지속 가능성에 대한 관심을 반영하여 'Breeze Apple Spritz'라는 컨셉을 선택했습니다. 이 컨셉은 자연의 느낌을 감성적으로 표현하며 로컬 푸드에 대한 니즈를 충족시킬 수 있습니다. 또한, 제안받은 키워드 중 많은 SNS 활동을 하는 고객을 고려하여 재미있는 프로모션 아이디어와 함께 해시태그를 광고 문구(캐치프레이즈)로 추가하기로 결정했습니다.

- 문경 과수원의 Breeze Apple Spritz
- 문경 과수원의 #문경모멘트(MungeongMoments)

03 키워드를 블랜딩하여 스페셜티 컨셉 만들기

디자인 컨셉을 요청하기 전에 구체적으로 질문하기 위해서 제품 특성, 고객 페르소나 정의, 컨셉 정의를 다시 한번 입력하고 컨셉의 개수도 입력합니다.

너는 유능한 마케터야.

제품: 문경 지역 사과로 만든 와인
고객 페르소나: 마케팅 담당자로 일하는 32세 중산층 여성. 트렌디하고 인스타그램을 적극적으로 사용하며, 새로운 제품을 사용하는 것을 좋아함.
컨셉: 페르소나를 위해 'Breeze Apple Spritz'라는 제품 컨셉을 정함.

제품의 특성(문경 지역 사과로 만든 와인)과 고객 페르소나의 특징을 바탕으로 'Breeze Apple Spritz'의 구체적인 디자인 컨셉을 몇 가지 제안해 줘.
각 컨셉의 개수는 3가지로 정리하여 각 컨셉에서 강조할 주요 포인트를 포함해 줘.

물론이죠, 페르소나의 세련된 취향과 창의적인 감성을 충족시키기 위해 컨셉을 높이겠습니다.

04 창의성과 열정이 가장 빛나는 단계, 디자인 컨셉을 찾아라

디자인 컨셉을 제안해 달라고 요청합니다. 예시에서는 트렌디함을 반영한 디자인 컨셉 3가지를 요청하였습니다.

트렌디함을 반영한 디자인 컨셉 3가지를 알려줘.

1. 식물의 추상적인 표현

- 디자인 요소: 식물 테마를 포함하여 사과 꽃과 과수원 요소의 추상적인 표현을 만듭니다.
- 컬러 팔레트: 자연에서 영감을 받은 부드럽고 음소거된 톤으로 시각적 흥미를 위하여 가끔 선명한 색상의 팝이 있습니다.
- 타이포그래피: 유기적인 글꼴과 유동적인 글꼴을 추상적인 식물학적 디자인과 결합하여 조화로운 모습을 연출합니다.

2. 팝아트에서 영감을 받은 디자인

- 디자인 요소: 팝아트에서 영감을 받은 대담하고 생생한 색상을 사용해 눈길을 끄는 라벨을 만드세요. 사과와 스파클링 와인 거품의 재미있는 일러스트레이션을 결합하여 스프리츠의 재미있고 가벼운 성격을 전달합니다.
- 컬러 팔레트: 강한 색의 대비가 돋보이는 컬러. 사과의 붉은 빛깔과 청색의 조화
- 타이포그래피: 역동적이고 에너제틱한 글꼴 요소로 와인의 가벼움, 상큼함을 강조합니다.

3. 특이한 종이 콜라주

- 디자인 요소: 기발한 종이 콜라주 기술을 사용하여 라벨을 제작하고, 장난기 많은 사과 잘라내기와 활기찬 배경 패턴을 결합합니다.
- 색상 팔레트: 대담하고 대조적인 색상으로 시각적으로 자극적이고 경쾌한 라벨을 만듭니다.
- 타이포그래피: 손글씨와 글꼴을 혼합하여 기발한 테마를 강화할 수 있습니다. 유기적인 글꼴과 유동적인 글꼴을 추상적인 식물학적 디자인과 결합하여 조화로운 모습을 연출합니다.

대화하면서 질문을 구체화합니다. 일반적인 컨셉인 것 같다는 의견을 제시하면서 여러 가지 컨셉을 제안받았습니다. 제안받은 디자인 컨셉 중 다음과 같은 2가지 컨셉을 선정했습니다.

디자인 컨셉
- **식물의 추상적인 표현(Botanical Abstract)**
- **팝아트로 표현된 과수원(Pop Orchard)**

챗GPT 프롬프트 엔지니어링

답변의 형태를 구체적으로 요청하세요. 챗GPT는 명확한 단어를 포함하지 않은 질문에는 포괄적이고 추상적으로 결괏값을 출력합니다.
- 나쁜 예) 사과 와인에 대한 기획안을 써줘.
- 좋은 예) 올봄에 출시할 사과 와인은 MZ 세대를 타깃으로 한 제품으로, 당도는 5% 정도로 달콤해. 기분 좋은 신맛이 살짝 나는 상큼한 와인이야. 우리는 소규모 제조업체로 마케팅 비용은 최소화하고 싶어.

● 완성파일: 와인 라벨\애플브리즈.png, 애플브리즈 시안.jpg

SECTION

4.

보태니컬 일러스트레이션
스타일 시안 만들기

문경 과수원의 'Breeze Apple Spritz'를 표현하는 보태니컬 일러스트레이션 스타일 디자인 컨셉을 빠르
게 테스트해 봅니다.

01 AI로 이미지를 생성하기 위하여 웹 브라우저에서 'discord.com'을 입력해 디스코드 사이트에 접속하고 로그인합니
다. 미드저니 채널로 들어가서 입력창에 '/i'를 입력하고 '/imagine prompt'를 선택합니다.

제안받은 디자인 컨셉 중 'Botanical Abstract'를 먼저 테스트해 보겠습니다. 식물의 자연적 이미지 추출을 명령하기 위해
프롬프트를 입력하고 Enter를 누릅니다.

프롬프트 Illustration of an apple in botanical illustration style, isolated on white background

번역 플랫한 보태니컬 일러스트레이션 스타일의 사과 일러스트레이션, 하얀색 분리된 배경

02 4개의 사과 이미지가 다음과 같이
추출되었습니다. 가장 잘 표현된
첫 번째 이미지를 추출하기 위하여 〈U1〉
버튼을 클릭합니다.

U는 업스케일을 의미하고 뒤에 붙은 숫자는 윗줄 왼쪽이 1번, 오른쪽이 2번, 아랫줄 왼쪽이 3번, 오른쪽이 4번입니다. 여러 번 해 보면 헷갈리지 않을 거예요.

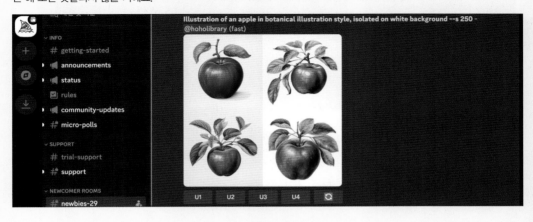

03 브리즈를 표현하는 꽃 이미지를 추가하고 싶어 프롬프트 입력창에 다음과 같이 'flowers'와 '--s 250'을 추가했습니다. 4개 이미지 중 두 번째 이미지가 안정된 구도와 단순함 때문에 가장 좋아 보이므로 해당 이미지를 추출하기 위해 〈U2〉 버튼을 클릭합니다.

프롬프트 llustration of an red apple in botanical illustration style, flowers, isolated on white background --s 250

번역 하얀색 배경에 격리된 보태니컬 일러스트레이션 스타일의 빨간 사과 일러스트레이션, 꽃

04 업스케일된 이미지를 클릭합니다.

클릭

05 이미지를 클릭하여 브라우저에서 열고 마우스 오른쪽 버튼을 클릭한 다음 **이미지 저장**을 실행해 원본 이미지를 저장합니다.

▲ 시안 이미지

SECTION

5.

팝아트 스타일의
사과 와인 라벨 디자인하기

보태니컬 일러스트레이션 스타일의 이미지는 클래식하면서도 빈티지한 느낌이 납니다. 사과 와인에 관한 32세의 페르소나는 유행을 선도하는 스타일에 민감하므로 제안받은 디자인 컨셉 중 하나인 팝아트 스타일의 과수원(Pop Orchard)으로 변경해 진행하기로 했습니다. 실크스크린 스타일로 사과의 형태와 디자인을 강조하여 와인 라벨 디자인을 완성해 보겠습니다.

01 클래식하고 빈티지한 AI 이미지 생성하기

01 AI로 이미지를 생성하기 위해 웹 브라우저에서 'discord.com'을 입력해 디스코드 사이트에 접속하고 로그인합니다. 미드저니 채널로 들어가서 입력창에 '/i'를 입력하고 '/imagine prompt'를 선택합니다. 단순하고 모던한 실크스크린 형태의 키 비주얼을 도출하기 위해 프롬프트를 입력합니다.

입력 후 Enter

프롬프트 | an red apple in silk screen, isolated on white background --version 6.0 --stylize 50

번역 | 실크스크린에 빨간 사과, 분리된 하얀색 배경

02 사과의 형태가 가장 매끄러운 두 번째 이미지를 업스케일하기 위해 〈U2〉 버튼을 클릭합니다.

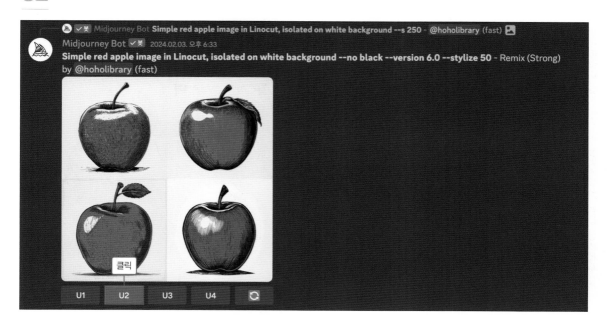

03 업스케일된 최종 이미지를 클릭합니다.

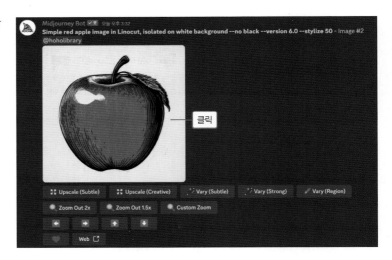

04 '브라우저로 열기'를 클릭합니다.

05 열린 브라우저 창에서 마우스 오른쪽 버튼을 클릭한 다음 **이미지를 다른 이름으로 저장**을 실행하여 원본 이미지를 저장합니다. 예제에서는 다음 작업을 위해 'apple. png'로 저장했습니다. 단순하고 모던한 실크스크린 형태의 키 비주얼이 도출되었습니다.

02 사과 와인 라벨 디자인하기

01 메뉴에서 (File) → New를 실행합니다. New Document 대화상자가 표시되면 Name: apple wine, Width: 130Millimeters, Height: 140Millimeters, Resolution: 300Pixels/Inch, Color Mode: CMYK Color로 지정한 다음 〈Create〉 버튼을 클릭하여 새 도큐먼트를 작성합니다.

02 메뉴에서 (File) → Open을 실행하고 저장한 사과 일러스트레이션 파일 또는 와인 라벨 폴더에서 'apple.png' 파일을 불러옵니다. 사각형 선택 도구(▣)를 선택한 다음 사과 이미지 전체를 드래그하여 선택 영역으로 지정합니다.

03 Ctrl + C를 눌러 복사하고 새 도큐먼트에서 Ctrl + V를 눌러 붙여넣습니다.

04 오브젝트 선택 도구(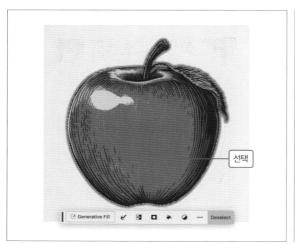)를 선택하고 사과 이미지 중간 부분을 클릭합니다. 선택하려는 부분의 외곽선이 핑크색으로 바뀌면서 해당 부분만 선택 영역으로 지정된 것을 확인할 수 있습니다.

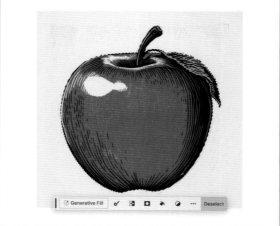

05 Ctrl+C를 눌러 복사하고, Ctrl+V를 눌러 붙여넣습니다. 사과만 남아 있는 새로운 레이어가 만들어집니다.

06 Layers 패널에서 'Layer 1' 레이어를 'Delete layer' 아이콘(🗑)으로 드래 그하여 삭제합니다.

07 팝아트적인 보색 대비 느낌을 주 려고 합니다. 배경색을 클릭하여 Color Picker 대화상자가 표시되면 #에 'f3a8bb'를 입력하고 〈OK〉 버튼을 클릭합 니다.

TIP Color Picker 대화상자에서는 색상 값 을 직접 입력하거나 원하는 색상을 확인하면서 선택할 수 있습니다.

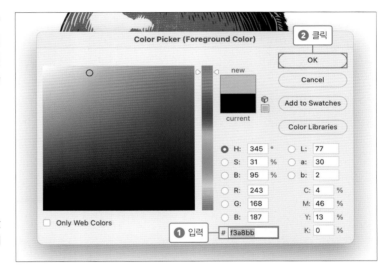

08 'Background' 레이어를 선택하 고 페인트통 도구(🪣)로 배경을 클릭하여 색을 채웁니다.

TIP 페인트 통 도구는 특정 영역을 색이나 패턴으로 채웁니다.

O9 문자 도구([T.])를 선택한 다음 글
꼴을 어도비 폰트(Adobe Font)
에서 활성화시켜 'BD Orange Variable'
로 지정합니다. 글자 색은 보색 대비를 위
해 '#006851'로 지정한 다음 제품 컨셉이
자 브랜드명인 'APPLE'을 입력합니다.

TIP 타이포그래피는 디자인 톤을 결정하는 데 중요한 역할을 합니다. 예제에서는 캐릭터가 강한 글꼴 위주로 고민한 다음 둥근 모양의 과
일을 연상하는 재미있는 글꼴로 선택했습니다.

10 글자 크기를 '160pt' 정도로 확대합니다. 볼드한 느낌을
주기 위해 양끝 맞춤이 되도록 꽉 채워서 조정합니다.

11 제품 컨셉이자 브랜드명인 'BREEZE'를 추가로 입력한
다음 사과 뒤에 배치합니다. 사과 크기와 레이아웃을 타
이포그래피에 살짝 걸치게 조정합니다. 예제에서는 Character
패널에서 글자 크기를 apple: 148pt, Breeze: 100pt로 설정했습
니다.

TIP 문자 레이어를 사과 일러스트레이션 레이어 아래쪽으로 이동하
면 앞뒤 순서를 변경할 수 있습니다.
사과가 선택된 상태에서 [Ctrl]+[T]를 눌러 크기 조정 박스를 이용하여 더
편리하게 지정할 수 있습니다.

12 문자 도구(**T**)를 선택한 다음 Contextual Task Bar 또는 Character 패널에서 글꼴: Snell Roundhand, 글자 크기: 29pt, 글자 색: #006851로 지정합니다. 맨 위에 장식 요소로 사용할 'The'를 입력합니다.

13 이번에는 용량을 입력할 차례입니다. 먼저 Tools 패널에서 원형 도구(◯)를 선택합니다. 옵션바에서 Fill: None, Stroke: #006851, Stroke Width: 1px로 설정합니다.

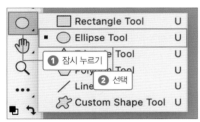

14 사과 오른쪽 아래에 Shift를 누른 채 드래그해 그림과 같이 정원을 그립니다.

15 문자 도구(T.)를 선택한 다음 Contextual Task Bar 또는 Character 패널에서 글꼴을 'Futura Condensed Medium'으로 지정하고 원 안에 '750'을 입력합니다. 글꼴을 'Snell Roundhand'로 지정한 다음 숫자 오른쪽 아래에 'ml'을 입력합니다. Ctrl+T를 누르고 그림과 같이 크기와 위치를 조정합니다.

16 Character 패널에서 글꼴을 'BD Orange Variable'로 지정하고 앞서 챗GPT와 함께 도출했던 캠페인 문구를 그림과 같이 양쪽으로 배치해 정리하는 느낌으로 입력합니다. 이때 글자 크기를 각각 #MungyeongMoments(문경모멘트): 17pt, from Mungyeong: 8pt, Breeze apple spritz: 6pt로 설정합니다.

03 목업으로 라벨 디자인 마무리하기

01 라벨만 보여주면 설득력이 없으니 제품 목업에 적용하여 테스트하겠습니다. AI 이미지를 생성하기 위해 웹 브라우저에서 'discord.com'을 입력하여 디스코드 사이트에 접속하고 로그인합니다. 미드저니 채널로 들어가서 입력창에 '/i'를 입력하고 '/imagine prompt'를 선택합니다. 프롬프트를 입력하고 Enter 를 누릅니다.

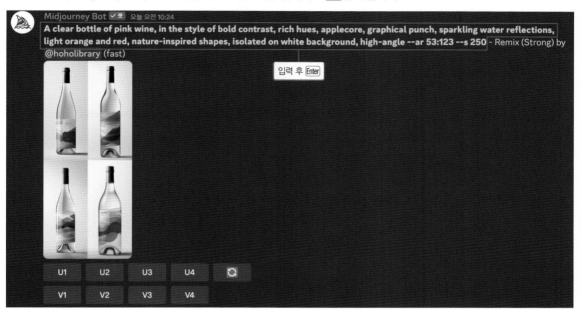

프롬프트
A clear bottle of pink wine, in the style of bold contrast, rich hues, applecore, graphical punch, sparkling water reflections, light orange and red, nature-inspired shapes, isolated on white background, high-angle --ar 53:123 --s 250

번역 선명한 핑크 와인 한 병, 대담한 대비, 풍부한 색조, 애플코어, 그래픽 펀치, 반짝이는 물 반사, 밝은 오렌지와 빨간색, 자연에서 영감을 받은 모양, 하얀 배경에 고립된 고각

 목업 이미지는 촬영이 기본이므로 원하는 대여 이미지가 없을 때는 비용이 많이 소요되는 부분입니다. 미드저니를 이용하면 목업 이미지를 쉽게 제작할 수 있습니다.

02 네 번째 이미지를 업스케일하고자 할 때 해상도를 위해 〈Upscale (4X)〉 버튼을 클릭하여 점점 확대해나갈 수 있습니다.

03 포토샵에서 병 이미지와 라벨 이미지를 결합하겠습니다. 먼저 메뉴에서 (File) → Open을 실행한 다음 직접 생성한 이미지 또는 와인 라벨 폴더에서 와인 병 이미지 파일인 '와인병.jpg' 파일을 불러옵니다. 병의 라벨 부분을 삭제하기 위해 먼저 다각형 선택 도구 (ᵞ)를 선택합니다. 삭제하고 싶은 부분을 클릭해 선택 영역으로 지정하고 Contextual Task Bar에 아무것도 입력하지 않은 채 〈Generate〉 버튼을 클릭합니다.

TIP Generative 기능은 '생성형 채우기'로 불리며, 원하는 이미지 크기로 확장하거나 잘린 이미지를 연결해 완성된 이미지가 필요할 경우 AI 기능으로 이미지를 생성하여 채울 수 있습니다. 별도의 설정 없이 〈Generative〉 버튼을 클릭하여 불필요한 이미지를 감쪽같이 삭제할 수도 있습니다.

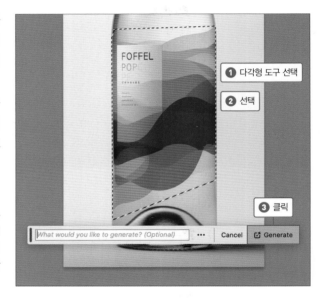

NOTE 포토샵 AI 기능에서는 기본으로 3가지 정도의 이미지를 제안하는데 그중에서 가장 자연스러운 것을 선택합니다. '>' 아이콘을 클릭하면 다른 이미지를 확인할 수 있습니다.

04 와인 병 라벨이 자연스럽게 삭제되었습니다. 저장해 둔
와인 라벨 이미지 파일 또는 와인 라벨 폴더의 '와인 라
벨.png' 파일을 드래그하여 불러옵니다.

05 Layers 패널의 라벨 이미지 레이어에서 마우스 오른쪽 버튼을 클릭
한 다음 Resterize Layer를 실행합니다.

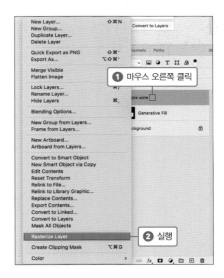

06 평면적인 와인 라벨을 병에 맞춰 입체화하기 위해 Ctrl+T를 누르고 라벨 이미지에서 마우스 오른쪽 버튼을 클릭한
다음 Warp를 실행합니다. 옵션바에서 Warp를 'Arch'로 지정합니다.

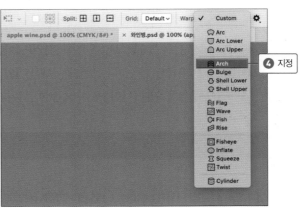

07 오브젝트 가운데 부분을 살짝 아래로 드래그해 시각적으로 보정합니다. 다시 한 번 Ctrl+T를 누르고, 마우스 오른쪽 버튼을 클릭한 다음 **Warp**를 실행하고 아래쪽을 더 둥글게 만들어 그림과 같이 자연스러운 원근감을 만듭니다.

TIP Warp 기능을 적용하면 조절점을 드래그해 이미지를 불규칙적으로 변형합니다.

08 라벨 크기를 살짝 더 크게 만들고 와인 병에 맞게 조절합니다. 사각형 선택 도구(▭)를 이용해 와인 병 크기에 맞게 그림과 같이 드래그하여 선택 영역을 지정합니다.

09 Layers 패널에서 'Add a mask' 아이콘(▣)을 클릭하여 마스크를 적용합니다. 'Create a new layer' 아이콘(⊞)을 클릭하여 레이어를 하나 더 만들고 하이라이트를 만들기 위해 그림과 같이 왼쪽에 길게 드래그하여 선택 영역을 지정합니다. 흰색으로 사각형 선택 영역을 채웁니다.

10 메뉴에서 (Filter) → Blur → Gaussian Blur
를 실행합니다. Gaussian Blur 대화상자가 표
시되면 Radius를 '80Pixels'로 설정하여 첫 번째 블러
효과를 주고 〈OK〉 버튼을 클릭합니다.

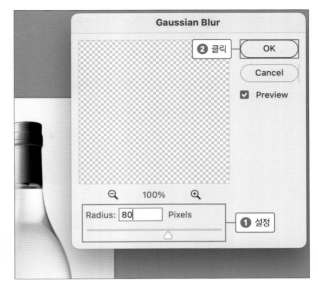

TIP Radius는 각 픽셀 주위의 픽셀 크기를 제어합니다. 값
이 작을수록 작은 영역이 지정되고, 값이 클수록 큰 영역이 지정
됩니다.

11 Layers 패널에서 (Alt)를 누른 채 아래 레이어를 클릭하면 아래 레
이어 영역만큼 나타납니다.

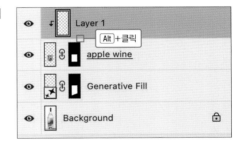

12 블러 효과를 한 번 더 적용해 와인 병 이미지와
자연스럽게 맞춥니다. 메뉴에서 (Filter) → Blur
→ Gaussian Blur를 실행합니다. Gaussian Blur 대
화상자가 표시되면 Radius를 '3.8Pixels'로 설정하여 두
번째 블러 효과를 주고 〈OK〉 버튼을 클릭합니다.

13 그레이디언트로 그림자를 표현하
겠습니다. 그레이디언트 도구(■)
를 선택한 다음 옵션바에서 그러데이션 스
타일을 선택하고 Basics 항목의 투명도가
들어간 'Foreground to Transparent'를
선택합니다.

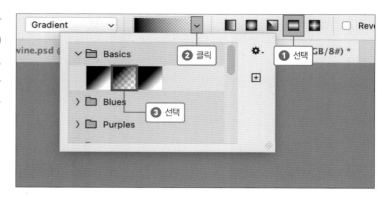

14 와인 병 끝부분에 맞춰 그림과 같이 그러데이션을 설정합니다.
하이라이트 효과와 마찬가지로 Layers 패널에서 그레이디언트
레이어도 Alt 를 누른 채 클릭하여 라벨 디자인 영역에만 보이게 설정합
니다.

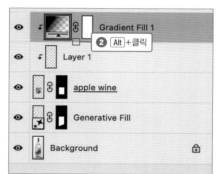

TIP 그레이디언트와 하이라이트는 여러 번 사용하여 빛 효과를 더 높일 수 있
습니다.

(NOTE) 그레이디언트와 하이라이트는 여러 번 사용하여 빛
효과를 더 높일 수 있습니다. 화살표에 + 표시가 있을
때 클릭하면 새로운 그레이디언트 포인트가 생성됩니
다. 더블클릭하면 Color Picker 대화상자가 표시됩니
다. 옵션바에서도 설정할 수 있지만, 바로 색상을 바
꿀 수 있어서 편리합니다. 이때 Alt 를 누르면 스포이
트 도구로 변환되어 원하는 색상을 선택할 수도 있습
니다.

15 Layers 패널에서 블렌딩 모드를 'Multiply'로 지정하고 Opacity를 '30%' 이하로 조정해 자연스럽게 그림자 효과를 줍니다.

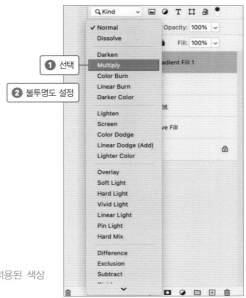

TIP Opacity는 그러데이션에 적용된 색상의 불투명도를 조절합니다.

16 라벨 이미지가 반영된 목업 이미지가 완성되었습니다.

▲ 시안 이미지

3D 타이포그래피를 활용한
초대장 디자인

최근 타이포그래피는 디지털 기술의 발전과 함께 더 다양하고 실험적인 방향으로 발전하고 있습니다. 또한 전통적인 타이포그래피 규칙을 과감하게 깨뜨리고 새로운 가능성을 모색하는 움직임이 두드러지고 있습니다. 특히 모바일 환경과 SNS 문화의 확산으로 제한된 화면 공간에서 효과적으로 메시지를 전달하기 위해 크기, 자간, 행간 조절이 중요해졌으며, 움직이는 타이포그래피나 3D 타이포그래피와 같은 새로운 실험들도 등장하고 있습니다. 생성형 AI를 활용하면 전통적인 틀을 벗어나 디지털 미디어와 융합하여 새로운 표현 방식을 함께 제작할 수 있습니다.

타이포그래피는 글자를 단순히 배치하는 것 이상의 의미를 가지며, 글자의 감정, 메시지, 분위기를 시각적으로 표현하는 예술과 기술입니다. 일상적으로 이메일이나 메시지를 읽을 때, 우리는 발신자의 의도를 정확히 이해하려고 노력합니다. 이는 단어들이 전달하려는 감정이나 톤을 파악하기 위해, 숨겨진 의미를 분석하고, 특정 문맥에 더 적합한 단어를 찾는 과정입니다. 이러한 노력은 단순히 글 읽기를 넘어서는 것입니다.

타이포그래피를 제대로 활용하면 글자 자체가 전달하고자 하는 메시지와 분위기를 시각적으로 표현할 수 있습니다. 이는 우리가 문자를 더 자연스럽고 직관적으로 이해하도록 도와줍니다.

이번 프로젝트에서는 ESG를 주제로 한 세미나 초대장을 디자인하는 과정에서 타이포그래피의 힘을 최대한 발휘하려고 합니다. 디자이너와 챗GPT의 아이디어, 그리고 AI의 창의성을 결합하여 멋진 타이포그래피를 만들어 낼 것입니다.

ESG SEMINAR
RESOURCE
CIRCULATION

01

장소: 삼성역 코엑스 / 일정: 2024년 8월-10월

08월
ESG 주요 이슈와
공공기관 ESG

09월
조직경영
관점에서의
ESG 전략과
평가지표

10월
문화예술기관
및 사업 내
ESG 적용

자원의 순환을 통한 지속가능한 미래로의 초대

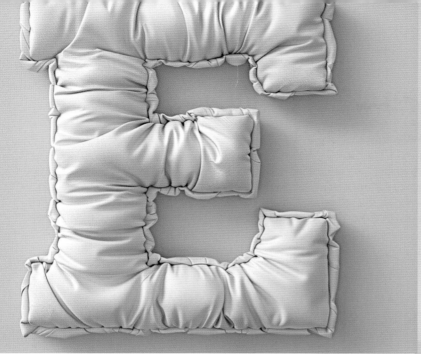

1. AI로 다양한 타이포그래피 추출
자원의 순환을 표현할 수 있는 초대장 디자인으로, 'Water Flow' 컨셉을 미드저니로 빠르게 테스트합니다.

2. 컨셉을 변경하여 이미지 완성
초대를 받는 사람들에게 자원의 순환과 친환경의 의미를 명확하게 전달하기 위하여 특정 단어를 강조한 'Floral E' 컨셉으로 초대장을 새롭게 제안하여 완성합니다.

참여자의 마음을 움직이기 위한
첫 번째, 공감하기

세미나 초대장은 효과적인 행사 준비의 중요한 요소입니다. 시각적 디자인뿐만 아니라 초대장에 담긴 정보와 배포 방식도 중요합니다. 이 초대장은 단순한 정보 전달을 넘어, 참석자들에게 기대감을 줄 수 있어야 효과적입니다. 명확한 정보 제공, 주제와 세련된 시각적 디자인을 통해 관련 참석자들이 이번 ESG 세미나에 참여하고자 하는 의욕을 불러일으킬 것입니다. 챗GPT를 활용하여 목적과 대상을 잘 반영하며, 주제를 효과적으로 전달하는 초대장을 제작해 보겠습니다.

01 기업의 ESG 담당 매니저 역할 제안하기

너는 기업의 ESG 담당 매니저야. 이번에 열리는 ESG 세미나 행사를 준비, 개최하고 관련 종사자들에게 매력적인 초대장을 발송하는 것이 너의 역할이야.

ESG 세미나 행사 준비와 관련해 도움이 될 수 있도록 세부 계획과 매력적인 초대장 작성 방법을 제안해 드리겠습니다.

1. 목표 설정
2. 세미나 주제 및 프로그램 구성
3. 일정 및 장소 선정
4. 홍보 및 초대
5. 등록 관리

이런 구조로 세미나를 준비하고 초대장을 작성하시면 목적에 맞게 잘 전달될 것입니다.

02 ESG 세미나에 참석할 사람은 누구일까?

세계 환경의 날을 맞아 ESG 관련 세미나를 개최하려고 해. 이 세미나는 ESG 관련 종사자 및 관심 있는 구성원 누구나 참여할 수 있으며, 기업, 공공기관, 문화예술기관 등 모든 분야에서 지속 가능성에 관해 고민하고 각 기관들이 당면한 과제를 실천하며, 실무적 역량을 강화하기 위한 교육과 워크샵을 진행하려고 해. 세미나를 개최하기 전 참여할 참석자를 대상으로 초대장을 만들고 싶어.

무엇보다 초대장을 보면 누구나 직관적으로 알 수 있는 지속 가능한 환경과 관련된 이미지를 담아 전달하고 싶어. ESG 세미나에 참석할 담당자의 페르소나를 작성하고 페르소나에게 맞는 ESG 세미나 개최 초대글과 프로그램 세부 내용에 대하여 제시해 줘.

페르소나

- **직위**: 지속 가능성 관리 매니저
- **연령**: 40세
- **배경**: 기업과 공공기관에서 지속 가능성 관리를 15년 동안 경험. 경영학 석사 및 환경학 박사 학위 소지
- **목표**: ESG 전략의 명확화, 업계 최고 사례와 네트워크 형성, ESG 인식 확산
- **고민**: 구체적 실행 방안 부족, 실질적인 정보와 사례 부족

페르소나의 필요와 기대

- 최신 ESG 동향과 전략 및 평가 지표에 대한 학습
- 실질적으로 적용할 수 있는 사례와 가이드라인
- 네트워킹 및 업계 동향 파악
- 공감할 수 있는 환경적 이미지와 메시지

초대글 및 프로그램 세부 내용

다가오는 세계 환경의 날을 기념하여 개최되는 ESG 관련 세미나에 '매니저' 님을 초대합니다.

8월: ESG 주요 이슈와 공공기관 ESG

9월: 조직 경영 관점에서의 ESG 전략과 평가 지표

10월: 문화예술기관 및 사업 내 ESG 적용

추가로 더 알고 싶은 내용이 있거나 새로운 페르소나를 만들고 싶다면 다시 제안을 요청합니다.

 챗GPT에 더 나은 답변을 얻는 방법

1. 구분 기호 사용하기

전: 디자이너에게 컨셉이란 무엇인지 설명을 부탁합니다.

후: 디자이너에게 '컨셉'이란 무엇인지 설명 부탁합니다.

2. 복잡한 질문은 나눠서 질문하기

전: 초보자가 포토샵을 사용할 수 있는 방법을 알려주세요.

후: 프롬프트 1: 초보자가 포토샵을 설치하는 법을 알려주세요.

　　프롬프트 2: 포토샵 설치 후 화면을 세팅하는 방법을 알려주세요.

　　프롬프트 3: 배경 이미지를 삭제하고 저장하는 방법을 알려주세요.

3. 난이도 요청하기

'특정 주제'를 간단한 용어로 설명해 주세요.

'분야'를 전문가 또는 초보인 것처럼 설명해 주세요.

전: 탄소배출권 거래제에 대해 설명해주세요

후: '탄소배출권 거래제'에 대해 6살 아이에게 설명하듯 간단하게 설명해 주세요.

4. 몇 가지 예시(*퓨샷 프롬프팅) 학습시키기

예시를 학습시켜 엉뚱한 대답이 나오는 걸 막거나 해당 작업을 더 정확하게 이해하고 수행할 수 있도록 합니다.

전: 감자, 소금, 올리브유를 이용해서 새로운 레시피를 알려 줘.

후: 레시피 생성 예시를 참고해서, 주어진 재료에 따른 새로운 레시피를 만들어 주세요.

SECTION

2.

공감 단계에서 수집된 데이터 분석하기

디자인 씽킹의 문제 정의 단계는 공감 단계에서 수집한 사용자 중심의 인사이트를 바탕으로, 해결하고자 하는 문제를 명확하고 구체적으로 정의하는 과정입니다. 잘 정의된 문제는 효과적인 해결책 도출의 기초가 되며, 창의적인 문제 해결 역량을 극대화할 수 있습니다. 문제 정의 단계가 성공적으로 완료되면, 이후 아이디어 내기(Ideate), 프로토타입 제작(Prototype), 테스트(Test) 단계가 더 효율적으로 진행될 수 있습니다.

페르소나는 최신 ESG 동향과 전략, 평가 지표에 대한 정보를 중요시합니다. 따라서 세미나에서는 추상적인 내용보다 구체적이고 실질적인 ESG 사례와 가이드라인을 제시하는 게 필요합니다. 이는 페르소나가 필요로 하는 정보인 최신 트렌드, 적용할 수 있는 사례, 전략을 소개하는 프로그램으로 설계되어야 합니다. 이런 내용은 페르소나에게 매력적인 세미나로 인식될 수 있습니다.

앞서 페르소나를 통해 추출한 데이터를 가지고 관점 서술문(POV)을 작성해 봅니다.

- **Who**: 기업과 공공기관에서 지속 가능성 관리를 15년 동안 경험한 40세 매니저는
- **What**: 필요와 기대를 충족시킬 수 있는 ESG 세미나가 없었다.
- **Because**: 왜냐하면 실무에서 도움이 될 수 있는 구체적인 실행 방안과 실제적인 사례가 부족하기 때문이다.

페르소나를 기반으로 한 관점 서술문에 페인 포인트를 추가해 작성하였습니다. 구체적인 정보에 관심이 있는 페르소나에게는 프로그램 내용이 매우 중요할 것입니다. 이 정보를 바탕으로 우리는 어떤 문제를 정의하고 해결할 수 있을지 고민해 보겠습니다.

- **How**: 어떻게 하면
- **Might We~?**: 매니저에게 ESG 세미나가 꼭 참석하고 싶은 매력적인 세미나로 느끼게 만들 수 있을까?

페르소나에게는 세미나를 통해 얻을 수 있는 구체적인 정보뿐만 아니라 세미나 후에도 최신 자료 제공, ESG 동향에 대한 링크를 지속적으로 공유하고 지원하는 후속 지원에 대한 정보를 초대장에 QR 코드로 상세하게 전달한다면 페르소나의 필요와 기대를 충족하는 효과적인 ESG 세미나를 기획하고 마케팅할 수 있을 것입니다.

S E C T I O N

3.

성공적인 세미나 개최를 위한
아이디어 내기

세미나 개최를 성공적으로 이끌어 나갈 수 있도록, 참석자들이 의욕적으로 참여할 수 있도록 세미나의 컨셉을 어떻게 구상할 수 있을까요? 문제를 명확히 정의하고, 그에 따른 컨셉을 설명해 초대장에 자원의 순환을 타이포그래피로 표현하기 위한 아이디어를 얻습니다.

01 세미나를 도와줄 조력자가 필요해!

CHATGPT

너는 창의력 및 혁신에 대한 조언자야. 내가 관점을 넓히고 새로운 아이디어를 생각해 내 현재 상황에 정체되지 않고 발전하도록 돕는 것이 너의 역할이야.

알겠습니다. 당신의 창의력과 혁신을 돕기 위해 여러 방면에서 조언을 제공하겠습니다. 현재 상황에 대한 정체에서 벗어나기 위해 창의적 사고와 혁신적인 아이디어를 발굴하는 것이 중요합니다. 추가 질문이나 도움이 필요하면 언제든지 말씀해 주세요!

02 참여를 유도할 세미나의 컨셉은 어떻게 만들면 좋을까?

페르소나에게 맞는 세미나 컨셉 제안을 챗GPT에 요청합니다.

CHATGPT

정의된 페르소나의 고객에게 맞는 ESG 세미나 컨셉 및 초대장 구성을 제안해 줘.

문제 정의와 페르소나 인사이트를 바탕으로 전문가들을 초대할 세미나 컨셉 및 초대장 구성을 제안합니다.

세미나 컨셉 및 구성

컨셉: 자원의 순환(Resource Circulation)

'자원의 순환' 컨셉은 자연의 순환 시스템에서 영감을 받았으며, 자원의 효율적인 사용, 재사용, 재활용을 통해 지속 가능한 발전을 이루는 것을 목표로 합니다. 이 컨셉은 페르소나가 직면한 과제와 필요를 직접적으로 반영하고 있습니다.

1. 디자인 요소

• **자원의 순환을 상징하는 이미지**: 자연의 잎사귀, 꽃, 나뭇가지, 물, 숲, 자연 요소 등의 이미지 사용을 통한 순환의 흐름을 시각적으로 깨끗하고 조화롭게 표현합니다.

- **ESG를 직관적으로 드러내는 타이포그래피**: 대담하고 선명한 글꼴 사용으로 ESG 문자에서 함축적인 상징성을 타이포그래피로 드러냅니다.
- **친환경 색상과 디자인**: 녹색, 파란색 등 자연을 상징하는 색상으로 초대장의 톤을 맞춥니다.
- **재생 종이 사용**: 실제 인쇄물에는 재생 용지와 친환경 잉크를 사용하여 컨셉을 반영합니다.

2. 초대장 내용 구성

세미나 개요

장소: 삼성역 코엑스

일정: 2024년 8월~10월 중

주제: 최신 ESG 동향, 실무 적용할 수 있는 구체적 사례, 지속적인 후속 지원, 업계 네트워킹

- **초대장 헤드라인**: "자원의 순환을 통한 지속 가능한 미래로의 초대"
- **서브 타이틀**: "최신 ESG 동향과 실무 적용을 위한 혁신적 세미나"

3. 특별한 요소 포함

- **QR 코드 및 링크**
  ∴ 세미나 후에도 지속 가능한 학습과 네트워킹이 이어집니다. 자료와 링크를 공유받으려면 QR 코드를 스캔해 주세요.

이 초대장은 페르소나에게 최신 ESG 동향과 실무 적용을 위한 구체적인 정보가 제공될 것임을 강조하며, '자원의 순환'이라는 직관적이고 매력적인 컨셉을 통해 ESG의 중요성을 부각하려고 합니다. 초대장에 포함된 QR 코드를 통해 세미나 후에도 지속 가능한 지원을 받을 수 있어 페르소나의 기대를 충족시킬 것으로 기대됩니다. 또한, 초대장의 미적 요소도 다양하게 구성하여 시각적 효과를 극대화할 계획입니다.

 자원의 순환(Resource Circulation)

03 문제 정의를 통해 나온 컨셉을 정리하여 전달하기

디자인 컨셉을 요청하기 전에 구체적으로 질문하기 위해서 세미나 특성, 페르소나 정의, 컨셉 정의를 다시 한번 입력하고 컨셉의 개수도 입력합니다.

너는 유능한 기업의 ESG 담당 매니저야. 세계 환경의 날을 맞이하여 ESG 관련 세미나를 성공적으로 개최하는 것이 우리의 목표야. 우리의 고객은 기업과 공공기관에서 지속 가능성 관리 매니저로 15년 동안 경험을 쌓아온 페르소나로, 그는 세미나를 통해 ESG의 실제적인 정보를 얻고 싶어 해. 따라서 ESG 세미나 초대장에 페르소나에게 매력적으로 세미나를 알릴 수 있도록 필요로 하는 정보와 세미나 후에도 자료를 지속적으로 지원하는 후속 지원에 대한 정보를 초대장에 QR 코드나 링크를 통해 상세하게 전달하여 페르소나의 니즈를 충족하려고 해. 컨셉은 '자원의 순환(Resource Circulation)'이고 이것을

초대장 디자인을 통해 표현해 보려고 해.

이 내용에 관해 이해했어?

 네, 이해했습니다. 페르소나를 대상으로 ESG 관련 세미나를 성공적으로 개최하기 위해, 자원의 순환을 컨셉으로 하고 필요한 정보와 후속 지원에 대한 내용을 포함하여 매력적인 초대장을 디자인할 계획이시군요.

이를 바탕으로 초대장 내용과 디자인 구성을 상세히 정리해 보겠습니다.
디자인하기에 앞서 필요한 것이 있다면 언제든지 말씀해 주세요!

04 초대장에 타이포그래피로 컨셉 표현하기

앞서 챗GPT가 추천해 준 초대장 방향으로 ESG를 자원의 순환을 상징하는 이미지와 함께 타이포그래피로 활용하도록 제안받았습니다. 따라서 디테일한 소재 표현에 대한 디자인 컨셉을 5가지 요청했습니다.

 디테일한 소재 표현에 대한 디자인 컨셉을 5가지 알려줘.

CHATGPT

 '자원의 순환'이라는 컨셉을 바탕으로 자연의 요소를 사용하면서, ESG를 직접적으로 드러내는 대담하고 선명한 타이포그래피 디자인 표현 컨셉을 5가지 제안드리겠습니다.

1. Leafy ESG: 잎사귀 이미지를 핵심 단어 글자 'E(Environment)' 일부로 사용, 굵고 선명한 글꼴 사용, 잎사귀 모양을 글자에 자연스럽게 통합하여 친환경 느낌 강조
2. Floral E: 'E(Environment)' 타이포의 밝고 대담한 글꼴로 꽃이 자연스럽게 글자에 어우러지도록 디자인
3. Water Flow: '자원의 순환(Resource Circulation)'이라는 컨셉을 지속 가능한 수자원으로 표현, 물 배경에 캘리그래피를 표현하여 자연스러운 물의 흐름을 글자와 이미지로 표현
4. Branch and Bud: 나뭇가지와 새싹의 이미지를 'ESG'에 부분으로 통합
5. Forest ESG: 글자 배경에 숲 이미지 사용

이러한 디자인 아이디어들은 자원의 순환 컨셉을 자연스럽게 반영하고, ESG의 중요성을 시각적으로도 효과적으로 전달할 수 있도록 합니다. 각각의 타이포그래피와 디자인 요소는 시각적 효과를 극대화하여 초대장을 매력적으로 만들 수 있습니다. 추가 도움이나 수정이 필요하면 언제든지 말씀해 주세요!

자원의 순환을 직관적으로 잘 연상시킬 수 있도록 대담하고 깨끗한 타이포그래피와 꽃이 어우러진 'Floral E' 컨셉과 지속 가능한 수자원과 손으로 쓴듯한 자연스러운 타이포그래피 글꼴을 활용한 'Water Flow' 2가지를 선정했습니다.

 Floral E / Water Flow

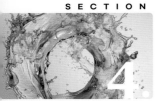
◉ **완성파일:** 타이포그래피\Water Flow.png, Resource Circulation.png, RC 시안.jpg, RC 시안 목업.jpg

AI로 다양한 타이포그래피 추출하기

자원의 순환을 표현할 수 있는 초대장의 2가지 디자인 표현 컨셉 'Water Flow', 'Floral E'를 생성형 AI 미드저니로 빠르게 테스트해 보겠습니다.

01 AI로 이미지를 생성하기 위해 웹 브라우저에서 'discord.com'을 입력해 디스코드 사이트에 접속하고 로그인합니다. 미드저니 채널로 들어가서 입력창에 '/i'를 입력하고 '/imagine prompt'를 선택합니다.

제안받은 디자인 컨셉 중 'Water Flow'를 먼저 테스트해 보겠습니다. 배경 이미지로 흐르는 물, 그리고 'Resource Circulation' 단어를 타이포그래피로 테스트하기 위해 핵심 키워드들을 영어로 번역하여 프롬프트로 입력합니다.

| 프롬프트 | Flowing water, surface, calm blue tones − −ar 2:3 −s 200 |

| 번역 | 흐르는 물, 표면, 차분한 블루 톤 |

02 잠시 후 이니셜 옵션으로 구성된 4개 이미지 중 세 번째 이미지가 마음에 들어 이미지를 추출하기 위해 〈U3〉 버튼을 클릭합니다.

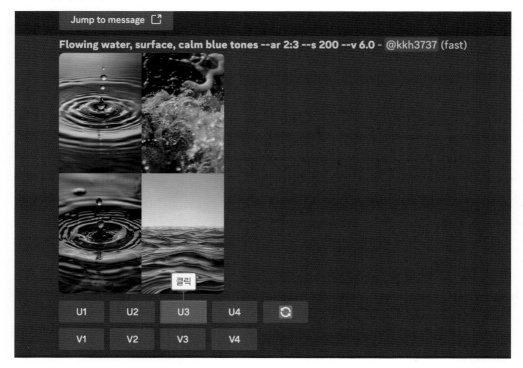

03 이미지가 고해상도로 생성되었습니다. 최종 이미지를 클릭한 후 '브라우저로 열기'를 클릭합니다.

04 열린 브라우저 창에서 마우스 오른쪽 버튼을 클릭한 다음 **이미지를 다른 이름으로 저장**을 실행하면 이미지가 고해상도로 저장됩니다.

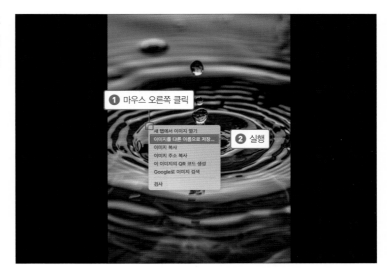

05 이번에는 캘리그래피를 테스트하기 위해 프롬프트를 입력합니다.

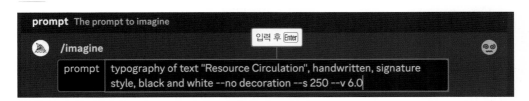

프롬프트 typography of text "Resource Circulation", handwritten, signature style, black and white --no decoration --s 250 -v 6.0

번역 텍스트 '자원의 순환' 타이포그래피, 손으로 쓴, 시그니처 스타일, 흑백, 장식 없음

06 4개의 이미지 중 두 번째 이미지가 마음에 들어 해당 이미지를
   추출하기 위해 〈U2〉 버튼을 클릭합니다.

07 두 번째 이미지가 고해상도로 생
   성되었습니다. 최종 이미지를 클
   릭한 후 '브라우저로 열기'를 클릭합니다.

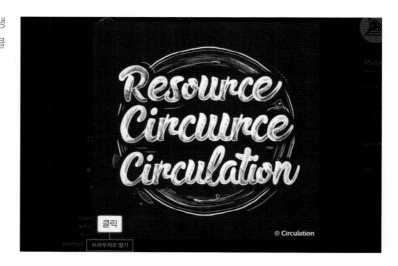

08 열린 브라우저 창에서 마우스 오른쪽 버튼을 클릭한 다음 **이미지를 다른 이름으로 저장**을 실행하면 이미지가 고해상
   도로 저장됩니다. 생성된 이미지를 조합하여 초대장을 만들었습니다.

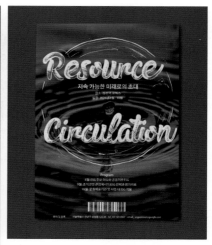

▲ 시안 이미지

◉ 예제파일: 타이포그래피\Invitation Mockup.psd
◉ 완성파일: 타이포그래피\E.png, QR.jpg, 타이포.jpeg, 타이포 목업.jpg

친환경 컨셉의
타이포그래피 초대장 디자인하기

자원의 순환과 더불어 친환경에 대한 의미를 명확하게 되새길 수 있도록 ESG 단어를 강조한 'Floral E' 컨셉을 새롭게 제안하여 초대장을 디자인합니다.

01 친환경 디자인의 AI 이미지 생성하기

01 미드저니가 추출한 'Water Flow' 컨셉은 ESG를 직관적으로 떠올리기 쉽지 않고 손으로 쓴 듯한 타이포그래피는 자연스럽지만, 신뢰성이 부족해 보인다는 의견이 있었습니다. 초대를 받는 사람들에게 자원의 순환과 더불어 친환경에 대한 의미를 명확하게 되새길 수 있도록 ESG 단어를 강조한 'Floral E' 컨셉을 새롭게 제안하기 위해 프롬프트를 입력합니다.

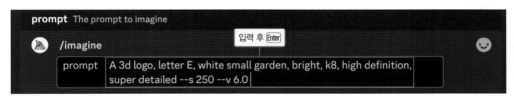

프롬프트 A 3d logo, letter E, white small garden, bright, k8, high definition, super detailed − −s 250 −v 6.0

번역 3d 로고, 문자 E, 하얀색 작은 정원, 밝음, k8, 고화질, 매우 상세한

02 잠시 후 이니셜 옵션으로 구성된 4개의 이미지를 확인할 수 있습니다. 두 번째 이미지를 추출하기 위해 〈U2〉 버튼을 클릭합니다.

03 두 번째 이미지를 고해상도로 만들었습니다. 이미지를 클릭하고 이미지 왼쪽 아래에 있는 '브라우저로 열기'를 클릭 합니다.

04 열린 브라우저 창에서 마우스 오른쪽 버튼을 클릭한 다음 **이미지를 다른 이름으로 저장**을 실행하여 이미지를 저장할 수 있습니다.

02 세미나 초대장 디자인하기

01 포토샵을 실행하고 메뉴에서 [File] → New를 실행합니다. New Document 대화상자가 표시되면 Width: 115Millimeters, Height: 162Millimeters, Resolution: 300Pixels/Inch, Color Mode: CMYK Color로 지정한 다음 〈Create〉 버튼을 클릭합니다.

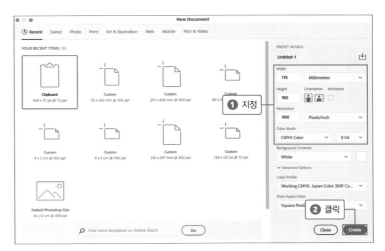

02 메뉴에서 [File] → Place Embaded를 실행한 다음 저장한 이미지 또는 타이포그래피 폴더에서 'E.png' 파일을 불러옵니다.

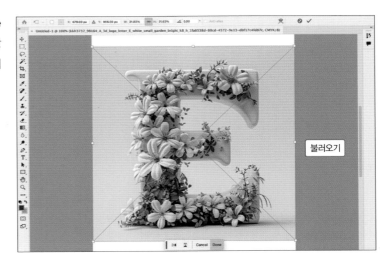

03 메뉴에서 [Edit] → Transform → Scale(Ctrl+T)을 실행하고 이미지를 드래그하여 확대합니다. 이동 도구(✛)를 이용하여 그림과 같이 위치를 잡고 Enter를 누릅니다.

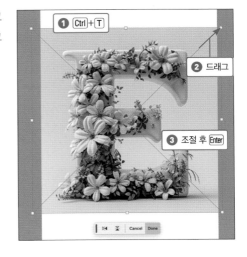

TIP Scale을 실행하여 이미지 크기를 조절합니다.

04 상단 이미지를 확장하기 위해 사각형 선택 도구(⬚)를 선택한 다음 그림과 같이 이미지 위쪽에 드래그합니다. Contextual Task Bar의 〈Generative〉 버튼을 클릭하여 프롬프트 입력창이 표시되면 다시 한 번 〈Generate〉 버튼을 클릭합니다.

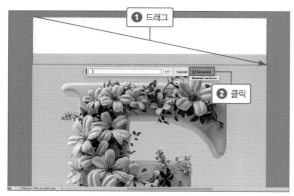 

05 하단 이미지도 마찬가지로 같은 방법으로 확장합니다.

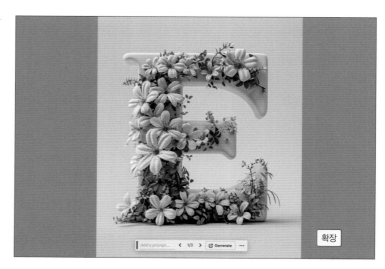

TIP 잘린 이미지 또는 배경을 연결하여 확장할 필요가 있을 때 Generative 기능을 이용하면 자연스럽게 이미지를 생성할 수 있습니다. 특정 이미지를 생성하기 위해서는 생성하고 싶은 이미지 크기에 맞게 선택 영역을 지정합니다.

06 ESG 세미나 초대장에 들어갈 문구들을 편집해 보겠습니다.

문자 도구를 선택한 다음 그림과 같이 왼쪽 상단에 'ESG SEMINAR RESOURCE CIRCULATION'을 입력합니다.

'ESG SEMINAR' 글자를 드래그하여 선택하고 Contextual Task Bar에서 글꼴: Gamay Editorial Thin, 글자 크기: 24pt, Color: C:100%, M:90%, Y:0%, K0%로 지정합니다.

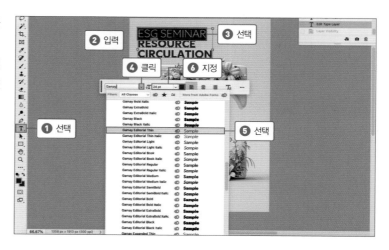

07 'RESOURCE CIRCULATION' 글자를 선택하고 Character 패널에서 글자 크기: 24pt, 행간: 24pt로 설정합니다.

08 Character 패널에서 글꼴: Gamay Cond Bold, 글자 크기: 65pt로 설정합니다. 첫 번째 세미나를 표현하기 위해 초대장의 오른쪽 상단에 숫자 '01'을 입력합니다.

09 프로그램 내용을 상세하게 전달하기 위해 먼저 Contextual Task Bar에서 글꼴: OmniGothic 210 , 글자 크기: 10pt로 설정하고 서브 타이틀인 '자원의 순환을 통한 지속 가능한 미래로의 초대'를 입력합니다. 그 외 상세 내용들은 글자 크기를 '5.5pt'로 설정하고 입력합니다.

TIP 08월 ESG 주요 이슈와 공공기관 ESG
09월 조직경영 관점에서의 ESG 전략과 평가지표
10월 문화예술기관 및 사업 내 ESG 적용

10 Character 패널에서 글꼴: OmniGothic 210, 글자 크기: 7.5pt로 설정하고 '장소: 삼성역 코엑스 / 일정: 2024sus 08월–10일'을 입력한 후 'E' 이미지 위쪽에 배치합니다.

세미나의 상세 내용 및 지속 가능한 학습 자료를 공유받기 위한 QR 코드를 삽입하기 위해 메뉴에서 (File) → **Place Embaded**를 실행한 다음 타이포그래피 폴더에서 'QR.jpg' 파일을 불러옵니다. 메뉴에서 (Edit) → Transform → **Scale**(Ctrl+T)을 실행하고 이미지를 축소합니다. 그림과 같이 위치를 잡고 초대장 디자인을 마무리합니다.

03 목업으로 초대장 디자인 마무리하기

01 메뉴에서 (File) → **Open**을 실행한 다음 타이포그래피 폴더에서 목업 디자인인 'Invitation Mockup.psd' 파일을 불러옵니다.

02 완성된 초대장 이미지를 적용하기 위해 Layers 패널에서 스마트 오브젝트 레이어의 섬네일을 더블클릭합니다. 초대장 이미지 영역만 저장된 또 하나의 문서 창이 표시됩니다.

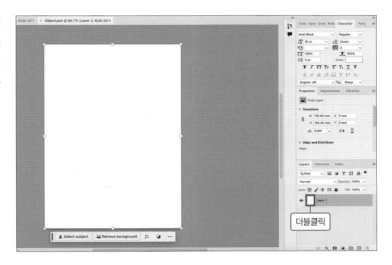

03 메뉴에서 〔File〕 → Place Embedded를 실행하고 완성된 초대장 디자인 파일 또는 타이포그래피 폴더에서 '타이포.jpeg' 파일을 불러옵니다.

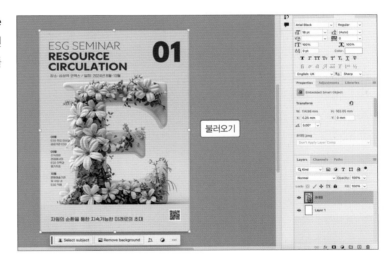

04 목업 파일 크기에 맞게 조절한 다음 메뉴에서 〔File〕 → Save를 실행하여 저장하고 섬네일 오브젝트 창을 닫으면 초대장 디자인이 목업 파일에 적용된 것을 확인할 수 있습니다.

서울의 랜드마크를 원데이로 즐기는
교통카드 디자인

카드 디자인을 위해서는 사용자의 니즈와 행동 패턴을 깊이 분석하고, 이를 바탕으로 카드의 기능과 경험을 향상하는 새로운 디자인 솔루션을 찾는 것이 중요합니다. 이러한 접근을 통해 카드 사용자와 브랜드 간의 긍정적인 관계를 구축하고, 사용자의 편의성과 경험을 개선할 수 있습니다. 생성형 AI는 사용자 중심의 디자인 접근을 지원해 사용자의 선호도, 행동 패턴, 감성 등을 분석하여 사용자에게 최적화된 디자인을 제안할 수 있습니다.

다양한 카드사들이 할인 혜택이나 포인트 적립과 같은 서비스를 제공하고 있지만, 이런 것만으로는 경쟁에서 우위를 차지하기 어렵습니다. 그래서 카드사들은 디자인을 통해 브랜드를 차별화하려고 합니다. 디자인으로 고객의 감성을 자극하고 브랜드 메시지를 전달하며 고객들의 마음을 사로잡으려는 노력이 계속되고 있습니다.

이번 프로젝트에서는 한국을 방문한 외국인 관광객을 위한 교통카드 디자인을 구상하고 있습니다. 이를 통해 한국의 문화적 특징과 가치를 전달하고, 브랜드 메시지를 더 강화하고자 합니다. 챗GPT와 미드저니와 함께 고민하며 디자인을 완성해 나가겠습니다.

1. 카드에 트렌디함을 담다

트렌디한 맞춤형 여행 코스와 연계된 혜택이 부족하여, 교통카드에 한국의 트렌디함을 담아 특별한 혜택을 제공하여 구매를 유도합니다.

2. 맞춤형 여행 코스로 아이디어 내기

랜드마크와 전통문화 탐방부터 서울의 신개념 트렌드 체험 문화를 경험할 수 있는 '서울 로컬 탐험 카드' 제품 컨셉을 제안합니다.

3. 컨셉에 맞게 이미지 완성하기

'서울 랜드마크 디자인 – 클레이 공예'로 디자인 컨셉을 변경해 경복궁과 N서울타워 등의 랜드마크를 입체적으로 표현하여 서울의 현재 모습을 반영한 디자인으로 교통카드를 완성합니다.

SECTION

1.

사용자의 관점으로 바라보고 이해하기

공감하기 단계는 디자인 씽킹 프로세스의 가장 중요한 부분입니다. 이 단계에서는 사용자의 요구 사항, 행동, 감정 등을 깊이 있게 이해하는 것이 핵심입니다. 특히 챗GPT로 도출한 페르소나를 통해 일차적으로 사용자의 이해를 돕는 도구로 사용할 수 있지만, 가상의 페르소나에게 지나치게 집중하면 실제적인 공감이 부족해질 수 있으므로 공감의 균형을 유지하며 사용자 이해를 높이는 도구로 활용해야 합니다.

디자인 씽킹의 핵심인 공감 단계는 사용자의 요구 사항과 감정을 깊게 이해하는 과정으로, 특히 이를 위해 페르소나를 활용할 수 있습니다. 페르소나는 가상의 사용자를 만들어 디자인에 집중할 수 있도록 도와주는 도구로, 현실 사용자의 행동과 생각을 더 정확하게 이해하기 위해 중요한 역할을 합니다.

그러나 페르소나에게 지나치게 의존하면 실제 공감이 부족해질 우려가 있습니다. 따라서 페르소나를 활용하는 동시에 현장에서 사용자의 행동을 직접 관찰하거나 제품 또는 서비스를 경험하며 사용자의 관점을 직접 체험하는 것이 중요합니다. 또한 사용자로부터 직접적인 피드백을 받아 요구 사항이나 불편 사항을 파악하는 것도 공감 단계에서 중요한 부분입니다.

따라서 페르소나와 실제 사용자의 경험을 조화롭게 융합해 사용자의 요구 사항과 감정을 깊이 있게 이해하는 것이 필요합니다. 이를 통해 디자인 프로세스를 더 효과적으로 수행할 수 있습니다.

01 카드사 브랜드 콘텐츠 매니저 역할 제안하기

CHATGPT

> 너는 교통카드 회사의 브랜드 콘텐츠 매니저야. 시장 조사와 제품 포지셔닝을 포함하여 제품의 개발 및 출시하는 것이 너의 역할이야.

> 안녕하세요! 교통카드 회사의 브랜드 콘텐츠 매니저로서 시장 조사, 제품 포지셔닝, 브랜드 콘텐츠 개발 등 다양한 영역에서 교통카드 회사의 성공적인 제품 출시와 브랜드 강화를 위해 노력하고 있습니다.
> 궁금하신 점이 있으시다면 언제든 말씀해 주시기 바랍니다.

02 한국을 방문하는 외국인 관광객은 무엇에 관심이 있을까?

CHATGPT

> 한국을 방문하는 외국인 관광객을 대상으로 하는 'One Day Pass' 교통카드를 출시하려고 해. 이 제품을 사용할 사용자의 페르소나를 작성하고 그에 맞는 시장 세분화, 마케팅 및 디자인 전략을 제시해 줘.

페르소나

- 국적: 미국
- 연령: 28세
- 직업: 대학생

여행 성향 및 관심사

- 한국 문화와 역사에 깊은 관심을 가지고 있음
- 한국의 유명한 랜드마크와 문화유산 탐방을 즐김
- 현지의 트렌디한 음식, 놀이 문화, 공예품, 예술품, 한국 체험 프로그램에도 관심이 많음
- 한국의 흥미로운 스토리나 특정 지역과의 연관성이 있는 제품을 구매하기 위해 적극적으로 찾으러 다니는 편임
- 현지인들과의 교류를 통해 한국 문화를 깊이 있게 경험하고자 함

여행 행동 특성

- 한국 방문 시 대중교통 이용을 선호함
- 한국의 주요 트렌디한 랜드마크 및 관광지를 계획해 다른 사람이 경험해 보지 못한 특별한 체험이나 제품이 있으면 이용하고 구매하는 것도 좋아함
- 교통 편의성과 비용 절감을 위하여 외국인 전용 교통카드 사용에 관심이 있음
- 한국 문화와 역사를 배우며 여행을 즐기고자 함

페르소나는 한국의 문화와 역사에 깊은 관심을 가지고 있는 미국인 대학생입니다. 그는 수도 서울의 주요 랜드마크와 문화유산을 탐방하며 현지의 트렌디한 음식, 공예품, 예술품 등 특산물에도 관심이 많습니다. 또한 현지인들과의 교류를 통해 한국 문화를 깊이 있게 경험하고자 합니다. 대중교통 이용을 선호하며, 교통 편의성과 비용 절감을 위해 외국인 전용 교통카드 사용에 관심이 있습니다.

CHATGPT

페르소나를 추출하면서 특히 관심 있는 한국의 주요 랜드마크와 문화 관광지가 어디일지 함께 알려줘.

페르소나가 관심 있는 한국의 랜드마크

- **경복궁**: 한국의 대표적인 궁궐로, 한국의 역사와 문화를 잘 보여주는 랜드마크입니다. 페르소나는 경복궁 방문을 통해 한국의 전통 건축과 왕실 문화를 경험하고 싶어 합니다.
- **N서울타워**: 서울의 대표적인 랜드마크로, 서울 시내 전경을 한눈에 볼 수 있는 전망대입니다. 페르소나는 N서울타워에서 서울의 아름다운 모습을 감상하고 싶어 합니다.
- **한강**: 서울을 가로지르는 한강은 한국의 대표적인 자연경관입니다. 페르소나는 한강 유람선을 타거나 한강 공원을 산책하며 한국의 자연과 도시 풍경을 함께 즐기고 싶어 합니다.

종합적으로 페르소나는 한국의 역사, 문화, 예술, 자연경관에 깊은 관심을 가지고 있으며, 한국의 주요 랜드마크를 방문하여 한국의 다양한 모습을 경험하고자 합니다.

사용자 중심으로 문제 정의하기

SECTION 2.

디자인 씽킹에서 문제 정의 단계는 매우 중요합니다. 진정한 문제를 발견하고 다양한 관점을 고려하여 문제를 정의하는 것은 효과적인 문제 해결을 위한 필수 과정입니다. 이를 통해 사용자 중심의 혁신적인 솔루션을 도출할 수 있습니다.

외국인 페르소나가 한국에 방문했을 때 지하철, 버스, 택시 등 다양한 교통 수단을 이용하는 것을 유추할 수 있었습니다. 따라서 외국인 관광객을 위하여 편리하고 통합된 교통카드 서비스가 필요할 것 같습니다.

무엇보다 현지인들과 깊이 있는 교류를 원하는 페르소나는 단순히 유명 관광지나 랜드마크를 방문하는 것을 넘어서, 자신만의 독특한 여행 경험을 추구합니다. 따라서 맞춤형 여행 코스 추천, 개인적인 문화 체험 제안, 개인 가이드 서비스와 같은 개인화된 여행 경험을 교통카드 서비스와 연계해 제공한다면 외국인 관광객의 만족도를 더 높일 수 있을 것입니다.

앞서 추출한 데이터를 가지고 관점 서술문(POV)을 작성해 봅니다.

> • **Who**: 한국 역사와 문화에 관심이 많은 미국 대학생은
> • **What**: 여행 비용 절감을 위해 외국인 전용 교통카드에 관심이 있지만, 잘 사용하진 않는다.
> • **Because**: 왜냐하면 트렌디한 맞춤형 여행 코스와 연계된 혜택이 크지 않기 때문이다.

외국인 대학생 페르소나는 한국의 역사, 문화 나아가 주요 랜드마크를 자신만의 방식으로 경험해 나가고 싶어합니다. 예를 들어 경복궁의 한복 대여 할인과 같은 트렌디한 장소와 관련된 다양한 경험 포인트를 살려 혜택을 전달하고, 카드에도 한국의 트렌디함을 담아내어 구매를 유도할 수 있을 것입니다.

> • **How**: 어떻게 하면
> • **Might We~?**: 한국에서 개인적이고 특별한 경험을 만드는 카드 컨셉을 만들 수 있을까?

간단하게 페르소나를 통해 문제를 정의하였습니다. 더 상세하고 정확한 결과를 위해서는 실제 외국인 여행 관광객을 대상으로 관찰과 인터뷰가 함께 이루어져야 할 것입니다.

S E C T I O N

3. 특별한 경험을 위한 컨셉 찾기

디자인 컨셉을 만들기 위해 먼저 제품의 특성을 분명히 정의하고, 고객 페르소나를 명확히 파악해야 합니다. 그리고 각 컨셉에 대한 정의와 그 수량을 구체적으로 명시해야 하며 챗GPT와 함께 아이디어를 도출하도록 합니다.

01 나에게 조언해 줄 조언자가 필요해!

CHATGPT

너는 창의력 및 혁신에 대한 조언자야. 내가 관점을 넓히고 새로운 아이디어를 생각해 내어 현재 상황에 정체되지 않고 발전하도록 돕는 것이 너의 역할이야.

알겠습니다. 창의력과 혁신을 위한 조언을 간단히 드리겠습니다.

다양한 관점을 탐구하고 브레인스토밍, 마인드맵 등을 활용하여 새로운 아이디어를 발굴하세요. 또한 실험과 피드백을 반복하며 지속적으로 학습하고 도전하는 자세가 중요합니다.

02 개인 맞춤형 제품 컨셉 만들기

CHATGPT

한국을 방문하는 외국인 고객들에게 특별한 경험을 제공할 수 있는 카드 제품 컨셉을 제안해 줘.

1. 서울 로컬 탐험 카드

- 한국의 전통문화와 현대 서울의 역동적인 신개념 문화를 모두 경험할 수 있는 패키지 구성
- 한복 체험, DIY 공예 워크숍, K-Pop 공연 관람 등 이색적이고 다양한 프로그램 포함
- 카드 회원에게 할인 혜택 및 우선 예약 기회 제공

2. 한식 미식 스토리텔링 카드

- 한국의 대표적인 전통 음식부터 현대 퓨전 요리까지 다양한 한식 경험 제공
- 유명 셰프의 요리 시연 및 요리와 관련된 스토리, 시식 기회, 전통 시장 탐방 등 포함
- 카드 회원에게 특별 메뉴 및 할인 혜택 제공

3. 맞춤형 VIP 리더 카드

- 한국의 대표적인 관광지를 VIP 투어 형식으로 경험할 수 있는 프로그램
- 전문 가이드의 해설과 함께 일반 관광객들이 접근하기 어려운 특별 장소 방문
- 카드 회원에게 우선 예약 기회 및 할인 혜택 제공

4. K-Pop 스타일 카드

- K-Pop 아이돌 그룹의 로고, 캐릭터 등을 활용한 카드 디자인
- K-Pop 공연 티켓 예매 시 할인 혜택 제공
- 카드 소지자 대상 K-Pop 팬 미팅, 비하인드 투어 등 특별 이벤트 개최

이와 같은 다양한 컨셉의 교통카드를 통해 외국인 관광객들에게 한국 문화와 여행 경험을 특별하게 전달할 수 있을 것입니다. 각 컨셉에 맞춘 차별화된 혜택과 경험을 제공함으로써 고객 만족도를 높일 수 있을 것으로 기대됩니다.

챗GPT는 제품 컨셉을 페르소나 맞춤형 여행코스에 초점을 맞춰 5가지 제품 컨셉을 제안해줬습니다. 랜드마크와 과거의 전통적인 문화 탐방부터 서울의 신개념 트렌드 체험 문화를 경험할 수 있는 '서울 로컬 탐험 카드' 제품 컨셉으로 제안하려고 합니다.

제품 컨셉　서울 로컬 탐험 카드

03 함축적인 메시지를 표현하는 디자인 컨셉 만들기

디자인 컨셉을 요청하기 전에 구체적으로 질문하기 위해서 제품 특성, 고객 페르소나 정의, 컨셉 정의를 다시 한번 입력하고 컨셉의 개수도 입력합니다.

너는 유능한 카드사 브랜드 콘텐츠 매니저로서, 이번에 출시할 카드는 한국을 방문하는 외국인 관광객을 대상으로 하는 'One Day Pass' 교통카드야. 고객은 28세의 미국 거주자로, 한국의 대표 랜드마크와 문화 탐방 체험을 즐기기 위해 한국을 방문. 그는 자신만의 새로운 개인화된 경험을 원하는데, 이를 위해 제품 컨셉을 '서울 로컬 탐험 카드'로 정했어.

네, 이해했습니다. 페르소나는 한국을 방문해 주요 랜드마크와 문화 탐방을 즐기고자 하는 28세 미국인 고객이라는 것을 잘 파악했습니다.

04 관념을 깨고 새로운 가능성을 모색하는 디자인 컨셉 만들기

디자인 컨셉을 제안해 달라고 요청합니다. 서울의 주요 로컬을 반영한 디자인 컨셉 5가지를 요청했습니다.

'서울 로컬 탐험 카드' 제품 컨셉에 맞는 디자인 컨셉을 5가지 제안해 줘.

1. 서울 랜드마크 디자인 - 클레이 공예 기법

- 서울의 대표적인 N서울타워, 광화문광장, 경복궁 등을 새로운 공예 기법으로 카드 디자인에 반영
- 클레이 공예 기법을 활용하여 랜드마크의 형태와 특징을 입체적으로 표현해서 역동적이면서 고유의 감성을 전달

2. 서울 전통문화 디자인 - 수채화 기법

- 한옥마을, 민속촌, 인사동, 전통 놀이문화를 모티브로 옛스러운 수채화풍 디자인으로 분위기 연출
- 수채화 기법을 활용하여 전통문화의 아름다움과 정서를 부드럽고 우아하게 표현

3. 서울 로컬 푸드 디자인 - 콜라주 기법

- 광장시장, 노량진 수산시장 등 서울의 유명 전통 시장에서 판매하는 다양한 로컬 푸드와 상품을 콜라주 기법으로 이미지화하여 디자인 구성
- 콜라주 기법을 활용하여 다채로운 로컬 푸드와 상품의 다양성, 풍부한 에너지 표현

4. 서울 감성 거리 디자인 - 포토그래피 기법

- 성수동, 연남동 등 감성적인 분위기의 서울 로컬 거리의 특색 있는 요소들을 포토그래피 기법으로 디자인에 반영
- 포토그래피 기법을 활용해 거리의 감성과 분위기를 생생하게 담아내어 현실적이고 생동감 있는 디자인으로 구성

5. 서울 스트리트 아트 디자인 - 그래피티 기법

- 홍대, 이태원 등 다양한 스트리트 아트가 존재하는 서울 거리를 모티브로 한 디자인
- 그래피티 기법을 활용하여 도시의 역동적이고 창의적인 에너지를 담아내어 독특하고 개성적인 디자인으로 표현

이와 같은 5가지 디자인 컨셉은 서울의 다양한 로컬 매력을 효과적으로 반영할 수 있을 것입니다. 컨셉별로 서울의 고유한 정체성과 특색을 잘 표현할 수 있도록 디자인을 구성하면 좋을 것 같습니다.

제안받은 디자인 컨셉 중 '서울 랜드마크 디자인 - 클레이 공예 기법', '서울 전통문화 디자인 - 수채화 기법' 2가지를 선정했습니다. 시리즈로 카드를 만들기 위하여 컨셉에서 제안한 장소도 함께 참고해 디자인 컨셉으로 만들어 보겠습니다.

 서울 랜드마크 디자인 - 클레이 공예(N서울타워, 경복궁)
서울 전통문화 디자인 - 수채화(전통놀이, 민속촌)

◉ **완성파일:** 카드\시안.png, 시안2.png, 시안 목업.jpg

전통문화 디자인 프로토타입 만들기

먼저 '서울 전통문화 디자인 - 수채화'를 표현하는 디자인 컨셉을 빠르게 테스트합니다. 민속촌의 초가집과 전통 놀이 연날리기를 주요 모티브로 이미지를 도출하기 위해 각각 2가지 프롬프트를 입력했습니다.

---

01 미드저니 알파 웹페이지에 접속합니다. 이미지 추출을 명령하기 위해 상단 imagine 바에 프롬프트를 입력하고 Enter 를 누릅니다.

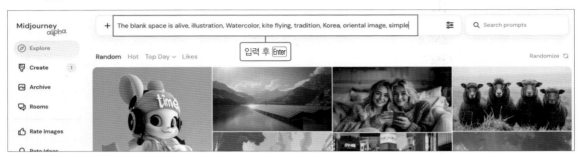

프롬프트 The blank space is alive, illustration, Watercolor, kite flying, tradition, Korea, oriental image, simple

번역 살아있는 여백, 일러스트, 수채화, 연날리기, 전통, 한국, 동양적인 이미지, 단순

TIP 알파 버전에서는 디스코드에서 필요했던 '/imagine' 명령어 없이도 바로 사용할 수 있습니다.

02 왼쪽 (Create)를 클릭하여 다음과 같이 4개의 이미지가 추출되었습니다. 수채화 일러스트의 연날리기 이미지가 가장 잘 표현된 이미지를 추출하기 위해 윗줄의 세 번째 이미지를 선택합니다.

03 별도의 조정 없이 이미지에서 마우스 오른쪽 버튼을 클릭한 다음 **Save Image**를 실행하여 저장합니다.

04 나머지 시리즈로 표현될 초가집 이미지도 프롬프트를 이용해 같은 방법으로 이미지를 추출할 수 있습니다. 연날리기와 초가집 2가지 키 비주얼 이미지가 추출되면 저장하여 완료합니다.

▲ 시안 이미지

프롬프트 The blank space is alive, illustration, Watercolor, thatched house, tradition, Korea, oriental image, simple

번역 살아있는 여백, 일러스트, 초가, 전통, 한국, 동양적인 이미지, 단순

○ 예제파일: 카드\Card Mockup.psd
○ 완성파일: 카드\경복궁.png, N서울타워.png, 타이포.png, 경복궁 카드.jpg, N서울타워 카드.jpg, 카드 목업.jpg

SECTION

5. 랜드마크를 이미지화하여 교통카드 디자인하기

서울의 랜드마크인 경복궁과 N서울타워를 클레이 기법으로 이미지화하여 생생한 서울의 현재 모습을 반영한 디자인 컨셉으로 교통카드 디자인을 완성합니다.

01 한국의 랜드마크 AI 이미지 생성하기

01 미드저니 알파 웹페이지에 접속합니다. 이미지 추출을 위해 상단 Imagine 바에 프롬프트를 입력한 다음 [Enter]를 누릅니다.

입력 후 [Enter]

프롬프트 | Seoul, Gyeongbokgung Palace, simple theme. Spring Festival atmosphere, 3D icon, pink, clay material, isometric view, 30 color, Cartoon, Nintendo, best detail, HD Gradient --stylize 250

번역 | 서울, 경복궁, 심플, 봄 페스티벌 분위기, 3D 아이콘, 분홍색, 클레이, 등각 투영 뷰, 30색, 닌텐도, 최고의 디테일, HD 그러데이션, 스타일 250

02 개성 있고 랜드마크가 잘 드러나는 형태의 키 비주얼이 도출되었습니다. 경복궁의 형태가 가장 자연스러운 세 번째 이미지를 클릭합니다.

03 다시 이미지에서 마우스 오른쪽 버튼을 클릭하고 **Save Image**를 실행하여 저장합니다.

04 두 번째 키 비주얼인 N서울타워도 진행해 보겠습니다. 프롬프트를 작성하고 Enter 를 누릅니다.

프롬프트 Seoul, N seoul Tower, simple theme, Fall Festival atmosphere, 3D icon, yellow, clay material, 30 color, Cartoon, Nintendo, best detail, HD Gradient

번역 서울, N서울타워, 심플, 가을 페스티벌 분위기, 3D 아이콘, 노란색, 클레이, 30색, 닌텐도, 최고의 디테일, HD 그러데이션

05 N서울타워를 잘 표현한 두 번째 사진을 클릭합니다.

06 이미지의 구도 조절을 위해 왼쪽 캔버스를 확장해 보겠습니다. Pan의 왼쪽 화살표(←)를 클릭합니다.

07 왼쪽의 캔버스가 확장된 것을 확인할 수 있습니다. 최종 이미지를 선택하기 위해 오른쪽 위 이미지를 클릭합니다.

08 이미지에서 마우스 오른쪽 버튼을 클릭한 다음 **Save Image**를 실행하여 저장합니다.

▲ 시안 이미지

02 클레이 기법의 교통카드 디자인하기

01 포토샵을 실행하고 메뉴에서 〔File〕 → **New**를 실행합니다. New Document 대화상자가 표시되면 Width: 80Millimeters, Height: 50Millimeters, Resolution: 300Pixels/Inch, Color Mode: CMYK Color로 지정한 다음 〈Create〉 버튼을 클릭하여 새 도큐먼트를 작성합니다.

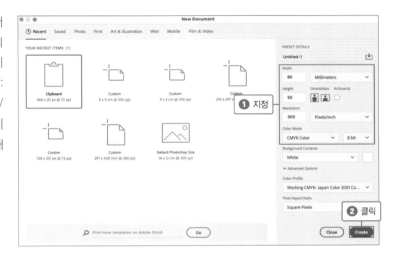

02 메뉴에서 〔File〕 → **Open**을 실행한 다음 저장한 파일 또는 카드 폴더의 '경복궁.png' 파일을 불러옵니다. 사각형 선택 도구(▣)를 선택하고 경복궁 이미지 전체를 드래그하여 선택 영역으로 지정합니다.

TIP Ctrl+A를 눌러도 이미지가 전체 선택됩니다.

03 메뉴에서 (Edit) → Transform → Scale(Ctrl+T)을 실행하고 조절점을 조정하여 카드 도큐먼트 크기에 맞게 이미지 크기를 조절한 다음 Enter를 누릅니다.

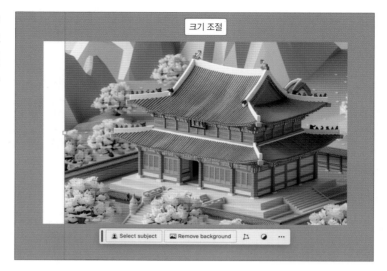

04 왼쪽 여백을 채우기 위해 먼저 사각형 선택 영역 도구(⬚)를 선택하고 그림과 같이 왼쪽에 드래그하여 선택 영역을 지정합니다. Contextual Task Bar에서 〈Generative Fill〉 버튼을 클릭합니다.

05 자연스럽게 이미지 왼쪽 부분이 확장되었습니다. 경복궁 이미지와 확장된 이미지를 합치기 위해 Layers 패널에서 두 레이어를 선택하고 마우스 오른쪽 버튼을 클릭한 다음 Merge Layers를 실행합니다.

TIP 합치려는 레이어를 선택한 다음 패널 메뉴에서 Merge Layers를 실행하면 위쪽 레이어를 기준으로 하나로 합쳐집니다.

06 Layers 패널에서 'Create a new layer' 아이콘(⊞)을 클릭하여 레이어를 추가합니다. 브러시 도구(✏️)를 선택한 다음 전경색을 클릭하고 '흰색(C:0%, M:0%, Y:0%, K:0%)'으로 지정합니다.

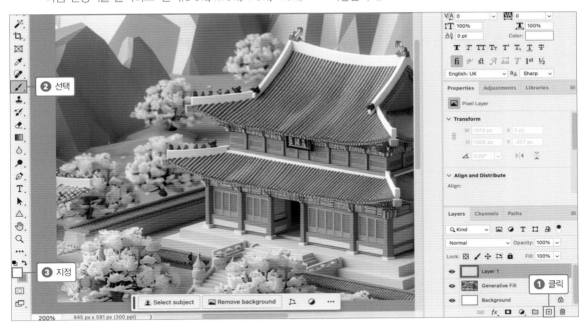

07 옵션바의 브러시 옵션에서 Size: 250px, Brush Tool: Soft Round로 설정합니다.

TIP 브러시 옵션바에서 브러시 모양을 선택하고 크기나 불투명도 등을 설정합니다. 옵션바에서 현재 선택된 브러시 오른쪽 팝업 아이콘을 클릭하면 표시되는 브러시 설정 창에서 브러시 크기와 모양을 선택할 수 있습니다. 다양한 브러시가 목록으로 표시됩니다.

08 문자를 입력할 부분의 가독성을
높이기 위해 배경색을 조절하겠습
니다. 옵션바에서 Opacity를 '60%'로 설
정한 다음 브러시 도구(✏️)로 왼쪽 상단을
클릭하여 뿌옇게 만듭니다.

09 도드라진 흰색 브러시 자국을 자
연스럽게 만들기 위해 Layers 패
널에서 Opacity를 '40%'로 설정해 한 번
더 농도를 낮춥니다.

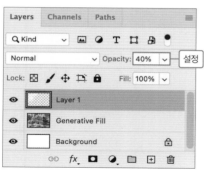

10 문자 도구(T)를 선택한 다음
Contextual Task Bar나
Character 패널에서 글꼴: Manometer
Serif, 글자 크기: 31pt, 글자 색: 검은색
(C:0%, M:0%, Y:0%, K:100%)으로 설정합
니다. 왼쪽 상단을 클릭하고 'One Day
Pass'를 세 줄로 입력합니다.

11　Contextual Task Bar나 Character 패널에서 글꼴: Gia Variable – Black, 글자 크기: 6pt로 설정하고 왼쪽 하단
　　에 'Use Only for Foreigners'를 입력합니다. 글꼴: Gia Variable – Bold, 글자 크기: 5.5pt로 설정한 다음 오른쪽
　　상단에 '#Seoul Transportation Card'를 입력합니다.

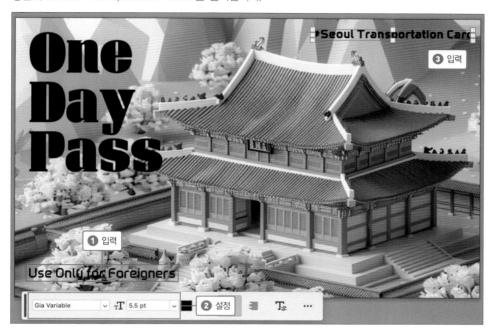

12　카드를 인식하는 IC 칩을 만들어 보겠습니다. 사각형 도구(□)를 선택하고 그림과 같이 오른쪽 하단에 드래그한 다음
　　옵션바에서 Fill: Gradient, Color: Grays, W: 145px, H: 110px, Rounded Coner: 15px로 지정하여 둥근 사각형을
　　만듭니다.

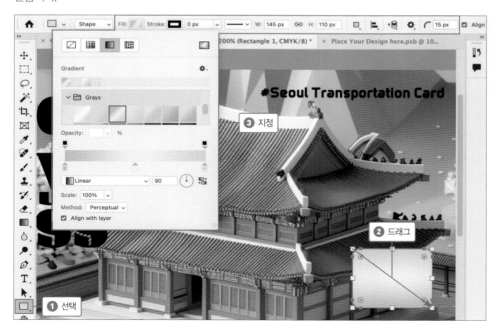

13 레이어에서 (Alt)를 누른 채 사각형 레이어 섬네일을 클릭해 해당 레이어의 개체만 선택 영역으로 지정합니다.

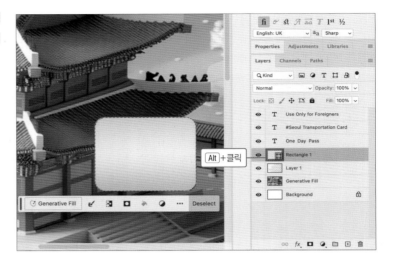

14 Layers 패널에서 'Create a new layer' 아이콘(⊞)을 클릭하여 레이어를 추가합니다. 선택 영역이 활성화된 채 메뉴에서 (Edit) → Stroke를 실행합니다. Stroke 대화상자가 표시되면 Width: 3px, Color: C:0%, M:0%, Y:0%, K:90%, Location: Center로 지정한 다음 〈OK〉 버튼을 클릭합니다. 둥근 사각형 선택 영역에 테두리가 적용됩니다.

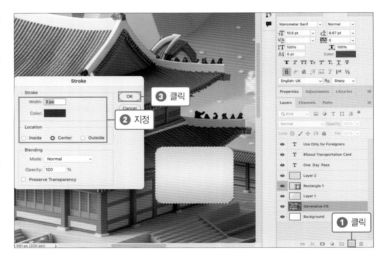

15 IC칩 형태를 그려보겠습니다. 레이어를 하나 더 추가한 다음 펜 도구(⬚)를 선택하고 옵션바에서 Fill: None, Color: K:90%, Stroke: 3px로 지정합니다. 그림과 같이 시작점을 클릭한 다음 끝점을 클릭하고 드래그하면 곡선이 만들어집니다.

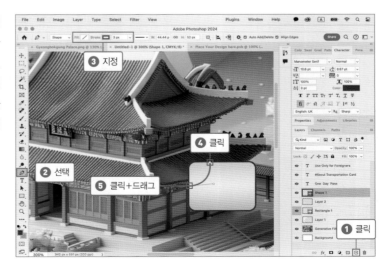

16 Layers 패널에서 만들어진 곡선 'Shape 1' 레이어를 선택하고 'Create a new layer' 아이콘(🔲)으로 드래그하면
레이어를 복제할 수 있습니다. 'Shape 1'과 동일한 3개의 레이어를 복제합니다. 복제한 레이어를 이동 도구(✛.)를
이용해 그림과 같이 회전 및 배치합니다.

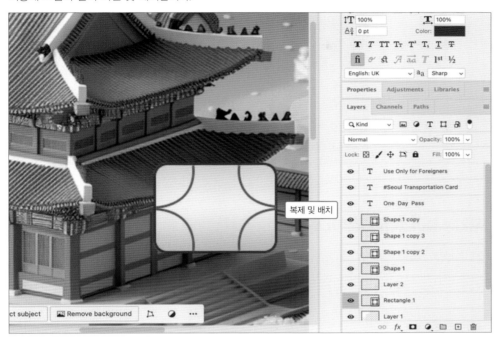

17 펜 도구(✒.)를 선택하고 나머지 IC칩의 직선 형태도 만들어 IC칩 디자인을 마무리합니다.

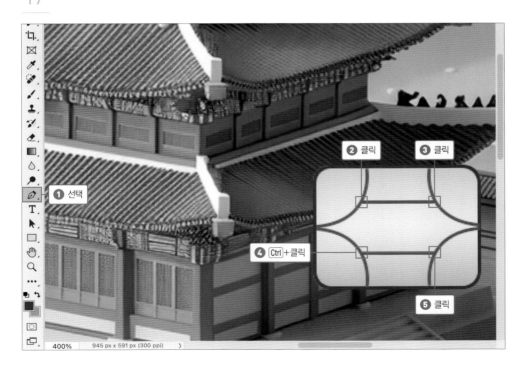

18 Layers 패널에서 IC칩을 만들기 위해 생성된 레이어들을 모두 선택하고 'Create a new group' 아이콘()을 클릭하여 그룹화합니다.

03 교통카드 디자인에 캘리그라피 적용하기

01 역동적인 서울의 다양한 로컬 모습을 강조하기 위해 'Seoul'이라는 도시명도 함께 카드에 넣어 디자인해 보겠습니다. 이미지 추출을 위해 미드저니 알파 웹페이지로 접속합니다. 상단 Imagine 바에 프롬프트를 입력한 다음 [Enter]를 누릅니다.

프롬프트 logo design, typography of text "Seoul"handwritten, signature style, black and white ──no decoration

번역 로고 디자인, 손으로 쓴 텍스트 "서울"의 타이포그래피, 시그니처 스타일, 흑백, 장식 없음

02 왼쪽의 (Create)를 클릭하면 다음과 같이 4개의 이미지가 추출됩니다. 가독성이 좋은 이미지를 선택하기 위하여 첫 번째 이미지를 클릭합니다.

03 이미지에서 마우스 오른쪽 버튼을 클릭하고 **Save Image**를 실행해 저장합니다.

04 작업 중인 포토샵 메뉴에서 (**File**) → **Open**을 실행한 다음 저장한 파일 또는 '타이포.png' 파일을 불러옵니다. 글자만 선택하기 위해 메뉴에서 (**Select**) → **Color Range**를 실행합니다. Color Range 대화상자가 표시되면 Fuzziness를 '40'으로 설정합니다.

TIP Fuzziness는 색상 범위를 설정합니다. 선택 영역에서 색상 범위를 제어하고 부분적으로 선택된 픽셀, 즉 선택 영역 미리 보기에서 회색 영역의 양을 늘리거나 줄입니다. 색상 범위를 제한하려면 낮게 설정하고 색상 범위를 늘리려면 높게 설정합니다.

05 스포이트를 클릭한 다음 Seoul 글자의 검은색 선 부분을 클릭하고 〈OK〉 버튼을 클릭합니다.

TIP 메뉴에서 (Select) → Color Range를 실행하면 직접 선택하려는 색상을 미리 보기 창에서 클릭한 다음 색상 범위를 설정하여 선택 영역을 지정할 수 있습니다.

06 Seoul 글자의 검은색 선 부분만 선택 영역이 지정된 것을 확인할 수 있습니다. 레이어를 하나 추가하고 전경색을 클릭하여 Color Picker 대화상자가 표시되면 'C:0%, M:0%, Y:0%, K:100%'로 지정한 후 〈OK〉 버튼을 클릭합니다.

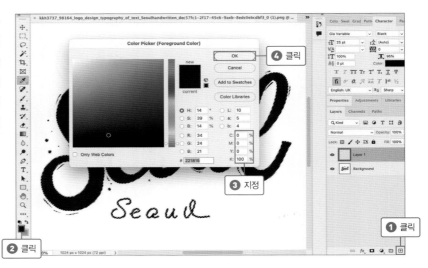

07 Alt+Delete를 눌러 전경색을 채웁니다. Ctrl+D를 눌러 선택 영역을 해제합니다.

08 처음에 불러온 Seoul 이미지 레이어에서 '눈' 아이콘(👁)을 클릭해 비활성화합니다. 지우개 도구(✐)를 선택하고 위아래 작은 글씨를 드래그하여 지웁니다.

09 사각형 선택 도구(□)를 선택하고 Seoul 글꼴 이미지를 드래그하여 선택 영역으로 지정합니다.

10 Ctrl+C를 눌러 이미지를 복사하고 카드 디자인 창에서 Ctrl+V를 눌러 글자를 붙여넣습니다. 메뉴에서 (Edit)
→ Transform → Scale(Ctrl+T)을 실행하여 카드 레이아웃에 맞게 왼쪽 하단에 배치한 다음 크기를 줄인 후
Enter를 눌러 카드 디자인을 마무리합니다.

04 목업으로 교통카드 디자인 마무리하기

01 메뉴에서 (File) → Open을 실행
한 다음 카드 폴더에서 목업 디자
인 'Card Mockup.psd' 파일을 불러옵
니다.

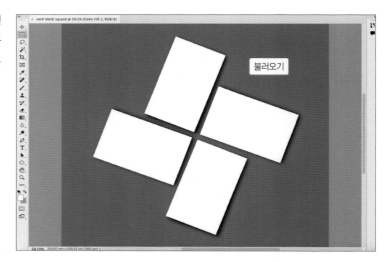

02 'Color Background' 레이어
섬네일을 더블클릭하여 Color
Picker 대화상자가 표시되면 'C:75%,
M:90%, Y:13%, K:0%'로 지정하고 〈OK〉
버튼을 클릭해 배경색을 변경합니다.

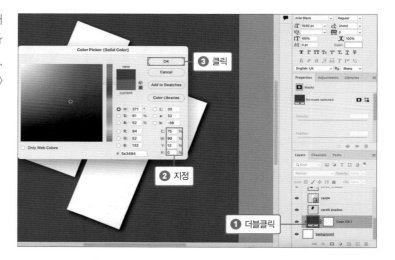

03 카드 이미지를 목업화하기 위해
'Cards 1' 그룹의 스마트 오브젝
트 레이어 섬네일을 더블클릭합니다. 포스
터 이미지 영역만 저장된 또 하나의 문서
창이 표시됩니다.

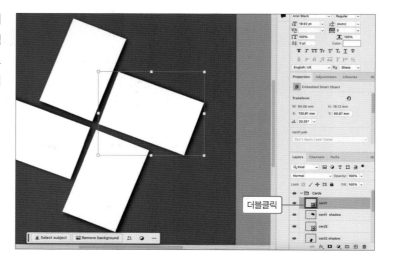

04 메뉴에서 〔File〕 → Place Embedded를 실행한 다음 완성된 경복궁 카드 디자인 또는 카드 폴더의 '경복궁 카드.jpg' 파일을 불러옵니다.

05 메뉴에서 〔File〕 → Save(Ctrl + S)를 실행한 다음 섬네일 오브젝트 창을 닫으면 포스터 디자인이 목업 파일에 작업된 것을 확인할 수 있습니다.

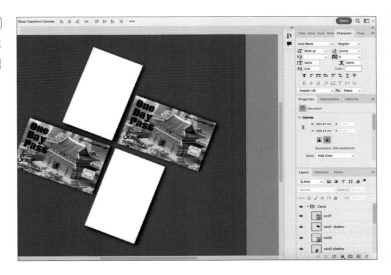

06 N서울타워도 같은 방법으로 카드 폴더에서 'N서울타워 카드.jpg' 파일을 불러온 다음 'Cards 2' 섬네일 오브젝트 창에 적용 및 저장하여 카드 목업 작업을 완성합니다.

PROJECT

참여를 유도하는 봄날 식물원
기획전 포스터 디자인

포스터 디자인은 시각 커뮤니케이션의 중요한 방법으로, 주제와 메시지를 효과적으로 전달하기 위해 타이포그래피, 이미지, 색채, 레이아웃 등을 활용합니다. 포스터는 광고, 이벤트, 정보 전달 등 다양한 용도로 사용되며, 타깃 청중과 메시지 분석이 중요합니다. AI 기술을 활용하면 포스터 디자인 과정을 더 효율적이고 창의적으로 진행할 수 있지만, 최종 디자인의 완성에는 디자이너의 전문성과 통찰력이 여전히 필수적입니다. AI는 디자이너를 보조하는 역할을 하며, 디자이너의 창의성과 전문성이 핵심적인 요소로 남아 있습니다.

포스터는 광고의 기본이자 가장 간단한 형태로, 시각적 이미지와 텍스트를 조합하여 정보나 메시지를 전달합니다. 한눈에 의미가 전달되어야 하므로 시각적 효과가 중요한데, 이런 점에서 포스터는 매우 강렬한 매체로 작용합니다. 관광 포스터, 광고 포스터, 공공포스터, 문화 및 행사 포스터 등 여러 종류가 있으며, 각각의 목적에 맞게 디자인됩니다.

이번 프로젝트에서는 식물원에서 열리는 '봄꽃' 기획전을 위한 포스터를 AI 도구를 활용하여 제작하려 합니다. AI를 통해 포스터가 어떻게 더 효과적으로 전달될 수 있는지 고민하며, 마법 같은 작업 과정을 함께 체험해 보겠습니다.

1. 문화적 체험과 예술적 영감
방문객이 봄에 피는 신비스러운 꽃들이 각 공간에서 이어지는 스토리를 경험할 수 있게,
'비밀의 정원: 봄날의 환상곡'이라는 컨셉을 선정했습니다.

2. 한글 글꼴의 주목도 개선
'비밀의 정원'이라는 기획전 컨셉에는 목련 꽃이 어울리므로 한글 글꼴의 주목도도 개선하
여 '목련의 향연' 컨셉으로 수정하고 포스터를 완성합니다.

SECTION 1.

식물원 방문을 유도하기 위한 문화 만들기

문화와 행사를 소개하는 포스터는 참여하는 대중의 경제성, 문화 수준, 예술성을 잘 반영해야 합니다. 특히, 식물원의 봄꽃 맞이 기획전과 같은 이벤트는 많은 사람이 참여하도록 유도하면서 '꽃'이라는 공통적인 문화를 공유하고 전달해야 합니다. 이를 위해서는 공감 단계에서 섬세한 페르소나의 도출이 필요합니다.

01 식물원 기획팀의 기획 매니저 역할 제안하기

CHATGPT

넌 식물원 기획팀의 기획 매니저야. 매년 열리는 기획전의 컨셉과 시장 조사를 포함해 기획 시나리오를 구상하는 것이 너의 역할이야.

역할에 관해 이해했습니다. 식물원 기획팀의 기획 매니저로서 매년 열리는 기획전의 컨셉 구상과 시장 조사가 주요 업무이군요. 그렇다면 어떤 도움을 드릴까요? 기획 전시의 아이디어를 구상하시는 데 도움이 필요하신가요? 아니면 특정 시장에 대한 조사 정보가 필요하신가요? 구체적인 요청을 알려주신 후 저에게 맡겨주세요.

02 봄꽃의 기획 공간을 찾을 사람은 누구일까?

CHATGPT

이번에 열릴 기획전의 테마는 '봄에 피는 꽃'이야. 봄에 흔하게 볼 수 있는 꽃부터 희귀한 꽃들까지 전시 공간에 심어 보여주며, 꽃을 찍은 사진전도 함께 구상하고 있어. 이번 기획전에서 만날 수 있는 고객의 페르소나를 작성하고 그에 맞는 시장 세분화, 마케팅 전략을 제시해 줘.

페르소나 정의

- **연령대**: 30대 초반
- **직업**: 프리랜서 그래픽 디자이너
- **관심사**: 자연과 미술, 사진 촬영, 여행
- **행동 특성**: 소셜 미디어에서 영감(Inspiration)을 얻고, 주말마다 새로운 문화 활동을 즐김
- **방문 목적**: 시각적 아름다움을 즐기며 자연 속에서 영감을 얻기 위해 방문

시장 세분화

- **미적 체험을 추구하는 젊은 성인**: 페르소나와 같은 젊은 성인들이 미적인 경험을 추구하면서, 여가 시간을 활용해 문화와 자연을 접하는 고객군입니다.
- **사진 애호가**: 사진 촬영을 취미로 하는 사람들이 전시를 찾아 고유의 아름다움을 담은 꽃 사진을 찍고 싶어 하는 고객군입니다.
- **가족 단위 방문객**: 자녀에게 자연의 중요성과 아름다움을 교육시키려는 부모와 함께 방문하는 가족 고객군입니다.
- **식물학 전문가 및 열성적인 식물 애호가**: 특별한 꽃에 대한 정보를 얻거나 실제로 보고 싶어 하는 열정을 가진 고객군입니다.

마케팅 전략

- **소셜 미디어 캠페인 활용**: 소셜 미디어 플랫폼들에서 '봄에 피는 꽃' 해시태그 캠페인을 진행하여 인스타그램, 페이스북 등에서 화제성을 높입니다.
- **인플루언서 마케팅**: 자연, 여행, 미술 분야의 인플루언서(Influencer: 대중에게 영향력을 행사하는 개인)들을 초청하여 기획전을 홍보하고, 그들의 방문 경험을 바탕으로 한 콘텐츠를 공유하게 합니다.
- **교육 프로그램 및 워크숍**: 가족 단위 방문객을 위한 교육 프로그램을 개발하고, 사진 아카데미를 마련해 사진 촬영 기술을 배울 수 있는 워크숍을 운영합니다.

이러한 방식으로 기획전의 페르소나를 설정하고, 그에 맞는 시장 세분화와 마케팅 전략을 수립해 보았습니다. 참고하시면 도움이 될 것 같아요.

페르소나에 대한 정보를 세부적으로 파고들기

페르소나의 라이프 스타일 행동 특성은 식물원의 기획전 타깃에 맞는 마케팅 메시지를 만들고 이벤트와 프로모션을 기획하는 데 중요한 기반이 됩니다.

CHATGPT

페르소나의 라이프 스타일, 관심사, 행동 특성을 세부적으로 제시해 줘.

세부적인 라이프 스타일, 관심사, 행동 특성에 관해 설명드리겠습니다.

라이프 스타일

- **일과 취미의 조화**: 프리랜서 그래픽 디자이너로 일하며 유연한 근무 시간을 가지고 있어 자신의 취미와 여가 활동에 충분한 시간을 할애합니다.
- **건강과 웰빙 중시**: 건강한 식습관과 정기적인 운동 루틴을 유지하며, 스트레스 관리와 휴식을 중요하게 생각합니다.
- **친환경 소비**: 환경에 미치는 영향을 고려해 제품을 구매하고, 재활용 및 지속 가능한 자원 사용에 관심이 많습니다.

관심사

- **자연과 미술에 대한 애착**: 자연에서 영감을 받아 자신의 창작물에 반영하며, 미술 전시회나 갤러리 방문을 즐깁니다.
- **트렌드와 디자인**: 최신 디자인 트렌드에 발맞춰 자신의 포트폴리오를 업데이트하고, 다양한 디자인 커뮤니티에 참여합니다.
- **사진 촬영**: 사진을 찍는 것을 좋아하며, 특히 자연 풍경이나 일상 속 아름다운 순간들을 포착하는 것에 관심이 큽니다.

행동 특성

- **소셜 미디어 활동**: 일상, 여행, 작업물 등을 주기적으로 소셜 미디어에 공유하고, 팔로워와의 소통을 적극적으로 합니다.
- **지속적인 학습과 성장**: 온라인 코스나 워크숍을 통해 새로운 기술을 배우고, 자기 계발에 투자하는 시간을 가집니다.
- **문화적 체험에 대한 탐구**: 새로운 문화 체험과 예술적 영감을 우선시하고, 주말 당일치기로 자연 속에서 휴식을 취하거나 문화적 장소를 탐방합니다.

이렇게 페르소나의 라이프 스타일, 관심사, 행동 특성을 세분화해 이해하면, 그에 맞는 마케팅 전략을 더 효과적으로 수립할 수 있습니다.

제안 내용이 프로젝트 목표에 벗어난다고 생각하면 다시 제안해달라고 요청하거나 질문을 변경합니다.

 가상의 한 명의 페르소나에 대한 고객 정보가 부족하면 타깃 그룹의 페르소나를 대상으로 설문지를 작성하여 추가 정보를 얻을 수도 있습니다.

[페르소나 그룹을 위한 설문지 문항 작성]
예) 방문 고객 대상 페르소나에게 5가지 개요를 포함한 설문지를 작성하고 분석해 줘.
   1. 캐주얼한 스타일로 작성
   2. 20가지로 질문하고 번호, 카테고리, 질문, 답변 순서로 표 형식으로 작성
   3. 10명의 페르소나에게 설문 결과 생성
   4. 10명의 질문과 결과를 대괄호 형식으로 정리하여 입력
   5. 설문 결과 분석

매력적인 기획전을 위한
영감이 되는 키워드 찾기

챗GPT와의 인터뷰 및 공감을 통해 영감을 정리하고 새로운 관점에서 재해석하며 간결한 문장, 즉 핵심 메시지로 표현해 가는 과정을 거칩니다. 해당 과제에 관해 실제로 공감을 바탕으로 진짜 문제를 발견하려는 자세와 문제 정의에 관해 새롭고 다양한 시각을 넓혀가는 것이 중요합니다.

추가로 요청한 페르소나에 대한 타깃의 세부적인 이해를 통하여 영감이 될 수 있는 키워드들을 얻는 것이 중요합니다.

페르소나는 스트레스 관리를 중요하게 생각하며 그중 문화적인 체험과 예술적 영감을 통해서도 스트레스 관리나 휴식을 만들어 낸다는 것을 알 수 있습니다.

앞서 추출한 데이터를 가지고 관점 서술문(POV)을 작성해 봅니다.

- **Who**: 시각적 아름다움을 즐기는 30대 초반 그래픽 디자이너는
- **What**: 주말마다 새로운 문화 활동이나 자연 속에서 영감을 얻기 위한 곳이 필요하다.
- **Because**: 왜냐하면 스트레스 관리나 휴식을 만들어 내는 것을 중요하게 생각하기 때문이다.

이 내용을 바탕으로 우리는 무엇을 할 수 있을지 문제를 정의해 봅니다.

- **How**: 어떻게 하면
- **Might We~?**: 우리가 페르소나의 스트레스 해결을 위한 공간으로 자연에서 문학적 영감을 얻게 할 수 있을까?

이번 기획전이 자연 속에서도 영감을 얻을 수 있도록 문학적인 연결 고리인 영화나 책 제목을 연결하여 스토리가 느껴지는 공간으로 연출한다면 페르소나에게 더 매력적인 기획전이 될 수 있을 것 같습니다.

3.

봄꽃 스토리가 있는
디자인 컨셉 발견하기

챗GPT에 문제를 정의하는 조언을 요청합니다. 공간에서 스토리가 느껴질 수 있도록 어떤 컨셉으로 연출할
수 있을지, 역할을 재정리해 핵심 디자인 컨셉을 찾아보고자 합니다. 창의성과 열정이 가장 중요한 단계에서
디자인 컨셉을 발굴해 봅니다.

01 새로운 아이디어를 낼 수 있도록 조언자가 되어줘!

CHATGPT

너는 창의력 및 혁신에 대한 조언자야. 내가 관점을 넓히고 새로운 아이디어를 생각해 내 현재 상황에 정
체되지 않고 발전하도록 돕는 것이 너의 역할이야.

창의력과 혁신에 대한 조언자로서, 당신이 더 넓은 관점을 가지고 새로운 아이디어를 생각해 낼 수 있도록 돕
겠습니다. 당신이 현재 어떤 문제나 상황에 직면해 있는지, 또는 어떤 주제에 관해 새로운 아이디어를 생각해
내고 싶은지 알려주시면, 그에 맞는 조언을 드릴 수 있을 것 같습니다.

02 스토리 있는 공간은 어떤 컨셉으로 연출할 수 있을까?

페르소나를 통해 얻은 인사이트를 바탕으로, 전시의 컨셉은 자연과 문학을 연결하는 주제를 제
안했습니다. 방문객이 전시를 마치 한 권의 책을 읽거나 영화의 주인공이 된 것처럼 느낄 수 있
도록, 봄에 피는 꽃들이 공간마다 서로 이어지는 스토리를 경험할 수 있게 설계하는 것이 전시의
핵심이 될 것으로 보입니다.

CHATGPT

정의된 페르소나의 방문객에게 맞는 기획전 컨셉을 문화 콘텐츠와 연결성을 지어 3가지로 제안해 줘.

이번 기획전의 '봄에 피는 꽃'을 바탕으로 정의된 페르소나를 위한 독특하고 스토리가 느껴지는 기획전 컨셉을
제안해 드리겠습니다.

1. 비밀의 정원: 봄날의 환상곡

클래식한 이야기와 유명한 소설을 기반으로, 봄날의 신비로운 꽃들이 펼쳐지는 비밀 장소로 관객들을 초대
합니다. 소설의 각 챕터에 해당하는 다양한 봄의 꽃들을 경험할 수 있는 공간으로 꾸미며, 공간마다 문학
작품 속 한 구절을 인용하여 스토리텔링을 강화합니다.

2. 잊혀진 시간 속 꽃: 봄의 선율

옛날 시계나 모래시계 같은 시간의 상징물을 이용해 마치 시간이 멈춘 듯한 정원을 연출합니다. 방문객들은 시간 여행을 하는 듯한 느낌을 받으며 각기 다른 시대의 봄꽃을 볼 수 있습니다. 골동품과 함께 전시된 희귀 꽃들은 고유의 이야기를 간직하고 있습니다.

3. 환상의 정원: 앨리스의 꽃 터널

'이상한 나라의 앨리스'에 기반하여, 방문객들이 앨리스가 되어 꽃으로 가득한 미로와 터널을 탐험하는 경험을 제공합니다. 이 컨셉은 상상 속의 인물들과 함께 봄에 피는 꽃들이 만들어 낸 환상적인 풍경을 즐길 수 있습니다.

다양한 컨셉 중 희귀한 봄꽃을 만날 수 있는 특별한 경험을 제공하는 '비밀의 정원: 봄날의 환상곡'을 선택했습니다. 숨겨진 정원을 발견한 듯한 느낌으로 다채로운 봄꽃을 감상할 수 있는 이 기획전은 예술적 영감을 즐기는 페르소나에게 감성적인 울림을 전달할 것으로 기대됩니다.

기획전 컨셉   비밀의 정원: 봄날의 환상곡

03 역할을 정리해 핵심 디자인 컨셉 찾기

디자인 컨셉을 요청하기 전에 구체적으로 질문하기 위해서 기획전의 특징, 고객 페르소나 정의, 컨셉 정의를 다시 한번 입력하고 컨셉의 개수도 입력합니다.

CHATGPT   너는 유능한 식물원 기획팀의 기획 매니저로서 이번 기획전은 '봄꽃'에 관련된 것이야. 우리 고객은 30대 초반에 자연과 미술, 사진을 좋아하는 디자이너이며, 자연 속에서도 영감을 얻을 수 있도록 이번 기획전에서 다양한 문학적 연결 고리를 제공하려고 해. 페르소나를 위한 기획전의 컨셉은 '비밀의 정원: 봄날의 환상곡'으로 정했어. 이 내용에 관해 이해했어?

당신의 기획전 컨셉에 대한 설명을 잘 이해했습니다. '비밀의 정원: 봄날의 환상곡'이라는 테마로, 30대 초반 자연과 미술, 사진을 좋아하는 디자이너인 페르소나를 위한 다양한 문학적 연결 고리를 제공하는 기획전을 준비하려는 것이군요.

이번 기획전에서 페르소나는 봄꽃을 통해 자연의 아름다움을 경험하고, 그 속에서 새로운 영감을 찾을 수 있을 것입니다. 또한, 문학적 연결 고리를 통해 꽃과 자연이 주는 메시지를 더 깊이 이해하고, 그 경험을 통해 자신의 작품에 반영할 수 있을 것입니다.

04 꽃과 어울리는 자세한 컨셉 발견하기

디자인 작업 전에 도출한 컨셉을 기반으로, 홍보 포스터의 표현 컨셉을 요청합니다. '신비로움'이나 '풍요로움'과 같은 너무 일상적인 표현은 피하는 대신, 봄에 피는 꽃과 어울리는 디자인 컨셉으로 더 자세한 제안을 요청했습니다.

'비밀의 정원: 봄날의 환상곡'의 기획전 컨셉에 맞춰 포스터 홍보 디자인을 제작할 것이야. 디자인 컨셉은 봄에 피는 꽃 이름과 연결하여 10가지를 제안해 줘.

'비밀의 정원: 봄날의 환상곡'이라는 컨셉에 맞춰 봄의 피는 꽃 이름을 연결한 포스터 디자인 컨셉을 다음과 같이 제안해 드리겠습니다.

1. **벚꽃의 순간**: 봄의 시작을 알리는 비밀의 정원
2. **나비랑이의 꿈**: 비밀의 정원에서 피어나는 봄날의 환상곡
3. **수선화의 재즈**: 봄을 불러오는 비밀의 정원의 멜로디
4. **목련의 향연**: 환상의 봄날을 꽃피우는 비밀의 정원
5. **철쭉의 에너지**: 봄날의 환상곡을 불러올리는 비밀의 정원
6. **개나리의 향기**: 비밀의 정원에서 봄날의 환상곡을 채우는 아름다운 향기
7. **무궁화의 우아함**: 비밀의 정원에서 펼쳐지는 봄날의 환상곡
8. **튤립의 다양성**: 봄날의 환상곡을 장식하는 비밀의 정원
9. **제비꽃의 숨결**: 비밀의 정원에서 들려오는 봄날의 환상곡
10. **돈나무의 기적**: 비밀의 정원에서 피어나는 봄날의 환상곡

각각의 컨셉은 봄의 대표적인 꽃들과 그 꽃들이 자아내는 고유의 분위기를 연결해 전시 홍보 포스터에 실감나고 아름다운 이미지를 제공할 것입니다.

챗GPT와 대화하면서 보편적인 대답이 나오면, 질문을 구체화해 새로운 표현 컨셉을 제안받을 수 있습니다. 그 결과, '수선화의 재즈'와 '목련의 향연' 두 가지를 포스터 디자인의 표현 컨셉으로 선택했습니다. 수선화는 봄에 피는 꽃 중에서도 독특한 형태와 화려함으로 시선을 끌 수 있는 꽃으로, 목련은 봄의 향기를 상징해 방문객들에게 향기로운 봄날의 경험을 전달할 수 있는 좋은 디자인 컨셉이라고 판단되었습니다.

• 수선화의 재즈(Daffodil Jazz)
• 목련의 향연(A Feast of Magnolia Flowers)

SECTION

4.

AI로 생생한
꽃 이미지 테스트하기

포스터 이미지에 사용할 '수선화의 재즈' 디자인 컨셉을 미드저니를 활용하여 빠르게 테스트해 봅니다. 핵심
키워드들을 영어로 번역하여 미드저니 창에 프롬프트로 입력합니다.

01 AI로 이미지를 생성하기 위해 웹 브라우저에서 'discord.com'을 입력하여 디스코드 사이트에 접속하고 로그인합니
다. 미드저니 채널로 들어가서 입력창에 '/i'를 입력하고 '/imagine prompt'를 선택합니다. 커서가 깜빡거리는 위치
에 프롬프트를 작성하고 Enter를 누릅니다.

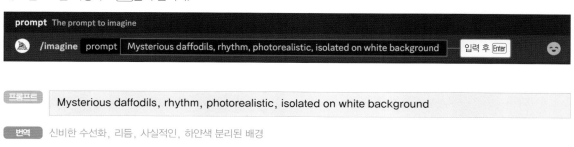

프롬프트	Mysterious daffodils, rhythm, photorealistic, isolated on white background

번역 신비한 수선화, 리듬, 사실적인, 하얀색 분리된 배경

02 이니셜 옵션(Initial Options)으로 구성된 4개의 이미지가 다음과 같이 추출되었습니다. '수선화의 재즈'에서 재즈를
표현할 수 있는 'rhythm(리듬)'이라는 프롬프트를 넣었음에도 동적인 표현이 부족합니다.

03 모호한 이미지의 단어 표현보다 직접적인 개체에서 운율을 느낄 수 있도록 '리듬'이라는 프롬프트를 삭제하고 '나비'로 대체하여 넣겠습니다. 먼저 프롬프트 입력창에 '/settings'를 입력한 다음 [Enter]를 눌러 설정 화면을 표시합니다. 〈Remix mode〉 버튼을 클릭하여 활성화합니다.

Remix Mode(리믹스 모드)

Remix Mode(리믹스 모드)는 Variation(배리에이션) 기능에 추가 능력을 부여하는 모드입니다. Remix Mode가 활성화된 상태에서 〈Variation〉 버튼을 클릭하면 기존에 생성에 사용된 프롬프트를 수정 및 추가할 수 있고, 수정한 내용이 Variation(배리에이션) 진행에 반영됩니다.

오른쪽 이미지는 미드저니 홈페이지의 Remix Mode 설명과 이미지입니다. 새롭게 생성된 이미지가 기본 이미지와 동일한 구도를 유지(Variation)하며, 명령어 수정을 통해 개체만 호박에서 부엉이, 과일로 변경된(Remix) 것을 확인할 수 있습니다.

04 기존에 생성된 수선화 이미지에서 변형해 보겠습니다. 첫 번째 이미지에서 변형하기 위해 〈V1〉 버튼을 클릭합니다.

05 Remix Prompt 창이 표시되면 기존 'rhythm(리
듬)' 프롬프트를 삭제하고 'butterfly(나비)' 프롬프트
를 입력한 다음 〈전송〉 버튼을 클릭합니다.

06 이미지에 나비가 추가로 생성되었습니다. 기존 이미지보
다 나비로 인해 동적인 리듬이 느껴져 현재 버전 이미지
를 선택하겠습니다. 이번에는 수선화의 꽃대를 길게 수정할 수
있도록 비율을 변경해 보겠습니다. 4개의 이미지 중 가장 마음에
드는 두 번째 이미지에 관한 〈V2〉 버튼을 클릭합니다.

07 Remix Prompt 창이 표시되면 마지막에 이미지 비
율을 설정하기 위해 '--ar 4:7'를 입력하고 〈전송〉
버튼을 클릭합니다.

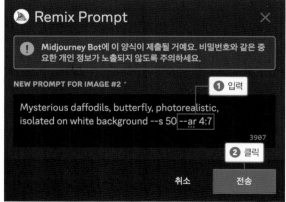

--aspect / --ar 매개변수 사용 방법

> /imagine prompt Prompt1, Prompt2 - -ar 16:9
>
> 원하는 비율의 숫자 입력

--aspect 혹은 --ar 뒤에 가로:세로 이미지 비율
수치를 붙여 이미지 비율을 결정합니다. 기본으로
미드저니는 비율을 조절하지 않으면 1:1 비율로 자
동 생성됩니다.

08 첫 번째와 세 번째 이미지가 마음
에 들어 〈U1〉과 〈U3〉 버튼을 클릭
합니다.

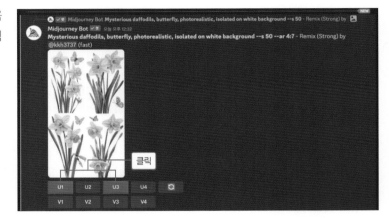

09 업스케일링된 이미지를 확인하니
첫 번째 이미지가 포스터 제작 방
향에 잘 맞으므로 최종 이미지로 클릭해
선택합니다. 이미지 왼쪽 아래의 '브라우
저로 열기'를 클릭합니다.

10 열린 브라우저 창에서 마우스 오른쪽 버튼을 클릭한 다음 **이미지를 다른 이름으로 저장**을 실행하면 이미지가 고해상도로 저장됩니다.

11 생성된 이미지를 조합하여 포스터 시안을 제작했습니다.

▲ 시안 이미지

◉ 예제파일: 포스터\Poster Mockup.psd ◉ 완성파일: 포스터\목련.png, 포스터.jpg, 포스터 목업.jpg

SECTION

5.

봄을 담은
기획전 포스터 디자인하기

미드저니를 통해 빠르게 수선화 이미지를 출력하여 포스터 프로토타입을 제작하였지만, '비밀의 정원'이라는 기획전의 컨셉이 뚜렷하게 나올 수 있는 신비로운 디자인과는 목련꽃이 더 어울리겠다는 피드백과 한글 글꼴의 주목도를 피드백 받아 '목련의 향연' 컨셉으로 수정하여 디자인하겠습니다.

01 비밀의 정원 컨셉의 AI 이미지 생성하기

01 AI로 이미지를 생성하기 위해 웹 브라우저에서 'discord.com'을 입력해 디스코드 사이트에 접속하고 로그인합니다. 미드저니 채널로 들어가서 입력창에 '/i'를 입력하고 '/imagine prompt'를 선택합니다. 커서가 깜빡거리는 위치에 프롬프트를 작성하고 Enter를 누릅니다.

프롬프트 magnolia flowers fluttering dreamily, photorealistic, isolated on white background − −s 200 − −ar 4:7

번역 꿈결같이 흩날리는 목련, 사실적인, 하얀색 분리된 배경

02 이니셜 옵션으로 구성된 4개의 목련 이미지를 확인할 수 있습니다. 첫 번째 이미지가 마음에 들어서 〈U1〉 버튼을 클릭합니다.

03 첫 번째 이미지를 고해상도의 832×1,456픽셀 이미지로 만들었습니다. 이미지를 클릭하고 왼쪽 아래의 '브라우저로 열기'를 클릭합니다.

04 브라우저가 열리면 마우스 오른쪽 버튼을 클릭하고 **이미지를 다른 이름으로 저장**을 실행하여 목련 이미지를 저장할 수 있습니다.

02 이미지 편집하고 정보 디자인하기

01 포토샵을 실행한 다음 메뉴에서
── (File) → New를 실행합니다.
New Document 대화상자에서 Width:
297Millimeters, Height: 420Millimeters,
Resolution: 300Pixels/Inch, Color
Mode: CMYK Color로 지정한 다음
〈Create〉 버튼을 클릭해 포스터 도큐먼트
를 작성합니다.

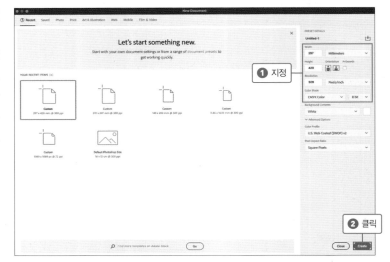

02 메뉴에서 (File) → Place Embedded를 실행한 다음 미드저니에서 생성하여 저장한 파일 또는 포스터 폴더에서
── '목련.png' 파일을 불러옵니다.

03 이미지 색조를 조절하기 위해 메
── 뉴의 (Image) → Adjustments
→ Hue/Saturation(Ctrl+U)을 실행
합니다.

TIP Hue/Saturation은 색의 3요소인 색상,
채도, 명도를 일괄적으로 조절할 때 사용하는 기
능으로 색상을 교체할 때 이용하면 편리합니다.

04 Hue/saturation 대화상자가 표시되면 오른쪽 아래의 'Colorize'를 체크 표시합니다. Hue(색조)를 '+305', Saturation(채도)을 '+40'으로 설정하고 〈OK〉 버튼을 클릭합니다.

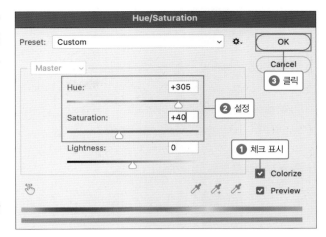

TIP Colorize는 특정 색으로 조색된 흑백 이미지를 말합니다.

05 Shift+Ctrl+N을 눌러 레이어를 추가합니다.
배경에 색을 적용하기 위해 전경색을 클릭하여 Color Picker 대화상자가 표시되면 'C:8%, M:7%, Y:10%, K:0%'로 지정한 다음 〈OK〉 버튼을 클릭합니다.

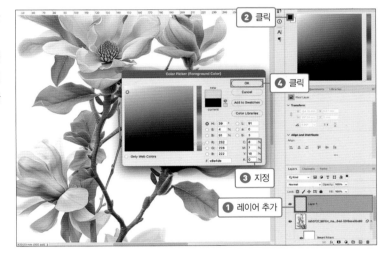

06 색을 적용하기 위해 메뉴의 (**Edit**) → **Fill**을 실행합니다. Fill 대화상자가 표시되면 Contents를 'Foreground Color(전경색)'로 지정하고 〈OK〉 버튼을 클릭합니다. 또는 Alt+Delete를 누릅니다.

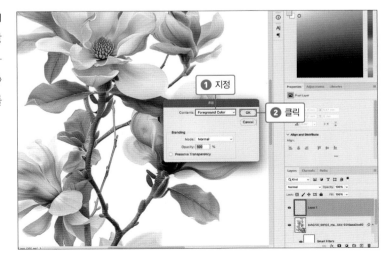

07 배경색 레이어가 선택된 채 Layers 패널에서 블렌딩 모드를 'Multiply'로 지정합니다.

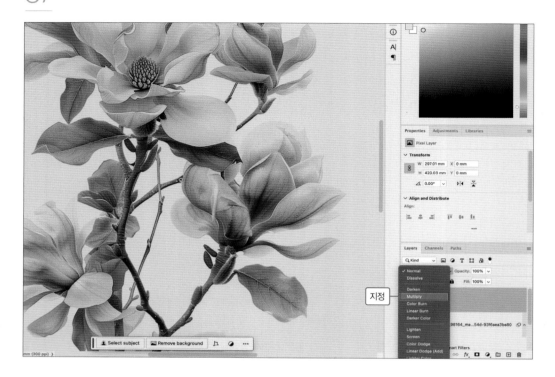

08 배경에 노이즈를 추가하기 위해 메뉴에서 (Filter) → Noise → Add Noise(노이즈 추가)를 실행합니다. Add Noise 대화상자가 표시되면 Amount를 '22%'로 설정하고 〈OK〉 버튼을 클릭합니다.

TIP Add Noise 기능을 적용하면 이미지에 거친 느낌이 추가됩니다.

09 문자 도구(**T.**)를 선택한 다음 Contextual Task Bar나 Character 패널에서 글꼴: 210 Jamak, 글자 크기: 270pt, 가운데 정렬로 설정합니다. 기획전 제목인 '비밀의 정원'을 입력합니다.

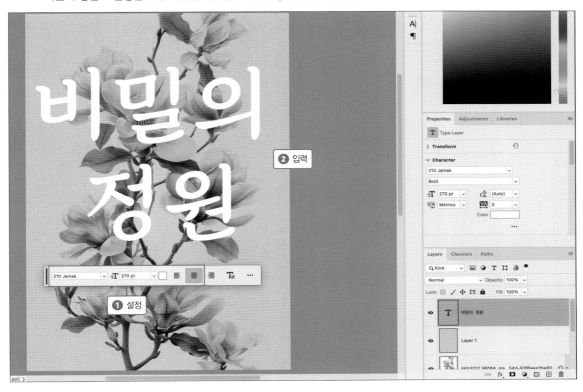

10 글자가 선택된 상태에서 Color의 색상 상자를 클릭합니다. Color Picker 대화상자가 표시되면 'C:70%, M:60%, Y:100%, K:25%'로 지정하고 〈OK〉 버튼을 클릭하여 글자 색을 지정합니다.

11 글자 위치를 자유롭게 이동하기
위해 먼저 메뉴에서 (Type) →
Rasterize Type Layer를 실행해 문자
를 이미지화합니다.

TIP Rasterize Type Layer를 실행하면
문자가 이미지로 변환되어 다양한 형태로 수정
할 수 있습니다.

12 사각형 선택 도구(▢)를 선택하고
이동하려는 글자를 드래그해 선택
합니다.

13 이동 도구(⊕)를 이용하여 선택한
문자를 원하는 곳에 그림과 같이
배치합니다.

14 Layers 패널에서 '비밀의 정원' 문자 레이어의 '눈' 아이콘(◉)을 클릭하여 비활성화하고, 목련꽃 이미지 레이어를 선택합니다. Tools 패널에서 빠른 선택 도구(◪)를 선택합니다.

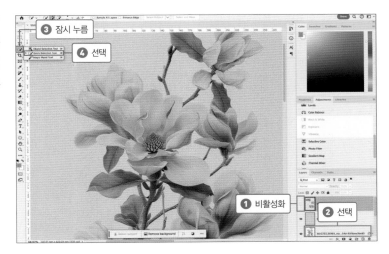

15 '비' 글자와 겹치는 꽃잎을 드래그하여 선택 영역으로 지정합니다.

TIP 빠른 선택 도구를 이용하여 클릭하거나 드래그한 부분을 기준으로 빠르게 선택 영역을 지정할 수 있습니다.

16 Layers 패널에서 문자 레이어를 선택한 다음 '눈' 아이콘(◉)을 클릭해 활성화합니다. Delete 를 눌러 꽃잎이 겹치는 부분의 글자의 일부분을 지웁니다.

17 같은 방법으로 빠른 선택 도구()를 이용하여 나머지 글자에도 포인트 부분을 지웁니다.

18 Layers 패널에서 '비밀의 정원' 문자 레이어의 '눈' 아이콘(◉)을 클릭해 비활성화하고 목련 이미지 레이어를 선택합니다. 빠른 선택 도구()로 '원' 글자와 겹친 목련 꽃잎을 드래그하여 선택 영역으로 지정합니다.

19 [Ctrl]+[C]를 누른 다음 [Ctrl]+[V]를
두 번 누르면 선택 영역으로 지정
했던 꽃잎 레이어가 두 개 만들어집니다.

20 Layers 패널에서 복제된 꽃잎 레이어 하나는 '비밀의 정원' 문
자 레이어 위로 올리고, 배경색 레이어는 맨 위로 이동해 그림
과 같이 레이어를 정렬합니다.

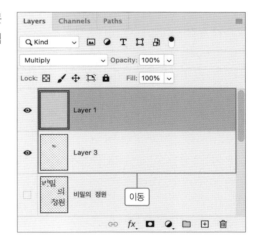

21 '비밀의 정원' 문자 레이어의 '눈'
아이콘(👁)을 클릭해 다시 활성화
합니다.
[Ctrl]+[T]를 눌러 꽃잎 주변에 조절점이 표
시되면 비스듬히 각도를 조절한 다음 '밀'
글자 위로 이동하여 꽃잎을 배치합니다.

22 나머지 꽃잎은 각각 Ctrl+T를 누르고 조절점을 조절하여 크기를 줄인 다음 오른쪽 여백에 배치합니다. Enter 를 누르거나 Contextual Task Bar의 〈Done〉 버튼을 클릭하여 바람에 날리는 듯한 느낌을 연출합니다.

23 기획전의 일정, 장소를 전달하기 위해 문자 도구(T.)를 선택하고 Contextual Task Bar에서 글꼴: 210 Jamak, 글자 크기: 35pt, 글자 색: C:25%, M:40%, Y:100%, K:3%로 지정합니다. 그림과 같이 '2025.03.04.~06.30 제1전시실 서울 식물원 기획전'을 입력합니다.

24 메뉴에서 (Edit) → Transform → Rotate 90° Clockwise를 실행하여 문자를 90° 회전합니다.

TIP Rotate 90° Clockwise를 실행하면 이미지를 시계 방향으로 90° 회전합니다. 버전에 따라 'Rotate 90° Clockwise'가 'Rotate 90° CW', 'Rotate 90° Counter Clockwise'가 'Rotate 90° CCW'로 표시될 수 있습니다.

25 이동 도구(⊕)를 선택하고 회전된 문자를 포스터 오른쪽 여백으로 드래그하여 배치합니다.

26 서브 타이틀과 전시를 간략하게 소개하기 위해 문자 도구(T)를 선택하고 Character 패널에서 글꼴: 210 Jamak, 글자 크기: 24pt, 행간: 28pt로 지정합니다. 그림과 같이 왼쪽에 'Seoul Botanical Garden Exhibition Room 1' 을 입력합니다.

27 '봄날의 환상곡'을 입력하고 그림과 같이 왼쪽에 배치합니다.
Character 패널에서 글자 크기: 13pt, 행간: 20pt로 지정한 다음 전시 공간을 소개하는 문구로 '–희귀식물 갤러리, – 지역 아티스트들의 작품 전시, –인터랙티브한 체험 공간'을 왼쪽 아래에 입력합니다.

28 마지막으로 기획전 웹사이트와 연락처를 입력하겠습니다. 문자 도구(T.)를 선택하고 Contextual Task Bar 또는 Character 패널에서 글꼴: 210 Jamak, 글자 크기: 13pt, 글자 색: C:25%, M:40%, Y:100%, K:3%로 지정합니다. 웹사이트 주소는 왼쪽 아래에 'www.seoul botanical garden.com'을 입력하고, 연락처는 오른쪽 아래에 'tel 2422.1477'를 입력하여 포스터 디자인을 마무리합니다.

03 목업으로 포스터 디자인 마무리하기

01 메뉴에서 (File) → Open을 실행한 다음 포스터 폴더에서 목업 디자인 'Poster Mockup.psd' 파일을 불러옵니다.

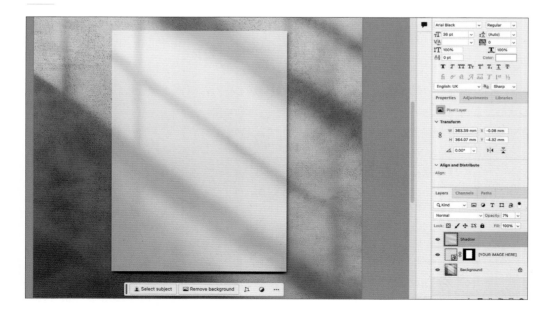

02 포스터 이미지만 교체하기 위해 Layers 패널에서 스마트 오브젝트 레이어의 섬네일을 더블클릭합니다. 포스터 이미지 영역만 저장된 또 하나의 문서 창이 표시됩니다.

03 메뉴에서 (File) → Place Embedded를 실행하고 포토샵에서 완성된 포스터 디자인 파일 또는 포스터 폴더에서 '포스터.jpg' 파일을 불러옵니다.

04 포스터를 목업 크기에 맞게 조절한 다음 메뉴에서 (File) → Save((Ctrl)+(S))를 실행합니다. Layers 패널에서 섬네일 오브젝트 창을 클릭하여 비활성화하면 목업 파일에 작업된 포스터 디자인을 확인할 수 있습니다.

PROJECT

달콤함이 느껴지는 베이커리
카페 브랜딩 디자인

브랜딩 디자인은 기업이나 브랜드, 제품의 정체성을 효과적으로 표현하고 고객에게 일관된 이미지를 전달하는 것을 목표로 합니다. 브랜드를 구성하는 다양한 요소들은 기업이나 제품의 성격, 가치, 이미지를 효과적으로 전달해야 하며, 이는 경쟁력 강화와 성공적인 시장 진출에 중요한 역할을 합니다. 생성형 AI를 활용하면 이미지, 로고, 캐릭터 디자인 등을 빠르고 효율적으로 제작할 수 있어 브랜드 구축과 관리에 큰 도움이 됩니다.

브랜딩은 제품이나 서비스를 선택하고 소비하는 데 영향을 끼치기 위해 의도적으로 취하는 행동입니다. 기본적으로는 차별화된 정체성을 가진 제품이나 서비스가 소비자의 관심을 끌고 마음에 남도록 만드는 과정으로 이해할 수 있습니다. 브랜드 디자인은 이러한 브랜딩 과정을 시각적 언어로 표현하는 것입니다. 로고, 색상, 타이포그래피, 일러스트레이션, 사진 등의 요소들을 일관되게 활용해 원하는 메시지와 가치를 전달하여 소비자들에게 긍정적으로 인식되고 기억되도록 합니다.

이번 프로젝트에서는 프랑스의 디저트인 몽블랑을 시그니처로 제공하는 베이커리 카페의 브랜딩 디자인 작업을 할 예정입니다. 챗GPT와 미드저니를 활용하여 브랜드 네이밍부터 로고 디자인까지 진행해 보겠습니다.

1. 시장에서 성공하기 위한 브랜드

새로운 경험과 트렌디한 장소, 디저트와 커피를 좋아하며, 특별한 날에만 즐기는 고급 디저트를 자주 접하지 못한 사람들에게 친근함을 부여하는 컨셉과 디자인이 필요합니다.

2. 독특한 컨셉으로 이미지 완성

이미지가 차별화나 특징이 부족하다면 다른 디자인 컨셉에서 '다람쥐의 선택 − 빈티지 유니크'로 변경하여 브랜딩 작업을 완성합니다.

223

SECTION

1.

특별한 경험을 위해
고객과 공감하기

브랜딩 프로세스에서 페르소나를 정의하는 것은 매우 핵심적인 과정입니다. 이를 통해 우리는 가상의 인물을 만들어 타깃 고객을 더 깊이 이해할 수 있습니다. 이는 실제 고객이 누구이며, 그들이 원하는 것과 직면한 문제에 대한 통찰력을 얻는 데 도움이 됩니다. 더불어 페르소나를 기반으로 한 메시지는 실제 타깃 고객에게 특별하고 개인화된 경험을 제공함으로써 경쟁 브랜드와의 차별화를 도모할 수 있습니다. 이러한 과정에서 챗GPT가 제안한 가상의 인물이 실제 시장에서 우리가 만날 수 있는 잠재 고객과 일치하는지를 구체적으로 검증하며 브랜딩 전략을 더 정확하게 나아갈 수 있습니다.

01 컨설팅 회사의 전략팀 매니저 역할 제안하기

CHATGPT

> 너는 브랜딩 컨설팅 회사의 전략팀 매니저야. 브랜딩 전략을 위한 시장 조사와 브랜드 포지셔닝을 포함해 네이밍 개발에서 슬로건, 로고까지 차별화된 브랜드를 만들어 출시하는 것이 너의 역할이야.

제가 브랜딩 컨설팅 회사의 전략팀 매니저라고 가정하면, 브랜드를 창출하고 시장에 성공적으로 런칭하는 것이 주된 업무가 될 것입니다. 이를 위해 제가 추진해야 할 일들은 다음과 같습니다.

1. **시장 조사**: 시장 동향, 경쟁사 분석, 소비자 행동 등을 조사하여 브랜드가 진입할 시장을 이해합니다.
2. **브랜드 포지셔닝**: 시장 조사 결과를 바탕으로 브랜드의 핵심 가치와 독특성을 정의합니다.
3. **네이밍 개발**: 브랜드의 아이덴티티를 잘 반영하고, 소비자에게 쉽게 기억될 수 있는 브랜드 이름을 개발합니다.
4. **슬로건 개발**: 브랜드의 핵심 메시지를 담은 간결하고, 독특하며, 기억하기 쉬운 문장을 만듭니다.
5. **로고 디자인**: 브랜드의 이미지와 가치를 시각적으로 표현하는 로고를 디자인합니다.

이러한 일련의 과정을 통해 차별화된 브랜드를 만들고 출시하는 것이 제 역할이 될 것입니다.

02 몽블랑 디저트를 찾는 고객은 누구일까?

CHATGPT

> 이번에 런칭할 브랜드는 20~30대 젊은 여성들을 겨냥하여 '몽블랑 디저트'가 시그니처인 베이커리 카페를 성수에 런칭하려고 해. 몽블랑은 이탈리아와 프랑스에서 처음 만들기 시작한 케이크의 한 종류로 밤을 주재료로 만들었고 마론 크림 위에 뾰족한 모양으로 장식되어 실제 몽블랑산 꼭대기를 연상시키기도 해. 이 브랜드를 이용할 고객의 페르소나를 작성하고 그에 맞는 시장 조사, 경쟁사 분석, 소비자 행동 및 브랜드 포지셔닝을 제시해 줘.

페르소나(Persona) 작성

- **나이**: 27세
- **직업**: 패션 회사 마케팅 담당
- **소득**: 보통
- **성격**: 개방적이며 새로운 경험을 찾습니다. 디저트와 커피를 좋아하며, 인스타그램에 자신의 일상을 자주 게시합니다. 트렌디하고 독특한 장소를 찾아다니는 것을 좋아합니다.
- **라이프스타일**: 친구들과의 모임이나 개인적인 시간을 카페에서 보냅니다. 카페의 분위기, 메뉴, 서비스 품질을 중요하게 생각합니다.
- **행동 특성**: 패션 회사에서 일하며, 스스로를 표현하는 데 중점을 둡니다. 그는 자신이 좋아하는 것을 인스타그램에 게시하며, 그중에는 특히 디저트와 커피가 많습니다.
- **시장 조사 및 경쟁사 분석**: 성수는 젊은이들이 많이 찾는 지역으로 다양하고 트렌디한 디저트 카페가 있으므로, 유사한 메뉴를 제공하는 카페를 분석해야 합니다. 그들의 메뉴 구성, 가격, 마케팅 전략, 고객 리뷰 등을 조사하여 우리 브랜드의 강점을 찾아내는 것이 중요합니다.
- **소비자 행동**: 20~30대 여성은 SNS를 활발하게 이용하며 특히 인스타그램에 신경을 많이 쓰는 경향이 있습니다. 그들은 카페의 분위기나, 서비스를 중요하게 생각하며, 이러한 점들을 SNS에 업데이트하는 경향이 있습니다.
- **브랜드 포지셔닝**: '몽블랑 디저트'를 시그니처로 하는 우리 카페는 프랑스와 이탈리아의 고급스러운 디저트 문화를 현대적인 트렌드와 결합하여 제공하는 브랜드로 위치할 수 있습니다. 트렌디하고 세련된 인테리어는 고객이 카페를 방문하는 주요 동기 중 하나가 될 수 있으며, 독특하고 특별한 '몽블랑 디저트'는 우리 카페를 찾는 주요 동기가 될 것입니다.

페르소나를 추출하면서 몽블랑 디저트에 대한 인식 수준과 트렌디한 느낌의 디저트 카페를 운영하는 경쟁사의 특징을 더 상세하게 알려달라고 추가로 요청하였습니다.

 몽블랑 디저트에 대한 인식 수준과 트렌디한 디저트 카페의 특징에 관해 알려줘.

CHATGPT

 20~30대의 몽블랑 디저트에 대한 인식

20~30대는 다양한 디저트를 즐기며, 특히 트렌디하고 유러피안 이미지를 가진 몽블랑 디저트에 관심을 보이는 경향이 있습니다. 그러나 이들의 인식은 크게 두 가지로 나뉩니다. 일부는 몽블랑 디저트를 고급 디저트로 인식하며, 특별한 날 혹은 자신을 위로하고 싶을 때 즐깁니다. 다른 일부는 몽블랑 디저트가 일상에서 쉽게 접할 수 있는 디저트 중 하나로 인식하며, 새로운 디저트를 시도하고 싶을 때 선택합니다.

트렌디한 디저트 카페의 특징

1. **디저트27**: 디저트를 제조하는 공간을 고객이 볼 수 있게 설계되어 있으며, 이는 고객에게 신선하고 직접 만든 디저트를 제공한다는 이미지를 줍니다.
2. **슈가레인**: 세련된 인테리어와 고급스러운 디저트를 제공합니다. 그들의 디저트는 예술 작품처럼 보이며, 이는 고객이 사진을 찍어 SNS에 게시하게 만듭니다.

성공적인 브랜드를 만들기 위한 문제점 찾기

디저트 브랜드 시장에서 가장 기본이 되고 중요한 건 제품 자체의 맛과 품질입니다. 동시에 브랜드가 전달하고자 하는 가치, 철학, 제품의 숨겨진 이야기를 표현한다면 고객 충성도를 더 높이고 브랜드를 돋보이게 할 수 있습니다. 강력한 브랜드 아이덴티티를 만들기 위해 앞서 정의한 페르소나를 바탕으로 고객의 니즈를 파악하고 핵심 연결 고리를 알아봅니다.

20~30대는 몽블랑 디저트를 특별한 날 즐기는 고급 디저트로만 인식하는 고객군이 있어, 특별한 날이 아닌 일상에서도 늘 특별한 날로 기억될 수 있도록 트렌디한 경험과 친근함을 함께 제공하고 전달하는 것이 좋을 것 같습니다.

앞서 추출한 데이터를 가지고 관점 서술문(POV)을 작성해 봅니다.

- **Who**: 새로운 경험과 트렌디한 장소, 디저트와 커피를 좋아하는 27세 패션 마케터는
- **What**: 몽블랑 디저트는 특별한 날에만 즐기는 고급 디저트로 인식하는 고객군이다.
- **Because**: 왜냐하면 일상에서 자주 접하지 못해 친근성이 떨어지기 때문이다.

몽블랑 디저트는 고급스러운 유러피안 디저트 이미지로 낯설게 생각하는 경향이 있습니다. 몽블랑 베이커리 카페는 트렌디하지만, 자주 접하지 못한 사람들에게 친근함을 부여하는 컨셉과 디자인이 필요할 것으로 보입니다.

- **How**: 어떻게 하면
- **Might We~?**: 우리는 페르소나가 방문할 몽블랑 디저트 카페가 친근하게 느껴지도록 만들 수 있을까?

추출한 페르소나의 문제 정의를 가지고 몽블랑 베이커리 카페의 컨셉을 만들어 보겠습니다.

SECTION

친근하고 상징적인
로고 디자인 컨셉 찾기

특별한 경험을 제공하는 제품 컨셉은 어떻게 구상할 수 있을까요? 친근하고 따뜻한 느낌이 담긴 베이커리 카페의 로고를 디자인하기 위해 상징성을 갖춘 브랜드 로고 디자인 컨셉을 찾아 봅니다.

01 나에게 조언해 줄 조언자가 필요해!

CHATGPT

너는 창의력 및 혁신에 대한 조언자야. 내가 관점을 넓히고 새로운 아이디어를 생각해 내 현재 상황에 정체되지 않고 발전하도록 돕는 것이 너의 역할이야.

그럼요, 그렇게 도와드리는 것이 제 역할이니까요. 창의력과 혁신을 위해 조언드리겠습니다.

02 특별한 경험을 선사하는 제품 컨셉은 어떻게 만들 수 있을까?

챗GPT는 학습된 데이터에 의해 일차적으로 여러 가지 네이밍을 제안했습니다. 몽블랑 디저트 메뉴가 시그니처인 만큼 베이커리 카페의 네이밍에 직접적으로 몽블랑이라는 단어와 새로운 단어가 결합된 형태로 들어갔으면 좋겠다는 클라이언트의 요청에 따라 네이밍을 재요청하였고, '몽블랑'을 중심으로 챗GPT가 컨셉을 제안했습니다.

CHATGPT

정의된 페르소나의 고객에게 맞는 네이밍과 베이커리 카페의 컨셉, 슬로건을 제안해 줘.

1. 네이밍: 몽블랑 아틀리에
  • 컨셉: 장인 정신으로 만들어진 수제 몽블랑
  • 슬로건: "매일, 장인의 손길로 완성되는 몽블랑"

2. 네이밍: 몽블랑 델리스(Montblanc Delice)
  • 컨셉: 고급스러운 맛의 몽블랑 전문점
  • 슬로건: "최고급 재료로 완성하는 명품 몽블랑"

3. 네이밍: 코너의 몽블랑(Montblanc du Coin)
  • 컨셉: 친근하고 따뜻한 몽블랑 전문 베이커리
  • 슬로건: "모퉁이를 돌 때마다 느껴지는 달콤함"

4. 네이밍: 몽블랑 비스트로(Montblanc Bistro)
   - 컨셉: 몽블랑과 함께하는 프랑스식 가벼운 식사
   - 슬로건: "몽블랑과 함께하는 작은 파리"

5. 네이밍: 몽블랑 페이스트리(Montblanc Patisserie)
   - 컨셉: 프랑스 정통 디저트와 베이커리의 만남
   - 슬로건: "당신의 일상에 프랑스의 달콤함을"

고객들이 프랑스 작은 마을의 분위기를 느낄 수 있도록 'Montblanc du Coin – 코너의 몽블랑'이라는 프랑스어로 표기한 네이밍을 선택했습니다. 이는 몽블랑을 고급 디저트로 인식하는 고객들에게 특별함과 동시에 따뜻하고 친근한 분위기를 제공하는 곳으로 포지셔닝하기에 적절한 네이밍과 컨셉입니다.

- 네이밍: 코너의 몽블랑(Montblanc du Coin)
- 컨셉: 친근하고 따뜻한 몽블랑 전문 베이커리 카페
- 슬로건: "모퉁이를 돌 때마다 느껴지는 달콤함
  The sweetness you feel every time you turn a corner"

03 친근하고 따뜻함이 묻어나는 베이커리 카페의 로고 만들기

디자인 컨셉을 요청하기 전에 구체적으로 질문하기 위해서 제품 특성, 고객 페르소나 정의, 컨셉 정의를 다시 한번 입력합니다.

너는 유능한 전략팀 매니저야. 20~30대 젊은 여성들을 겨냥하여 트렌디하면서도 친근하고 따뜻한 '몽블랑' 전문 베이커리 카페의 컨셉으로 런칭하려고 해. 우리 고객은 패션 회사 마케팅을 담당하는 27살이야. 그는 개방적이고 새로운 경험을 좋아해 트렌디하고 독특한 장소를 찾아다니며 인스타그램에 자신의 일상을 자주 게시하고 있어. 그리고 베이커리 카페의 네이밍은 '코너의 몽블랑(Montblanc du Coin)'으로 정했어. 이 내용에 관해 이해했어?

네, 이해했습니다. 20~30대 젊은 여성들을 타깃으로 한 트렌디하면서도 친근하고 따뜻한 분위기의 '몽블랑' 전문 베이커리, '코너의 몽블랑(Montblanc du Coin)'을 런칭하려는 계획이군요. 브랜딩, 마케팅 전략, 인테리어 컨셉, 메뉴 개발 등 다양한 측면에서 제안을 제공할 준비가 되어 있습니다.

04 상징성을 담은 브랜드 로고 디자인 컨셉 찾기

브랜드 디자인 컨셉을 제안해 달라고 요청합니다. 네이밍과 컨셉을 반영하여 담을 수 있는 상징적인 이미지와 표현 컨셉을 요청했습니다.

CHATGPT

> 브랜드 디자인에서 네이밍과 컨셉을 반영하여 담을 수 있는 상징적인 이미지와 표현 컨셉을 제안해 줘.

'코너의 몽블랑(Mont Blanc du Coin)' 컨셉이 주는 상징적인 느낌과 스타일을 명확히 전달하기 위해 아래와 같이 브랜드 디자인 컨셉을 구성해 보았습니다.

1. 다람쥐의 선택 – 빈티지 유니크

귀여운 다람쥐 캐릭터를 활용해 빈티지하면서도 유니크한 스타일을 중심으로 합니다. 프랑스 몽블랑의 매력을 다람쥐가 선택한 특별한 재료와 디자인으로 표현해, 방문객들에게 친근하고 독특한 경험을 제공합니다.

2. 마롱의 모험 – 러블리 캐주얼

'마롱'은 프랑스어로 밤을 의미합니다. 이 컨셉은 밤(마롱)을 주제로 한 모험적이고 재미있는 이야기를 담아, 러블리하면서도 동화 같은 스타일을 추구합니다. 밤을 찾아 떠나는 모험을 통하여 고객들이 새로운 맛과 디자인을 발견하는 즐거움을 경험하게 합니다.

제안받은 컨셉 중 위 두 가지를 브랜드 로고 디자인 표현 컨셉으로 정했습니다. '다람쥐의 선택 – 빈티지 유니크'는 빈티지 느낌이 가미된 라인 일러스트로 유니크함을 표현할 계획이며, '마롱의 모험 – 러블리 캐주얼'은 밤 캐릭터를 애니메이션 스타일로 동화처럼 귀엽고 사랑스럽게 만드는 것으로 결정하였습니다.

디자인
컨셉

- 다람쥐의 선택 – 빈티지 유니크
- 마롱의 모험 – 러블리 캐주얼

NOTE

챗GPT에서 나온 디자인 컨셉을 통해 세부 디자인 요소까지 추출할 수 있습니다.

1. 로고: 아이콘, 타이포그래피, 색상 팔레트 요소를 제안해 줘!
예) 아이콘: 다람쥐와 빵을 결합한 아이콘
　　타이포그래피: '○○○'이라는 텍스트는 현대적이지만 친근한 글꼴 사용, 강렬한 첫인상을 주도록 디자인
　　색상 팔레트: 활기찬 레드(#FF4500) – 열정과 동기 부여
　　　　　　　　지적인 네이비 블루(#001F3F): 신뢰와 혁신
2. 주요 글꼴: 헤드라인 – Oswald Bold
　　　　　　　바디 텍스트 – Open Sans Regular
3. 브랜드명: '○○○'을 강조해서 최고의 로고 디자인이 나오도록 프롬프트를 제안해 줘!

◉ 예제파일: 브랜드\밤.png ◉ 완성파일: 브랜드\알밤.png, 밤 로고.jpg, 밤 로고 목업 1.jpg, 밤 로고 목업 2.jpg

SECTION 4.

AI로 다양한 캐릭터 만나기

디자인 컨셉으로 마롱의 모험과 러블리, 캐주얼한 분위기를 포함하여 고객에게 즐거운 경험을 전달할 것입니다. 디자인 테스트를 통해 고객들이 브랜드와 강한 연관성을 느끼고 인상 깊게 기억할 수 있도록 합니다. 먼저 '마롱의 모험 - 러블리 캐주얼'을 표현하는 디자인 컨셉을 빠르게 테스트하겠습니다. 동화 같은 느낌의 밤 캐릭터를 만들어 봅니다.

01 AI로 이미지를 생성하기 위해 웹 브라우저에서 'discord.com'을 입력해 디스코드 사이트에 접속하고 로그인합니다. 기존 이미지를 활용해 새로운 이미지의 캐릭터를 만들기 위해서 먼저 이미지 프롬프트를 사용하겠습니다. 디스코드 입력창에 브랜드 폴더의 '밤.png' 파일을 드래그한 다음 Enter 를 눌러 업로드합니다.

02 업로드한 이미지에서 마우스 오른쪽 버튼을 클릭한 다음 **링크 복사하기**를 실행합니다.

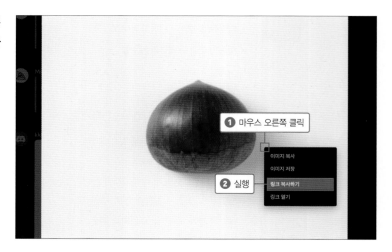

03 미드저니 채널로 들어가서 입력창에 '/i'를 입력하고 '/imagine prompt'를 선택합니다. 이미지 추출을 명령하기 위해 '/imagine prompt' 입력창이 나타나면 커서가 깜빡거리는 위치에 클릭하고 Ctrl + V 를 눌러 복사한 링크를 붙여넣습니다.

04 프롬프트 입력창에서 Spacebar 를 눌러 한 칸 띄웁니다. 밤 캐릭터의 프롬프트를 입력한 다음 Enter 를 누릅니다.

프롬프트
mascot logo of chestnut, simple character, Playfulness, cuteness, japanese style, white background --s 200

번역 밤 마스코트 로고, 심플 캐릭터, 즐거움, 귀여움, 일본 스타일, 하얀 배경

05 4개의 이미지가 다음과 같이 생성
되었습니다. 러블리한 컨셉의 이
미지가 아니라 설정값을 바꾸겠습니다.

06 미드저니 채팅창에 '/settings'를 입력하고 Enter 를 누릅니다. 설정 화면의 생성에 적용할 알고리즘 모델 버전에서 'Niji Model V6 [ALPHA]'를 선택합니다.

모드별 미드저니 스타일

미드저니 V3(MJ version 3)	높은 창의력과 예술적 표현력이 본격적으로 적용되기 시작한 모델입니다.
미드저니 V4(MJ version 4)	복잡한 프롬프트도 잘 해석하여, 그림의 세부 묘사도 처리합니다.
미드저니 V5(MJ version 5)	방대한 학습을 거친 모델로, 프롬프트를 해석하는 능력이 독보적입니다.
Niji	일본 애니메이션 스타일의 이미지를 생성합니다.
test/ test + creative	개발 중인 모델을 실제로 사용해 보고 피드백하기 위해서 Test 모델을 운영합니다.
testp/testp+ creative	Test 모델 중 사진 느낌의 이미지를 생성하는 데 특화된 버전입니다.

07 변경된 모델 버전으로 '/imagine prompt' 입력창에 프롬프트를 입력하고 Enter 를 눌러 이미지를 생성합니다. 생성된 4개의 이미지 중에 두 번째 이미지에서 변형하기 위해 〈V2〉 버튼을 클릭합니다.

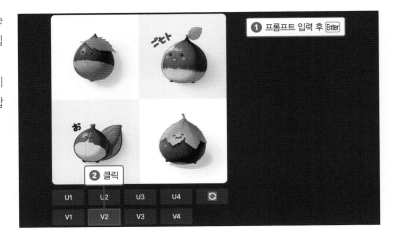

프롬프트 mascot logo of chestnut, simple character, Playfulness, cuteness, japanese style, white background --s 200 --niji 6

번역 밤 마스코트 로고, 심플 캐릭터, 즐거움, 귀여움, 일본 스타일, 하얀 배경

08 Remix Prompt 대화상자가 표시되면 생성된 이미지의 문자를 없애기 위해 '--no text' 프롬프트를 추가로 입력하고 〈전송〉 버튼을 클릭합니다.

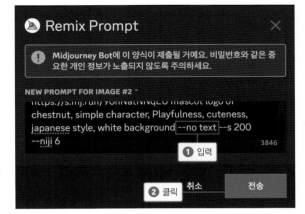

TIP '--no' 프롬프트를 입력하면 생성하는 이미지에서 특정 대상을 나타나지 않게 설정할 수 있습니다.
예) --no hand, --no chair

09 동화 같은 러블리한 밤의 이미지가 잘 표현된 두 번째 이미지를 선택하겠습니다. 이미지를 추출하기 위해 〈U2〉 버튼을 클릭합니다.

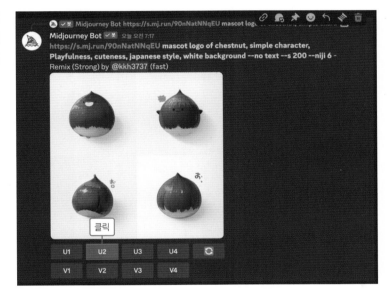

10 업스케일된 밤 캐릭터 이미지를 클릭한 후 이미지 왼쪽 아래에 있는 '브라우저로 열기'를 클릭합니다.

11 열린 브라우저 창에서 마우스 오른쪽 버튼을 클릭한 다음 **이미지를 다른 이름으로 저장**을 실행하면 이미지가 고해상도로 저장됩니다.

12 생성된 이미지를 조합하여 브랜드 디자인을 제작했습니다.

▲ 시안 이미지

라인 일러스트 캐릭터를 활용한
빈티지 로고 디자인하기

'다람쥐의 선택 - 빈티지 유니크' 컨셉을 바탕으로 빈티지 느낌이 가미된 라인 일러스트에 독특함을 표현해
베이커리 카페의 로고를 디자인하겠습니다.

01 귀엽고 독특한 캐릭터 컨셉의 AI 이미지 생성하기

01　AI로 이미지를 생성하기 위해 웹 브라우저에서 'discord.com'을 입력해 디스코드 사이트에 접속하고 로그인합니다.
미드저니 채널로 들어가서 입력창에 '/'를 입력하고 '/imagine prompt'를 선택합니다. 프롬프트를 작성하고 Enter 를
누릅니다.

프롬프트　Squirrel holding Mont Blanc bread, Playfulness, cuteness, Vintage logo emblem, one color, simple
mascot, white background – –s 250

번역　몽블랑 빵을 들고 있는 다람쥐, 즐거움, 귀여움, 빈티지 로고 엠블럼, 한 가지 색, 심플 마스코트, 하얀색 배경

02　한 가지 색을 요청했지만, 다음과 같이 다양한 빈티지 느낌의 다람쥐 캐릭터가 도출되었습니다. 이 중 세 번째 이미지
를 변형하기 위해 〈V3〉 버튼을 클릭합니다.

03 Create images with Midjourney 대화상자가 표
시되면 다음과 같이 프롬프트를 변경한 다음 〈전송〉
버튼을 클릭합니다.

프롬프트
Cute squirrel with an acorn, Playfulness, cuteness, Vintage logo emblem, one color, simple mascot, white background --s 250

번역 도토리를 들고 있는 다람쥐, 즐거움, 귀여움, 빈티지 로고 엠블럼, 한 가지 색, 심플 마스코트, 하얀색 배경

04 세 번째 이미지가 마음에 들어
〈U3〉 버튼을 클릭합니다.

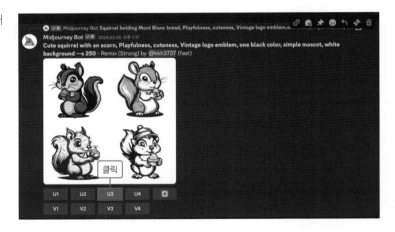

05 고해상도로 생성된 다람쥐 캐릭터
를 최종 클릭합니다.

06 이미지 왼쪽 아래에 있는 '브라우저로 열기'를 클릭합니다.

07 열린 브라우저 창에서 마우스 오른쪽 버튼을 클릭한 다음 **이미지를 다른 이름으로 저장**을 실행하면 이미지가 고해상도로 저장됩니다.

08 생성된 이미지를 조합하여 브랜드 로고를 제작할 예정입니다.

02 캐릭터를 활용한 브랜드 로고 디자인하기

01 포토샵을 실행하고 메뉴에서 〔File〕→ New를 실행합니다.
New Document 대화상자가 표시되면 Width/Height: 140Millimeters, Resolution: 300Pixels/Inch, Color Mode: CMYK Color로 지정한 다음 〈Create〉 버튼을 클릭하여 로고 작업을 위한 새 도큐먼트를 작성합니다.

02 메뉴에서 〔File〕→ Place Embedded를 실행한 다음 미드저니에서 생성해 저장한 파일 또는 브랜드 폴더의 '다람쥐.png' 파일을 불러오고 Enter를 누릅니다.

03 다람쥐 캐릭터의 선 색만 변경하기 위해 먼저 메뉴에서 〔Select〕→ Color Range(색상 변경)를 실행합니다.
Color Range 대화상자가 표시되면 Fuzziness를 '40'으로 설정한 다음 스포이트로 다람쥐 캐릭터의 테두리 선을 선택하고 〈OK〉 버튼을 클릭합니다.

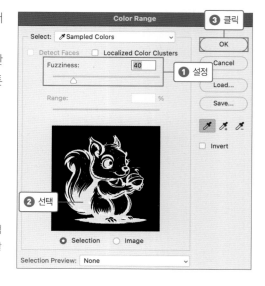

TIP 메뉴에서 〔Select〕→ Color Range를 실행하면 직접 선택하려는 색상을 미리 보기 창에서 클릭한 다음 색상 범위를 설정하여 선택 영역을 지정할 수 있습니다.

○4 다람쥐 캐릭터의 테두리 선이 선택 영역으로 지정된 것을 확인할 수 있습니다. Shift+Ctrl+N을 눌러 레이어를 추가
합니다. 전경색을 클릭하여 Color Picker 대화상자가 표시되면 'C:100%, M:100%, Y:0%, K:40%'로 지정하고 〈OK〉
버튼을 클릭합니다.

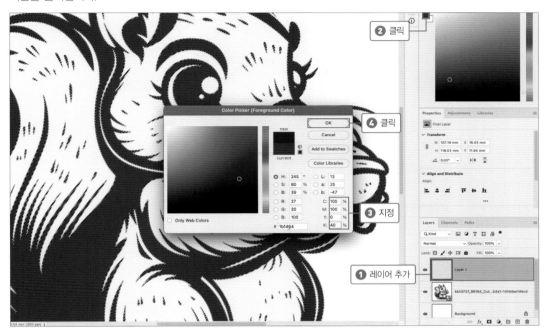

○5 색을 채우기 위하여 메뉴에서 (Edit) → Fill을 실행합니다. Fill 대화상자가 표시되면 Contents를 'Foreground
Color(전경색)'로 지정한 다음 〈OK〉 버튼을 클릭합니다.

TIP Alt+Delete 를
눌러 전경색을 채울
수도 있습니다.

06 Ctrl+Shift+I를 눌러 선택 영역을 반전시키고 배경색을 흰색으로 지정한 다음 Ctrl+Delete를 눌러 배경에 흰색을 채웁니다.
Ctrl+D를 눌러 선택 영역을 해제합니다.
기존에 불러온 다람쥐 캐릭터 이미지는 Layers 패널에서 '눈' 아이콘(👁)을 클릭하여 비활성화합니다.

07 메뉴에서 (Edit) → Transform → Scale(Ctrl+T)을 실행하고 다람쥐 캐릭터 크기를 줄인 후 도큐먼트 가운데에 배치한 다음 Enter를 누릅니다.
다시 메뉴에서 (Edit) → Transform → Flip Horizontal을 실행하여 다람쥐 캐릭터를 좌우 반전합니다.

08 원형 도구(◯)를 선택하고 다람쥐 캐릭터를 덮을 정도로 가운데에 Shift를 누른 채 드래그하여 정원을 그립니다.

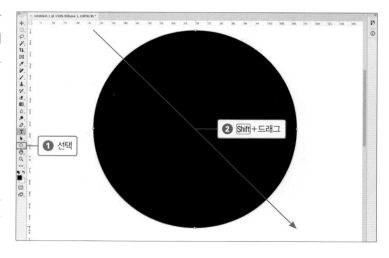

TIP 원의 테두리를 기준으로 문자를 입력할 예정이므로 원의 색과 선 굵기 등은 신경쓰지 않아도 됩니다.

09 문자 도구(T.)를 선택하고 Character 패널에서 글꼴: TT Nooks Script, 글자 크기: 45pt, 자간: −50, 글자 색:
C:100%, M:100%, Y:0%, K:40%로 지정합니다. 원의 왼쪽 끝을 클릭한 다음 카페명인 'Montblanc du Coin'을 입력
합니다.

10 Layers 패널에서 원 레이어를 선택하고 Delete를 눌러 삭제하면 원형으로 나열된 문자만 남습니다.

11 문자를 꾸미기 위해 다각형 도구(⬡)를 선택합니다. 옵션바에서 '설정' 아이콘(⚙)을 클릭하고 Star Ratio를 '60%'로 설정합니다.

12 문서를 클릭해 Create Polygon 대화상자가 표시되면 Width/Height: 110px, Number of Sides: 5로 설정하고 〈OK〉 버튼을 클릭합니다. 별이 만들어지면 이동 도구(✛)를 이용해 그림과 같이 카페명 시작 부분으로 이동합니다.

13 별을 복제하여 카페명 오른쪽 끝에도 그림과 같이 배치합니다.

14 사각형 도구(□)를 선택한 다음 다람쥐 캐릭터 아래에 그림과 같이 얇고 길게 가로 선처럼 드래그합니다. 옵션바 또는 Transform 패널에서 W: 103mm, H: 0.8mm로 설정하여 크기를 지정합니다. Appearance 패널의 Fill 과 Stroke를 'C:100%, M:100%, Y:0%, K:40%'로 지정해 색상을 채웁니다.

15 문자 도구(T.)를 선택한 다음 Character 패널에서 글꼴: RixJongno_Pro(Rix종로삼거리), 글자 크기: 24pt, 행간: −50, 글자 색: C:100%, M:100%, Y:0%, K:40%로 지정합니다. 한글 카페명인 '코너의 몽블랑'을 띄어쓰기와 함께 입력합니다.

16 문자 도구(T.)를 선택하고 Contextual Task Bar 또는 Character 패널에서 글꼴: Impact, 글자 크기: 28pt, 글자 색: C:100%, M:100%, Y:0%, K:40%로 지정합니다. 코너의 몽블랑 브랜드의 개발년도 'SINCE 1985'를 입력하고 다람쥐 캐릭터의 발아래에 위치합니다.

17 사각형 도구(□)를 선택하고 'SINCE 1985' 문자 왼쪽, '코너의' 문자 왼쪽 하단에 그림과 같이 얇은 세로 선처럼 드래그합니다. Transform 패널에서 W: 6.5mm, H: 0.1mm로 설정하고, Appearance 패널에서 Fill: C:100%, M:100%, Y:0%, K:40%로 지정하여 세로 선 형태의 사각형을 만듭니다.

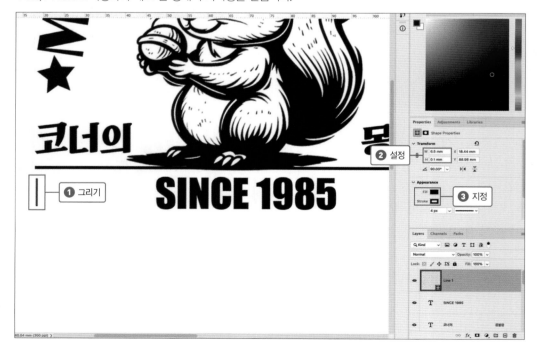

18 Ctrl+J를 여러 번 눌러 세로 선 형태의 사각형을 여러 개 복제하고, 이동 도구(✛)를 이용해 그림과 같이 동일한 간격으로 배치합니다.

19 오른쪽에도 같은 방법으로 얇은 세로 선들을 복제해 그림과 같이 배치합니다.

20 많은 레이어를 정리하기 위해 Layers 패널에서 얇은 선 레이어들을 모두 선택하고 'Create a new group' 아이콘(▢)을 클릭하여 그룹으로 만듭니다.

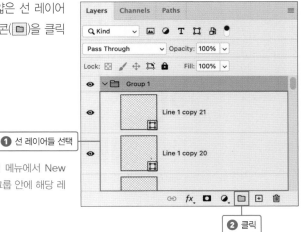

TIP 그룹으로 지정하려는 레이어를 선택한 다음 Layers 패널 메뉴에서 New Group from Layers를 실행해도 됩니다. 그룹 이름을 입력하면 그룹 안에 해당 레이어가 포함됩니다.

21 문자 도구(T.)를 선택하고 Contextual Task Bar에서 글꼴: Arial Narrow, 글자 크기: 9pt, 글자 색: C:100%, M:100%, Y:0%, K:40%로 지정합니다. 코너의 몽블랑 브랜드의 슬로건(모퉁이를 돌 때마다 느껴지는 달콤함)인 'The sweetness you feel every time you turn a corner'를 입력한 다음 그림과 같이 배치합니다.

22 슬로건 옆에 등록상표기호를 만들기 위해 먼저 Shift+Ctrl+N을 눌러 레이어를 추가합니다. 원형 선택 도구(○)를 선택하고 슬로건 옆에 Shift를 누른 채 작게 드래그합니다. 원형 선택 영역에 테두리를 적용하기 위해 메뉴에서 (Edit) → Stroke를 실행합니다.

23 Stroke 대화상자가 표시되면 Width: 2px, Color: C:100%,
M:100%, Y:0%, K:40%로 지정한 다음 〈OK〉 버튼을 클릭합니다.
[Ctrl]+[D]를 눌러 선택 영역을 해제합니다.

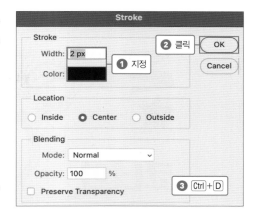

TIP Stroke는 해당 레이어에 테두리를 만드는 기능으로, Outside와 Inside,
Center 등 테두리 선의 기준을 지정하고 선 색상과 두께를 설정할 수 있습니다.

24 문자 도구([T.])를 선택한 다음
Contextual Task Bar에서 글꼴:
Arial Narrow, 글자 크기: 6pt, 글자 색:
C:100%, M:100%, Y:0%, K:40%로 지정합
니다. 원 안에 클릭하고 'R'을 입력합니다.

25 문자 도구([T.])가 선택된 채
Contextual Task Bar에서 글꼴:
Bello Script Pro, 글자 크기: 58pt, 글자
색: C:0%, M:95%, Y:100%, K:0%로 지정
합니다. 아래에 'Coffee & Bakery'를 입
력합니다.

26 Ctrl+T를 누르고 약간 회전하여 기울기를 적용해서 로고를 완성합니다.

▲ 시안 이미지

03 목업으로 브랜딩 디자인 마무리하기

01 메뉴에서 (File) → Open을 실행
한 다음 브랜드 폴더에서 'brand
Mockup.psd' 파일을 불러옵니다.

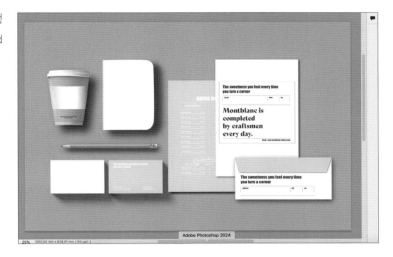

02 Layers 패널에서 'Background
Color' 레이어 섬네일을 더블클릭
합니다. Color Picker 대화상자가 표시되
면 'C:30%, M:30%, Y:35%, K:0%'로 지정
하고 〈OK〉 버튼을 클릭해 배경색을 변경
합니다.

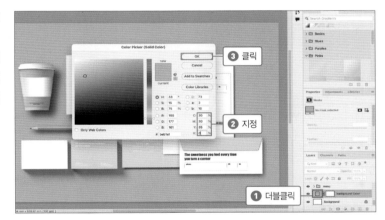

03 컵에 로고 이미지를 삽입하기
위해 컵 폴더 내 'cup image
here' 스마트 오브젝트의 섬네일 레
이어를 더블클릭합니다.

04 컵 이미지 영역만 저장된 또 하나의 도큐먼트가 표시됩니다. 메뉴에서 (File) → Place Embedded를 실행한 다음 포토샵에서 완성된 로고 디자인 파일 또는 브랜드 폴더의 '로고.jpg' 파일을 불러옵니다.

05 로고 이미지 크기를 슬리브 크기에 맞게 조절하고 (File) → Save를 실행한 다음 섬네일 오브젝트 창을 닫으면 로고 디자인이 목업 파일에 작업됩니다.

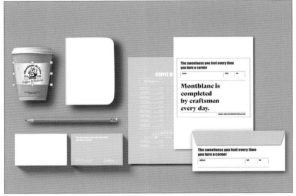

06 컵 색을 로고 브랜드에 맞는 파란색으로 변경하겠습니다. cup 폴더에서 'coffe cup' 레이어 위에 있는 'color fill 2' 레이어 섬네일을 더블클릭합니다.

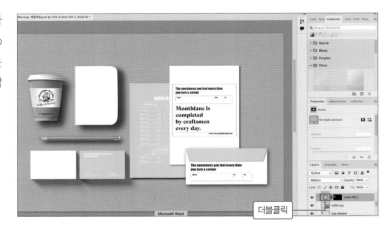

07 컵 부분 이미지 영역만 저장된 또 하나의 도큐먼트가 표시됩니다. Color Picker 대화상자가 표시되면 'C:100%, M:100%, Y:0%, K:40%'로 지정한 다음 〈OK〉 버튼을 클릭합니다.

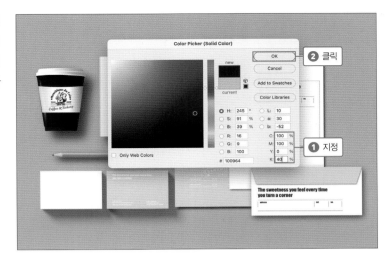

08 섬네일 오브젝트 창을 닫으면 컵에 색상이 적용된 것을 확인할 수 있습니다.

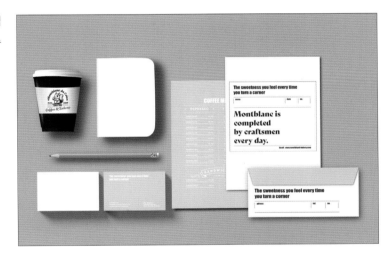

09 노트 목업도 작업해 보겠습니다. note 폴더 내 'note image' 스마트 오브젝트의 섬네일 레이어를 더블클릭합니다.

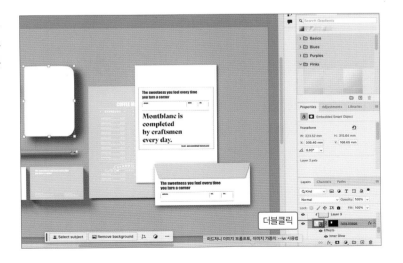

10 메뉴에서 〔File〕 → Place
Embedded를 실행하고 포토샵
에서 완성된 로고 디자인 파일 또는 브랜
드 폴더의 '로고.jpg' 파일을 불러옵니다.
크기에 맞게 조절한 후 Enter를 누릅니다.

11 사각형 도구(□)를 선택한 다음 노트 아래쪽에 드래그합니다. Transform 패널에서 W: 224mm, H: 50mm로 설정
하여 표지와 같은 크기를 지정합니다. Appearance 패널에서 Fill을 'C:100%, M:100%, Y:10%, K:40%'로 지정하여
색을 적용합니다.

12 문자 도구(T)를 선택하고 Con-
textual Task Bar에서 글꼴:
Impact, 글자 크기: 18pt, 글자 색: 흰색
(C:0%, M:0%, Y:0%, K:0%), '가운데 정렬'
으로 지정합니다. 박스 안에 'The
sweetness you feel everytime you
turn a coner'를 두 줄로 입력합니다.

13 메뉴에서 (File) → Save를 실행한 다음 섬네일 오브젝트 창을 닫으면 노트에 디자인이 적용됩니다.

14 Pencil 폴더에서 'Pencil Color' 레이어 섬네일을 더블클릭합니다. Color Picker 대화상자가 표시되면 'C:100%, M:100%, Y:0%, K:40%'로 지정하고 〈OK〉 버튼을 클릭하여 연필색을 남색으로 변경합니다.

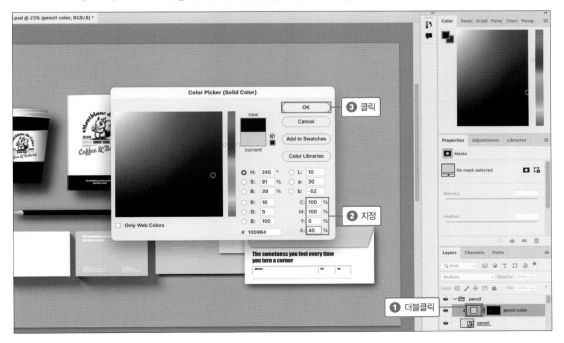

15 이번에는 명함에 로고를 삽입하
겠습니다. cards 폴더에서 'card
front' 스마트 오브젝트의 섬네일 레이어
를 더블클릭합니다.

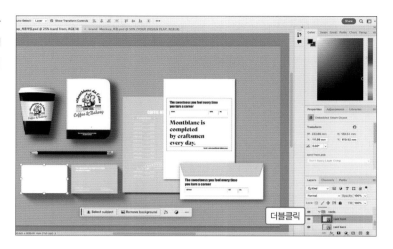

16 메뉴에서 (File) → Place
Embedded를 실행한 다음 포
토샵에서 완성된 로고 디자인 파일 또는
브랜드 폴더의 '로고.jpg' 파일을 불러옵니
다. 명함 크기에 맞게 조절한 다음 Enter를
누릅니다.

17 메뉴에서 (File) → Save를 실행
한 다음 섬네일 오브젝트 창을 닫
으면 카드 앞면에 로고가 적용된 것을 확
인할 수 있습니다. cards 폴더에서 'card
back' 스마트 오브젝트의 섬네일 레이어
를 더블클릭합니다.

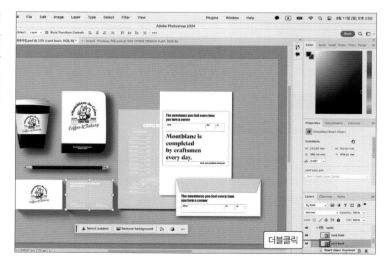

18 디자인된 명함 레이아웃의 배경 색을 남색으로 바꾸겠습니다. Ctrl +A를 눌러 전체 선택한 다음 전경색을 클릭하여 Color Picker 대화상자가 표시 되면 'C:100%, M:100%, Y:0%, K:40%'로 지정하고 〈OK〉 버튼을 클릭합니다.

19 'card back' 레이어를 선택하고 Alt +Delete를 누르면 명함 색상 이 변경된 것을 확인할 수 있습니다.

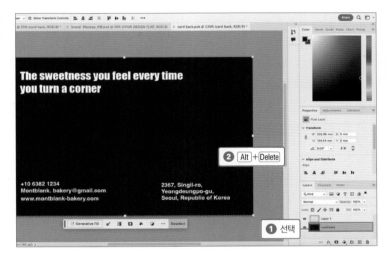

20 메뉴('menu' 레이어)의 배경색, 봉투('envelope cover' 레이어) 색, 주문서('order sheet' 레이어)의 상단 바 색도 같은 방법으로 남색으로 변경하여 목업 작업을 완성합니다.

▲ 시안 이미지

구매를 부르는 매혹적인 패턴,
북유럽 식기 포장 디자인

패턴 디자인을 위해서는 주제와 컨셉을 정리하고, 다양한 모티프와 형태를 탐색하며, 반복되는 패턴을 구성하고 색상과 질감의 조화를 고려해야 합니다. 이 과정에서 균형, 리듬감, 대비 등의 디자인 원리를 활용해 효과적인 패턴을 만들어 낼 수 있습니다.

최근 생성형 AI 기술의 발전으로 패턴 디자인 분야에도 새로운 가능성이 열리고 있습니다. 생성형 AI는 방대한 데이터를 기반으로 학습하여 독창적인 패턴을 생성할 수 있으며, 디자이너는 다양한 패턴 이미지와 관련 정보를 AI에 제공하여 패턴에 대한 이해도를 높이고 차별화된 이미지를 구현할 수 있습니다.

패턴 디자인은 그래픽 요소들을 다양하게 조합하여 만든 디자인을 의미합니다. 이러한 패턴은 텍스타일, 인테리어, 굿즈 등 다양한 분야에서 활용됩니다. 주로 장식적 요소로 사용하여 제품이나 공간에 아름다움과 독특함을 더합니다. 또한 시각적 흥미와 브랜드 아이덴티티를 구축하는 데 사용되기도 합니다.

패턴 디자인은 창의성과 예술성을 드러내는 데 중요한 역할을 합니다. 이번 프로젝트에서는 북유럽 감성을 담은 식기의 포장지 디자인을 통해 제품을 보호하고 동시에 개성적이고 매력적인 브랜드로 소개하는 과정을 AI와 함께 진행해 봅니다.

1. 식기의 아름다움을 컨셉으로 전달

블루라는 명확한 컬러 아이덴티티를 통해 북유럽의 품격과 아름다움을 전달하고 매력적인 브랜드 이미지를 구축할 수 있는 '블루 하우스'를 컨셉으로 선정합니다.

2. 새로운 이미지 제안

사계절 포장지로 사용하기에는 적합하지 않으므로 제안받았던 디자인 컨셉에서 '북유럽 주택 – 클래식'으로 변경하여 포장지를 완성합니다.

SECTION

1.

북유럽 식기류를 선호하는 고객 찾기

디자인 씽킹에서 문제 해결을 위해 가장 중요한 것은 인간 중심적 사고입니다. 사전 조사나 인터뷰 없이 문제를 정의하거나 아이디어를 도출하면, 마치 새하얀 종이에서 시작하듯 어려움을 겪을 수 있습니다. 이는 공감 없는 접근으로 잘못된 해결책을 가져올 수 있습니다. 특히 시장 조사를 더 효과적으로 진행하기 위해 챗 GPT와의 공감 단계가 중요합니다.

01 북유럽 식기 편집숍의 마케팅 매니저 역할 제안하기

CHATGPT

너는 북유럽 식기 편집숍 회사의 마케팅 매니저야. 시장 조사와 제품 포지셔닝을 포함해 제품을 홍보하고 출시하는 것이 너의 역할이야.

북유럽 식기 브랜드의 마케팅 매니저로서 시장 조사, 제품 포지셔닝, 개발 및 출시 전략을 통해 제품의 성공적인 홍보와 출시를 위하여 노력하고 있습니다. 추가로 필요한 정보나 질문이 있으시면 언제든지 말씀해 주세요.

02 북유럽 식기를 사용하는 주요 고객은 누구일까?

CHATGPT

스웨덴, 덴마크, 핀란드, 노르웨이의 유명한 북유럽 식기류를 한 번에 만나볼 수 있는 식기 편집숍으로, 제품을 매력적으로 보이게 하는 포장지 디자인을 새롭게 만들어 북유럽 식기 시장에서 경쟁력을 확보하고 고객의 선호도를 높이고자 해. 우선 식기류 제품을 사용할 사용자의 페르소나를 작성하고 그에 맞는 시장 세분화, 마케팅 전략을 제시해 줘.

페르소나(Persona) 작성

페르소나: 북유럽 식기류를 선호하는 심리적, 행동적 특성을 가진 고객

1. **나이:** 30대 중반

2. **직업:** 인테리어 디자이너

3. **관심사:** 북유럽 디자인, 식기류, 인테리어 트렌드

4. **쇼핑 습관:** 온라인 쇼핑 선호, 품질과 디자인에 중점을 둠

5. **가치관:** 자연, 심플, 실용성, 독특한 디자인 중시

시장 세분화

1. **고급 인테리어 디자이너**: 고가의 북유럽 식기류를 선호하는 인테리어 디자이너들을 위한 제품 라인

2. **일반 소비자**: 저렴한 가격과 실용적인 기능을 가진 북유럽 식기류를 선호하는 일반 소비자를 위한 제품 라인

3. **홈 카페 및 레스토랑 사업자**: 북유럽 감성을 담은 카페 또는 레스토랑을 운영하거나 식기류를 사용하는 사업자들을 대상으로 한 제품 라인

마케팅 전략

1. **브랜드 이미지 구축**: 북유럽 디자인의 정수와 자연의 아름다움을 강조하는 브랜드 이미지를 구축해 고객들에게 신뢰와 감성을 전달한다.

2. **디지털 마케팅**: 소셜 미디어, 웹사이트, 온라인 광고 등을 통하여 북유럽 감성과 제품의 매력을 전달하고 고객들과 소통한다.

3. **협력 파트너십**: 인테리어 디자이너 협회나 인테리어 관련 매체와의 제휴를 통해 전문가들에게 제품의 가치와 특징을 알리고 홍보한다.

4. **체험 마케팅**: 전시회나 팝업 스토어를 통해 고객들에게 제품을 직접 체험할 기회를 제공하고 브랜드 인식을 높인다.

5. **포장지 디자인 강화**: 북유럽 감성을 담은 매력적인 포장지 디자인을 개발해 제품을 시각적으로 더 매력적으로 보이게 한다.

이러한 페르소나와 시장 세분화, 마케팅 전략을 토대로 제품을 고객에게 매력적으로 소개하고 경쟁력을 확보할 수 있을 것입니다.

페르소나에게 어필할 수 있는 주요 셀링 포인트 찾기

CHATGPT

페르소나를 추출하면서 북유럽 식기류를 어필할 수 있는 주요 셀링 포인트는 무엇일지도 제안해 줘.

- **자연과의 조화**: 북유럽 디자인은 자연의 아름다움을 담고 있습니다. 식기류는 자연의 소재와 색상, 형태를 반영하여 자연과의 조화로움을 느낄 수 있습니다.

- **독특하고 세련된 디자인**: 북유럽 식기류는 독특하면서도 세련된 디자인을 갖추고 있어, 사용자들의 주방이나 식탁을 더 멋지게 꾸밀 수 있습니다. 개성적인 디자인은 고객들의 시선을 사로잡고 마음을 움직입니다.

- **품질과 내구성**: 북유럽은 품질과 내구성에 대한 엄격한 기준을 가지고 있습니다. 북유럽 식기류는 고품질 소재와 제작 기술을 사용하여 오랫동안 사용할 수 있으며, 고객들에게 신뢰성과 만족감을 제공합니다.

- **다양한 색상과 패턴**: 북유럽 식기류는 다양한 색상과 패턴을 제공해 고객들이 취향에 맞는 제품을 선택할 수 있습니다. 다양한 옵션은 사용자들의 다양한 스타일과 인테리어에 적합하게 조화를 이룰 수 있습니다.

이러한 주요 셀링 포인트를 강조해 제품을 소개하면, 북유럽 식기류를 사용하는 페르소나들에게 매력적으로 다가갈 수 있을 것입니다. 제안 내용이 프로젝트 목표에 벗어난다고 생각하면 다시 제안해달라고 요청하거나 질문을 변경합니다.

SECTION

2.

가상의 고객에게
매력적으로 다가가기

같은 문제도 다른 시선으로 접근하기 위해서는 창의력이 필요하고, 복잡한 문제를 단순한 문제로 정의하기 위해서도 창의적인 접근이 필요합니다. 앞서 챗GPT를 통해 정의했던 페르소나를 기준으로 무의식적으로 생각했거나 페르소나의 경험을 통해 현장에서 다뤄지지 않은 문제는 없었는지에 대한 다양한 관점으로 바라보며 다시 챗GPT와 함께 문제를 정의하고 구체화시킬 수 있습니다.

챗GPT가 제안한 내용을 그대로 받아들이기보다 던져주는 다양한 정보 속에서 추가로 질문하여 북유럽 식기류에 대한 전반적인 트렌드와 유행, 앞으로의 시장 전망까지 예측하는 질문을 던질 수 있습니다.

페르소나의 셀링 포인트를 통해 자연의 소재나 형태를 반영한 디자인, 북유럽의 다양한 색상과 패턴을 제공함으로 페르소나에게 매력적으로 다가갈 수 있음을 알 수 있었습니다.

앞서 추출한 데이터를 가지고 관점 서술문(POV)을 작성해 봅니다.

> • **Who**: 인테리어 트렌드에 관심이 많은 30대 중반 디자이너는
> • **What**: 북유럽 식기류에 관심은 있지만, 오프라인 매장에서 구매하지 않는다.
> • **Because**: 왜냐하면 자연 소재, 형태의 디자인이나 독특함을 좋아하는 페르소나에게 개성 있는 매장 컨셉으로 시선을 사로잡지 못했기 때문이다.

페르소나에서 한 걸음 나아가 페인 포인트를 포함한 관점 서술문을 작성하였습니다. 새로운 매장 컨셉과 동시에 매장을 돋보일 수 있는 제품, 패키지, 분위기 또한 중요한 구매 요인입니다. 오프라인 매장으로 유도하기 위해서는 흥미를 끌 수 있는 새로운 매장 컨셉과 함께 북유럽 식기류와 적절한 조화를 이루는 색상과 패턴의 포장지 디자인을 해야 할 것입니다.

> • **How**: 어떻게 하면
> • **Might We~?**: 페르소나가 좋아하는 북유럽의 컨셉과 디자인을 통해서 매장을 직접 방문하게 만들 수 있을까?

또한 팝업 스토어나 인테리어 관련 매체와의 제휴를 통하여 고객들에게 직접 제품을 체험하고 알릴 수 있는 기회를 제공하며 브랜드 인식을 높이는 활동도 연계하고자 합니다.

SECTION

북유럽 식기의 아름다움을 전하는 디자인 컨셉 찾기

북유럽의 고유한 이미지와 가치를 반영하며, 분위기를 연상시킬 수 있는 포장지 디자인 컨셉을 찾기 위하여 구체적으로 제품의 특성, 고객 페르소나, 그리고 원하는 컨셉의 개수를 요청하여 창의적인 컨셉을 얻습니다.

---

01 관점을 새롭게 바꿔 줄 조언자가 필요해!

CHATGPT

너는 창의력 및 혁신에 대한 조언자야. 내가 관점을 넓히고 새로운 아이디어를 생각해 내어 현재 상황에 정체되지 않고 발전하도록 돕는 것이 너의 역할이야.

네, 제 역할은 당신이 창의적이고 혁신적인 아이디어를 발전하는 데 도움을 주는 것입니다. 새로운 관점을 찾고 아이디어를 확장하기 위해 다음과 같은 방법을 고려하실 수 있습니다.

1. 다양한 분야에서 영감받기
2. 문제 해결을 위한 '아이디어 뱅크' 구축
3. 콜라보레이션과 토론
4. 실험과 탐구

이러한 방법들을 활용하여 창의적이고 혁신적인 아이디어를 발전하는 데 도움이 되길 바랍니다. 추가 도움이 필요하시다면 언제든지 물어보세요!

02 북유럽 식기에 대한 아름다움을 어떻게 전달할 수 있을까?

이번에는 북유럽 식기의 아름다운 가치를 소비자에게 전달하고 제품을 포장하는 포장지를 아우를 수 있는 편집숍 컨셉을 챗GPT에 요청했습니다. 북유럽의 고유한 이미지와 가치를 표현하며, 분위기를 연상시킬 수 있는 컨셉을 선택하려고 합니다.

CHATGPT

북유럽 식기에 대한 아름다움과 특별성을 가져갈 수 있는 편집숍의 컨셉을 5가지 제안해 줘.

북유럽 식기 편집숍의 컨셉 5개를 추천해 드리겠습니다. 아래는 컨셉과 함께 의미를 함께 알려드립니다.

1. 블루 하우스(Blue House)

'블루'는 북유럽에서 자주 사용하는 색상이며, '하우스'는 아늑한 북유럽 주택을 상징합니다. 이 이름은 북유럽의 아름다운 집에서 영감을 받은 편집숍을 연상시킵니다.

2. 프로스트 앤 플레이트(Frost and Plate)

'프로스트'는 북유럽의 추운 겨울을 상징하고, '플레이트'는 식기를 의미합니다. 이 이름은 북유럽의 자연과 계절을 담은 식기를 판매하는 편집숍을 의미합니다.

3. 에코 테이블(Eco Table)

'에코'는 환경친화적인 의미이며, '테이블'은 식사 공간을 의미합니다. 이 이름은 친환경적이고 지속 가능한 북유럽 식기를 판매하는 편집숍을 나타냅니다.

4. 아티산(Artesan)

'아티'는 예술적인 의미를 가지며, '산'은 손으로 만들어진 공예를 의미합니다. 이 이름은 북유럽의 공예적인 디자인을 갖춘 식기를 전시하는 편집숍을 상상케 합니다.

5. 그린 메이들(Green Meadow)

'그린'은 초록색과 환경친화적인 의미를 지니며, '메이들'은 초목이 우거진 초원을 의미합니다. 이 이름은 북유럽의 자연과 식물을 모티브로 한 식기를 판매하는 편집숍을 나타냅니다.

위의 컨셉들은 북유럽 식기 편집숍을 상상할 때의 컨셉 예시입니다. 이러한 컨셉들은 북유럽의 분위기와 디자인을 반영하며, 소비자들에게 북유럽 식기의 아름다움과 특별성을 전달할 수 있습니다.

다양한 컨셉 중에 북유럽을 직관적으로 떠올릴 수 있고 다양한 이미지 표현을 연출할 수 있는 '블루 하우스(Blue House)'를 컨셉으로 선정했습니다. 집, 자연과 같은 다양한 모티브의 접근이 가능하며, 블루라는 명확한 컬러 아이덴티티로 북유럽의 품격과 아름다움을 전달하고 매력적인 브랜드 이미지를 구축하기에 좋은 컨셉입니다.

 편집숍 컨셉 **블루 하우스(Blue House)**

03 컨셉에 적합한 표현 키워드 조합하기

디자인 표현 키워드를 요청하기 전에 구체적으로 질문하기 위하여 제품 특성, 고객 페르소나 정의, 컨셉 정의를 다시 한번 입력합니다.

> 너는 식기 편집숍의 마케팅 매니저야. 북유럽 식기 매장의 컨셉과 더불어 포장지 디자인을 새롭게 만들어보려고 해. 우리 고객은 30대 중반의 인테리어 디자이너야. 그는 북유럽 디자인, 식기류에 관심이 많고 자연 및 실용적이며 독특한 디자인을 중시해. 따라서 셀링 포인트로 집과 자연의 소재로 패턴을 담은 포장지를 만들어 볼 예정이야. 페르소나를 위해 'Blue house'라고 편집숍 컨셉을 정했어. 이 내용에 관해 이해했어?

네, 알겠습니다. 'Blue House'의 편집숍 컨셉과 해당 고객층에 맞는 포장지 디자인을 구체화하는 데에 도움이 필요하시면 언제든지 물어보세요.

04 북유럽 스타일 패턴 디자인 컨셉 찾기

챗GPT에 디자인 컨셉을 제안해 달라고 요청합니다. 북유럽의 특징을 반영한 패턴 디자인 컨셉 5가지를 요청했습니다.

북유럽의 특징을 반영한 패턴 디자인 컨셉 5가지를 제안해 줘.

1. **북유럽 주택**: 클래식, 자연적 요소와 북유럽 주택을 강조한 디자인
2. **북유럽의 곡선**: 미니멀리즘, 유기적으로 자연의 곡선과 조화로움을 강조한 디자인
3. **북유럽의 전통과 역사**: 엔틱, 고전적이고 우아한 표현, 역사적 요소를 현대적으로 재해석한 디자인
4. **북유럽의 숲과 산**: 모던 아트, 자연적이고 우아한 표현, 숲과 산의 우아한 형태와 식물을 현대적으로 해석한 디자인
5. **북유럽의 빛과 그림자**: 팝아트, 심미적이고 신비로운 표현, 빛과 그림자의 조화를 강조한 디자인

인사이트에서 얻었던 셀링 포인트인 자연 소재와 색상, 패턴을 잘 반영할 수 있는 디자인 표현 컨셉 중 '북유럽 주택 – 클래식'과 '북유럽의 숲과 산 – 모던 아트' 2가지를 선정했습니다.

- 북유럽 주택 – 클래식
- 북유럽의 숲과 산 – 모던 아트

아이디어 도출에서 컨셉 작성까지

아이디어는 문제를 정확히 정의하고 해결해 나가기 위한 컨셉을 결정하는 과정입니다. 챗GPT에서 나온 키워드뿐만 아니라 떠오르는 단어들을 결합하거나 변형하는 과정을 거쳐 점차 구체화할 수 있습니다. 아이디어는 잘 정리된 문장 형태를 기본으로 하여 필요에 따라 스케치를 첨부하면 이해를 돕기 쉽습니다. 아이디어 단계에서는 가능한 모든 아이디어를 수집하고 상호 연결하는 것이 중요합니다. 컨셉은 아이디어를 구체화하는 단계이며 좋은 컨셉을 만들기 위해서는 다음과 같은 아이디어를 컨셉 워드로 정리 볼 수도 있습니다.

'○○○(브랜드명)는 ○○○(제품범주)로서 ○○○(차별화된 가치)를 가지고, ○○○(타깃)의 ○○○(욕구)를 충족하게 한다.'

SECTION 4

북유럽 숲 이미지의
디자인 테스트하기

'북유럽의 숲과 산 - 모던 아트'를 표현하는 북유럽 식기 편집숍의 디자인 컨셉을 신속하게 테스트하고, 핵심
키워드를 영어로 번역하여 미드저니 창에 프롬프트로 입력합니다.

01 AI 이미지를 생성하기 위해 웹 브라우저에서 'discord.com'을 입력해 디스코드 사이트에 접속하고 로그인합니다.
미드저니 채널로 들어가서 입력창에 '/i'를 입력하고 '/imagine prompt'를 선택합니다. 프롬프트를 입력하고 Enter 를
누릅니다.

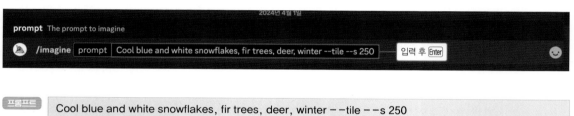

프롬프트 Cool blue and white snowflakes, fir trees, deer, winter －－tile －－s 250

번역 시원한 파란색과 하얀 눈송이, 전나무, 사슴, 겨울

TIP --tile 매개변수

--tile 매개변수는 반복적으로 사용할 수 있는 이미지를 생성하여 천, 벽지 및 질감의 연속적인 패턴을 만드는 데 사용할 수 있습니다.
--tile은 모델 버전 1, 2, 3, 5, 6에서만 작동(4 버전 생성 안 됨)하고, 한 조각의 패턴을 생성합니다. 프롬프트 끝에 －－tile을 입력합니다.

02 4개의 이미지가 추출되었습니다. 북유럽의 숲과 자연이 잘 어우러진 네 번째 이미지를 변형하기 위해 〈V4〉 버튼을
클릭합니다.

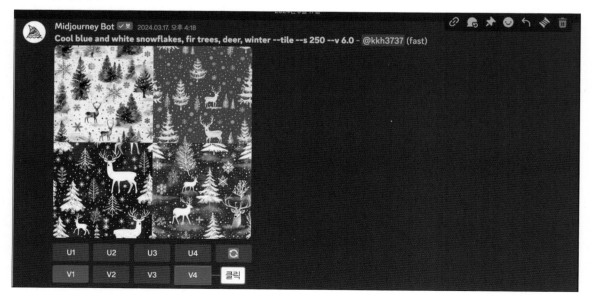

03 첫 번째 이미지를 선택하기 위해 〈U1〉 버튼을 클릭합니다.

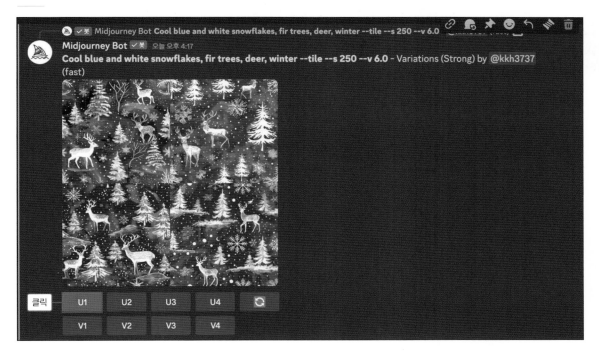

04 이미지를 클릭하고 왼쪽 아래의 '브라우저로 열기'를 클릭합니다. 열린 브라우저 창에서 마우스 오른쪽 버튼을 클릭
한 다음 **이미지를 다른 이름으로 저장**을 실행하면 이미지가 고해상도로 저장됩니다. 생성된 이미지를 조합해 포장지
디자인을 만들었습니다.

▲ 시안 이미지

◉ 예제파일: 패턴\wrapping mockup.psd
◉ 완성파일: 패턴\북유럽 주택.png, house.png, 북유럽 주택 패턴 목업.jpg

SECTION

5.

트왈 드 주이 스타일의
패턴 디자인하기

겨울의 계절성이 강조되어 사계절 포장지로 사용하기에는 적합하지 않다고 판단하여, 다른 이미지로 변경하기로 결정했습니다. 제시된 디자인 컨셉 중 '북유럽 주택 - 클래식'으로 변경하여 진행합니다. 이를 위해, 18세기 유럽의 목가적인 풍경이 담긴 밝은색 바탕에 단색 꽃이나 풍경화를 프린트한 '트왈 드 주이(Toile de Jouy)' 스타일을 사용해 포장 디자인을 완성하겠습니다.

01 북유럽 주택 컨셉의 AI 이미지 생성하기

01 AI로 이미지를 생성하기 위해 웹 브라우저에서 'discord.com'을 입력해 디스코드 사이트에 접속하고 로그인합니다. 미드저니 채널로 들어가서 입력창에 '/i'를 입력하고 '/imagine prompt'를 선택합니다. 프롬프트를 작성하고 Enter 를 누릅니다.

프롬프트 toile de jouy style, white background, nordic houses, blue, Country Scene, rustic, elegant --tile --s 250

번역 트왈 드 주이 스타일, 하얀 배경, 북유럽 주택, 파란색, 시골 풍경, 소박하고 우아한

02 북유럽의 한적하고 목가적인 주택 모습이 4개의 이미지로 추출되었습니다. 첫 번째 이미지와 비슷하게 변화시키기 위하여 〈V1〉 버튼을 클릭합니다.

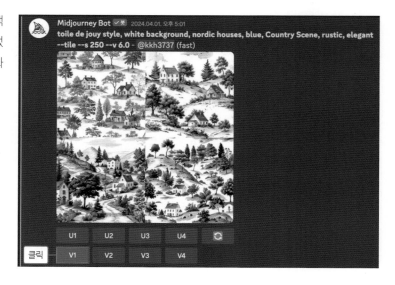

03 주택의 형태가 가장 나은 〈U3〉 버튼을 클릭하여 업스케일합니다.

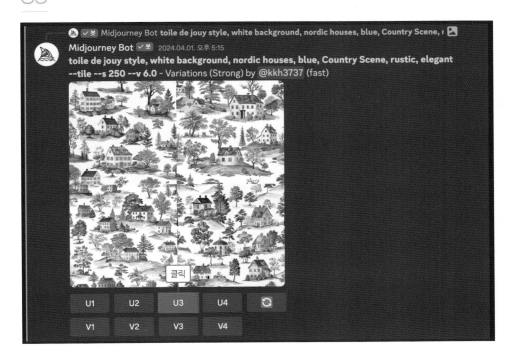

04 업스케일된 이미지를 확인하니 포장지 패턴 방향에 잘 맞아 최종 이미지로 클릭하여 선택합니다.

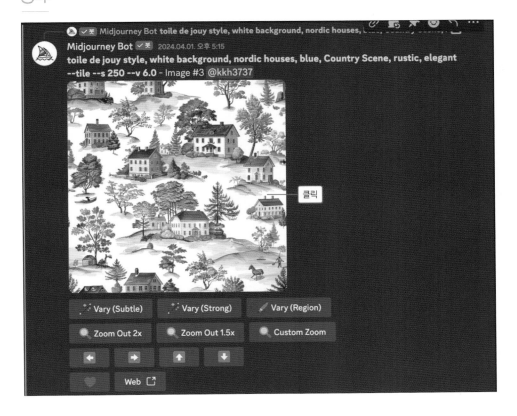

05 이미지 왼쪽 아래에 있는 '브라우저로 열기'를 클릭합니다.

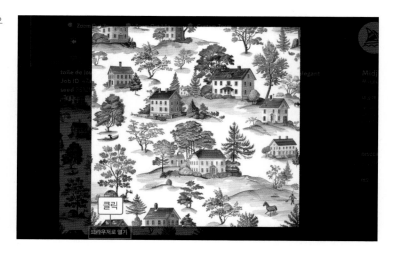

06 열린 브라우저 창에서 마우스 오른쪽 버튼을 클릭한 다음 **이미지를 다른 이름으로 저장**을 실행하면 이미지가 고해상도로 저장됩니다.

07 블루 하우스 컨셉에 맞는 북유럽 주택의 클래식한 키 비주얼 패턴 한 조각이 도출되었습니다.

02 한 조각의 이미지로 패턴 디자인하기

01 포토샵을 실행하고 메뉴에서 (File) → Open을 실행한 다음 미드저니에서 생성한 파일 또는 패턴 폴더의 '북유럽 주택.png' 파일을 불러옵니다.

02 이미지를 패턴으로 등록하기 위하여 메뉴에서 (Edit) → Define Pattern을 실행합니다. Pattern Name 대화상자가 표시되면 Name에 'house.png'를 입력한 다음 〈OK〉 버튼을 클릭합니다.

TIP 등록된 패턴은 Fill 명령을 이용해 언제든지 불러와 사용할 수 있습니다.

03 새 창에서 패턴을 적용하기 위해 메뉴에서 (File) → New를 실행합니다. New Document 대화상자가 표시되면 Width: 297Millimeters, Height: 210Millimeters, Resolution: 300Pixels/Inch, Color Mode: CMYK Color로 지정한 다음 〈Create〉 버튼을 클릭합니다.

04 등록된 패턴을 적용하기 위하여 메뉴에서 (Edit) → Fill을 실행합니다. Fill 대화상자가 표시되면 Contents를 'Pattern'으로 지정하고 Options 항목의 Custom Pattern을 등록해둔 패턴 이미지인 'house.png'로 지정한 다음 〈OK〉 버튼을 클릭합니다.

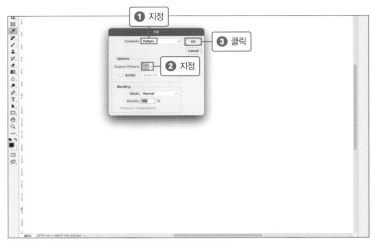

TIP 패턴은 패턴 스탬프 도구를 선택하고 옵션바에서 만든 패턴을 선택한 다음 드래그해 부분적으로 적용할 수도 있습니다.

05 새 도큐먼트 크기에 알맞게 패턴이 적용된 걸 확인할 수 있습니다.

TIP 등록된 패턴으로 다양한 디자인에 적용하여 사용할 수 있습니다.

03 패턴으로 포장지 목업 만들기

01 메뉴에서 (File) → Open을 실행한 다음 패턴 폴더의 'wrapping mockup.psd' 파일을 불러옵니다.

02 포장지 패턴 이미지로 교체하기
위해 'image' 스마트 오브젝트의
섬네일 레이어를 더블클릭합니다. 롤 포장
지 이미지의 영역만 저장된 또 하나의 문
서 창이 표시됩니다.

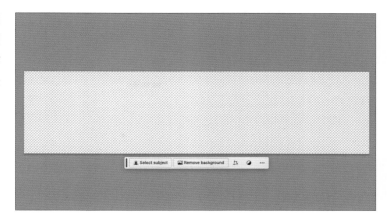

03 패턴을 적용할 레이어를 선택하고
Layers 패널의 'Add a layer
style' 아이콘(fx.)을 클릭한 다음
'Pattern Overlay'를 선택합니다. Layer
Style 대화상자가 표시되면 저장한
'house' 패턴을 지정하고 Scale을 '120%'
로 설정한 다음 〈OK〉 버튼을 클릭합니다.

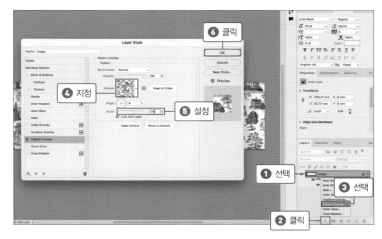

TIP Layers 패널에서 'Add a layer style' 아이콘을 클릭하면 레이어 스타일을 적용할 수 있습니다. Layer Style 대화상자 왼쪽에는 레이어 스타일 항목이 표시되며, 오른쪽에는 옵션을 설정할 수 있는 각종 입력 창과 그래프, 슬라이더로 구성되어 있습니다.

04 메뉴에서 (File) → Save(Ctrl+S)를 실행하고
섬네일 오브젝트 창을 닫으면 롤 포장지 디자인에
패턴이 적용된 것을 확인할 수 있습니다.

실사 같은 AI 모델을 이용한
샐러드 브랜드 광고 디자인

불과 얼마 전만 해도 인물 광고 촬영에는 사진작가, 모델, 헤어 및 메이크업 아티스트, 세트 디자이너 등 많은 전문가가 필요했습니다. 이 과정은 복잡하고 시간과 비용이 많이 드는 작업이었지만, 생성형 AI의 등장으로 이러한 장벽이 크게 낮아졌습니다. 이제는 적은 비용과 짧은 시간 안에 누구나 높은 품질의 인물 광고를 제작할 수 있는 환경이 조성되었습니다.

SNS는 단순한 정보 공유를 넘어 기업과 브랜드의 중요한 마케팅 도구로 자리 잡았습니다. 전통적인 모델 광고 제작은 큰 비용과 시간이 들었지만, AI 기술의 발전으로 이 패러다임이 점차 변화하고 있습니다. 생성형 AI 도구를 사용하면 광고 제작 비용을 절감하고, 모델을 활용한 광고를 신속하게 제작할 수 있어, 앞으로 더 많은 브랜드가 SNS를 통해 치열한 마케팅 경쟁에 나설 것으로 보입니다.

이 변화는 일시적인 유행에 그치지 않을 것입니다. 앞으로의 마케팅에서는 AI 도구를 활용해 비용을 절감하고 생산 속도를 높이며 최신 트렌드를 반영한 맞춤형 콘텐츠를 제공하는 것이 필수적일 것입니다. 이러한 흐름에 맞춰, 이번 프로젝트에서는 소비자를 효과적으로 이해하고 그들의 요구에 부합하는 아이디어와 메시지를 개발한 후, 미드저니를 통해 광고 이미지를 생성하여 SNS 광고 디자인을 완성할 계획입니다.

1. 고객이 공감할 만한 모델 이미지 선정

챗GPT에 모델의 이미지와 컨셉을 제안받아 '건강'이라는 키워드가 직접적으로 느껴지는 모델의 이미지를 생성합니다.

2. 고객이 선망하는 이미지의 모델로 수정

챗GPT와 더불어 디자인 씽킹을 접목하여, 고객이 진정으로 바라며 되고 싶은 모습의 컨셉과 이미지에 맞춰 이미지를 수정하고 발전합니다.

SECTION

1.

SNS 마케팅을 위한
잠재 고객 찾기

광고는 마치 확성기와 같습니다. 제품과 서비스를 구매할 사람들의 관심을 끌기 위해 널리 퍼지고 강력하게 전달되는 방식이죠. 하지만 아무도 들을 수 없는 곳에서 소리친다면 효과가 없습니다. 따라서 광고를 누구에게 할지 결정하는 것은 우리가 제공하는 제품과 서비스만큼이나 중요한 요소입니다.

광고에 할당할 시간과 자원이 한정되어 있기 때문에, 가장 구매 가능성이 높은 고객에게 집중하는 접근 방식이 필요합니다. 대기업들은 고객 조사를 위한 많은 리소스를 갖추고 있지만, 대부분의 중소 브랜드는 자사 제품을 원하는 소비자를 정확히 파악하는 데 어려움을 겪습니다. 이럴 때 챗GPT와 같은 AI 도구를 활용하면, 유효한 마케팅 타깃을 찾는 데 도움을 받을 수 있습니다.

01 마케팅 페르소나 제작 전문 마케터 역할 제안하기

CHATGPT

너는 지금부터 '마케팅 페르소나' 제작 전문 마케터야. 효과적인 광고 타깃 발굴을 위해 페르소나를 만드는 것이 너의 목표야. 이해했어?

네 이해했습니다! 귀하의 캠페인에 대한 효과적인 광고 목표를 식별하는 데 도움이 되는 마케팅 페르소나를 만들어 보겠습니다. 이러한 페르소나에게 영향을 미칠 수 있는 특정 제품, 서비스 또는 기타 세부 정보가 있으면 알려주시기를 바랍니다.

TIP AI에 특정 역할을 부여하면, 그 역할에 맞는 답변을 해 줍니다.

02 새로 나온 샐러드를 누구에게 먹일까?

CHATGPT

1) 광고의 목표 – 신제품 출시를 알려 브랜드 인지도를 제고하는 것

2) 브랜드(제품) 이름 – 샐러드 프로

3) 제품의 카테고리 – 식품

좋은 페르소나를 만들기 위해 필요한 정보가 있다면 추가로 질문해 줘.

네가 만들어야 할 '마케팅'에 사용할 수 있는 페르소나는 아래 항목을 참고해서 각각의 항목에 맞게 만들어 줘.

[1] **인구 통계적 특징**: 성별, 나이, 관심사 등

[2] **심리학적 정보**: 가치관, 관심사, 라이프 스타일, 성격 특성 등

[3] **목표**: 페르소나에게 동기를 부여하는 요소와 제품 또는 서비스를 통해 달성하고자 하는 목표

[4] **불만 사항**: 페르소나가 직면한 문제와 장애물로서 제품이나 서비스가 해결에 도움을 줄 수 있는 사항

[5] **커뮤니케이션 선호도**: 페르소나가 정보를 수신하고 브랜드와 소통하는 방식

[6] **구매 습관**: 페르소나가 구매 결정을 내리는 방식, 이때 의사 결정 과정 및 영향을 미치는 요소

페르소나: 건강을 생각하는 전문가

1. **성별**: 여성

2. **연령**: 25~35세

3. **관심 분야**: 피트니스, 웰니스, 경력 개발, 지속 가능한 삶

4. **가치**: 건강, 효율성, 프리미엄 품질

5. **라이프 스타일**: 도시에서 바쁘게 생활하며 운동을 즐기고 외식을 자주 하지만, 건강한 음식을 선호합니다.

6. **성격 특성**: 야망이 있고 건강을 의식하며 트렌드에 민감합니다.

7. **목표**: 맛을 손상하지 않으면서 바쁜 라이프 스타일에 맞는 영양가 있고 편리한 식사 옵션을 추구합니다.

8. **불만**: 빠르고 건강에 좋으면서도 만족스러운 식사를 찾기 어렵습니다. 집에서 건강한 식사를 준비할 시간이 부족합니다.

9. **커뮤니케이션 기본 설정**: 디지털 커뮤니케이션을 선호합니다. 인스타그램(Instagram)과 같은 소셜 미디어 플랫폼에서 활동합니다.

10. **구매 습관**: 온라인 리뷰, 동료 추천의 영향을 받습니다. 편리성과 품질을 추구합니다. 건강상의 이점과 시간을 절약해 주는 솔루션을 위해 기꺼이 프리미엄을 지불할 의향이 있습니다.

11. **주요 키워드**: 건강을 생각하는, 프리미엄, 편리함, 도시적인 라이프 스타일, 피트니스 마니아

SECTION

2.

건강을 생각하는 사람들의 문제점 찾기

고객의 문제점을 파악하면 단순히 "우리 제품을 구입하세요."라고 말하는 대신, "우리 제품을 구입하면 문제가 해결됩니다."라고 제안할 수 있습니다. 이렇게 하면 고객이 제품의 도움을 구체적으로 이해할 수 있어 구매 가능성을 높이고, 신뢰를 구축하는 데 도움이 됩니다. 챗GPT를 활용해 앞서 만든 페르소나와 연결하여, 그들이 겪고 있는 문제점을 파악하고, 각 문제에 맞는 해결 방법을 모색해 보겠습니다.

챗GPT를 통해 도출한 페르소나는 편리성과 품질이 만족스럽다면 기꺼이 높은 가격을 지불할 수 있는 타깃입니다. 감성적이거나 공포 심리를 자극하는 것보다는 실질적으로 브랜드가 줄 수 있는 서비스를 효과적으로 어필하는 것이 중요합니다.

앞서 챗GPT와 함께 알아본 데이터를 바탕으로 관점 서술문(POV)을 작성해 보겠습니다.

> • Who: 바쁘게 도시의 라이프 스타일을 살아가는 25~35 여성
> • What: 빠르면서도 건강에 좋은 음식을 편리하게 먹을 방법이 없었다.
> • Because: 바쁜 업무로 시간의 여유가 부족했기에 직접 장을 보거나 요리를 해 먹을 기회를 만들기 어려웠기 때문이다.

페르소나의 페인 포인트를 포함한 관점 서술문을 작성하였습니다. 건강과 편리함이라는 명확한 불편함을 갖고 있는 페르소나라면 그만큼 해결 방법도 명확할 것입니다.

위의 내용을 바탕으로 우리가 해결할 수 있는 문제를 정의하겠습니다.

> • How: 어떻게 하면
> • Might We~?: 우리가 기존의 식품&샐러드 제품이 해결하지 못한 건강과 편리함을 제공할 수 있을까?

우리의 타깃에게 신선하고 맛있는 샐러드를, 매일 다양한 조합으로 균형 있게 조합하여 키트로 전달하면, 페르소나는 만족할 만한 건강한 식습관을 만들고, 시간을 절약할 수 있을 것입니다.

SECTION

3.

구독 서비스를 위한
커뮤니케이션 아이디어 얻기

좋은 아이디어는 고객의 문제를 해결하는 솔루션을 제공하는 것입니다. 앞서 챗GPT가 제안한 '시간 제약' 문제를 해결하기 위해 '구독 서비스'를 제안하겠습니다. 이는 고객이 제품을 구매하는 번거로움을 줄이고, 브랜드는 안정적인 수입을 유지할 수 있어 재정 관리와 재고 관리가 쉬워집니다. 또한, 구독 서비스는 고객과의 꾸준한 관계 형성에 이바지하며, 서비스 제공자로서도 지속적인 가치를 제공할 수 있는 좋은 전략입니다.

01 광고 캠페인 크리에이티브 디렉터 역할 제안하기

CHATGPT

너는 지금부터 광고 캠페인 크리에이티브 디렉터로 일해줘. 효과적인 광고 집행을 위한 광고 슬로건과 비주얼을 제작하는 것이 너의 목표야. 이 광고 캠페인은 대한민국에 거주하는 한국인을 타깃으로 해. 이해했어?

이해했습니다! 저는 대한민국에 거주하는 한국인을 대상으로 하는 이 광고 캠페인의 크리에이티브 디렉터로서 이들 특정 청중의 공감을 불러일으키고 그들의 문화적 가치와 선호도를 반영하는 슬로건과 시각적 컨셉을 개발하는 데 집중할 것입니다.

02 바쁜 고객을 위한 샐러드 구독 서비스를 알리자

CHATGPT

1. **광고 캠페인의 목표**: 시간 없는 고객을 위한, 샐러드 구독 서비스 알리기

2. **제품의 이름**: 샐러드 프로

3. **제품의 카테고리**: 식품

4. **잠재 고객**: 25~35세 여성으로 도시에서 바쁘게 생활하고 트렌드에 민감하며, 바쁜 라이프 스타일에 맞는 영양가 있고 편리한 식사를 추구한다. 빠르고 건강에 좋으면서 만족스러운 식사를 찾기 어려워한다. 집에서 건강한 식사를 준비할 시간이 부족하다.

5. **제품의 특징**: 프리미엄 샐러드 브랜드로, 구독 서비스를 시작한다. 당일 준비한 싱싱한 재료로, 식사 준비 시간을 단축하고 건강한 식습관을 쉽게 즐길 수 있다.

만약 정보가 부족하다면, 좋은 광고 캠페인을 만들기 위해서 질문을 계속해 줘.

네가 만들어야 할 '광고 캠페인'에 사용할 수 있는 슬로건은 아래 항목을 참고해 각각의 항목에 맞게 만들어 줘.

입력한 '광고 캠페인의 목표'를 바탕으로 광고 캠페인의 핵심 메시지 및 슬로건을 우선 설정해서 출력해 줘. 이때 핵심 메시지 및 슬로건은 창의적이고 주목도 높으며 간결하게 제작하고, 마크다운을 활용하여 크고 굵게 표시해 줘.
총 5개의 슬로건을 작성해 줘.

슬로건 1: 시간은 줄이고, 건강은 높이고, 샐러드 프로로 간편하게!
슬로건 2: 시간이 없나요? 문제없어요.
슬로건 3: One Minute, One Health
슬로건 4: 시간은 없어도, 건강은 가능해 – 매일 샐러드 프로
슬로건 5: 바쁜 당신을 위한 빠르고 신선한 선택, 샐러드 프로!

꽤 괜찮은 슬로건들을 만나볼 수 있습니다. 챗GPT가 제안한 슬로건을 그대로 사용해도 좋고, 광고의 방향성에 참고하여 스스로 아이디어를 내보는 것도 좋습니다.

03 비주얼 컨셉 도출하기

광고 컨셉에 어울리는 모델 및 비주얼에 대하여 물어 보겠습니다.

CHATGPT
'시간은 없어도, 건강은 가능해'라는 광고 컨셉에 어울리는 광고 모델의 이미지 컨셉을 3가지 도출해 줘.

컨셉 1: 운동하는 여성

운동을 마친 후 한 여성이 신선한 프리미엄 샐러드를 즐기고 있습니다. 자연광이 차분하고 상쾌한 분위기를 연출합니다.

컨셉 2: 젊은 여성 CEO

샐러드 바에서 패셔너블한 여성이 프리미엄 샐러드를 집어 들고 있습니다. 매장의 세련된 디자인과 생동감 넘치고 신선한 샐러드 재료가 시각적으로 눈길을 사로잡습니다.

컨셉 3: 육아 중인 여성

점심 시간에 도시 공원 벤치 옆에 유아차를 두고 앉아 프리미엄 샐러드를 즐기고 있는 여성. 그는 배경에 고층 빌딩이 있고 주변이 녹지인 도시와 자연 요소가 혼합된 환경으로 둘러싸여 있습니다.

챗GPT에 제안 받은 답변 중 '컨셉 1: 운동하는 여성'과 '컨셉 2: 젊은 여성 CEO' 2가지를 비주얼 컨셉으로 선택하였습니다.

비주얼 컨셉
• 운동하는 여성
• 젊은 여성 CEO

● 완성파일: 광고\샐러드.png, 샐러드 목업.jpg

AI로 광고 캠페인 시안 만들기

챗GPT가 제안한 '운동하는 여성' 컨셉을 적용하여 모델을 활용한 광고를 제작하겠습니다. 사람들은 타인의 얼굴에 자연스럽게 주목하므로, 모델을 활용한 광고는 고객의 관심을 오랫동안 끌 수 있습니다. 또한 모델을 통해 고객이 자신을 변화시키는 모습과 라이프스타일을 시각적으로 효과적으로 전달할 수 있습니다. 이미지 생성형 AI인 미드저니를 활용하여 시간과 비용을 절감하면서도 높은 품질의 광고를 제작하겠습니다.

01 AI로 이미지를 생성하기 위해 웹 브라우저에서 'discord.com'을 입력해 디스코드 사이트에 접속하고 로그인합니다. 미드저니 채널로 들어가서 이미지 생성 전 기본 세팅을 위해 입력창에 '/settings'를 입력한 다음 [Enter]를 누릅니다. 또는 입력창 위에 생성되는 원형의 미드저니 로고 옆 '/settings'를 클릭한 다음 [Enter]를 누릅니다.

02 미드저니의 모델 버전(V1~V6) 선택과 이미지 스타일 등을 설정해 두면, 이미지 생성 시마다 따로 입력 없이 고정적인 옵션을 활용할 수 있습니다.

TIP RAW Mode는 결과물에 미드저니 특유의 묘사를 최소화하여 프롬프트와 가장 가깝게 표현합니다.

03 챗GPT가 묘사한 페르소나 키워드를 활용하여 프롬프트를 만들겠습니다. 이미지 추출을 명령하기 위해 입력창에 '/i'를 입력하고 '/imagine prompt'를 선택합니다.

04 프롬프트 입력창에 프롬프트를 입력합니다.

프롬프트 Female, 25 age, Eat a salad, Fitness, wellness, Busy professional living in the city, enjoys workouts, urban lifestyle, trend-sensitive

번역 여성, 25세, 샐러드 먹기, 피트니스, 웰니스, 바쁜 직장인 도시 거주, 운동 즐기기, 도시 생활 방식, 유행에 민감함

TIP 프롬프트는 간략하고 짧을수록 잘 작동합니다. 긴 요청 및 지침은 지양해 주세요. 프롬프트 입력 시 파란색 상자 밖으로 벗어나면 이미지 생성에 오류가 발생하므로 유의합니다.

05 페르소나에게 사용된 키워드를 활용해 이미지를 제작했습니다. 광고를 보는 사람과 눈을 마주 보는 인물이 주목도가 더 높으므로 오른쪽 위의 두 번째 이미지를 선택하겠습니다. 〈U2〉 버튼을 클릭해 이미지를 고해상도로 만듭니다.

06 이미지에 슬로건을 넣어 작업하려는데 배경이 협소해 이미지를 사방으로 넓히기 위해서 이미지 아래의 〈Zoom Out 1.5x〉 버튼을 클릭합니다.

07 확장된 배경 중 가장 깔끔한 왼쪽 아래의 세 번째 이미지를 업스케일하기 위해 〈U3〉 버튼을 클릭합니다.

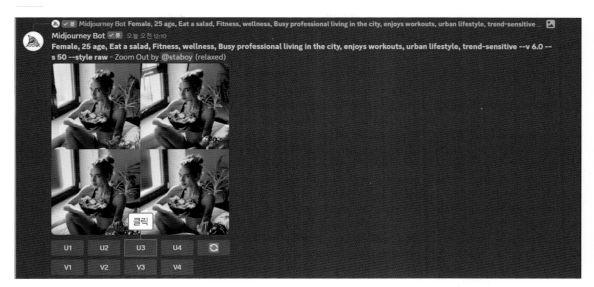

TIP 포토샵에서도 이미지를 확장할 수 있지만, 미드저니에서 배경을 늘리는 것이 더 일관성 있는 이미지를 만들 수 있습니다.

08 업스케일 작업이 성공적으로 이뤄지면 이미지를 클릭하여 선택합니다.

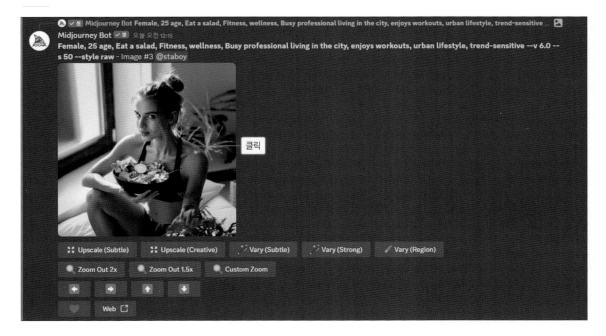

09 열린 브라우저 창에서 마우스 오른쪽 버튼을 클릭한 다음 **이미지 저장**을 실행하면 이미지가 고해상도로 저장됩니다.

10 생성된 이미지와 슬로건을 조합해 SNS 광고를 제작할 예정입니다.

▲ 시안 이미지

◉ 예제파일: 광고\Mockup.jpg ◉ 완성파일: 광고\모델.png, 광고.jpg, 광고 목업.jpg

인스타그램 광고 디자인하기

챗GPT가 제안한 키워드를 바탕으로 미드저니를 활용해 광고 시안을 준비했습니다. 그러나 현재 시안은 우리가 설정한 페르소나의 바쁘고 전문적인 이미지를 잘 전달하지 못하고, 다소 여유로운 느낌이 강하다는 피드백을 받았습니다. 이에 따라 광고의 목적에 맞춰 두 번째로 제안된 '젊은 여성 CEO' 컨셉을 기반으로 이미지를 보강하고 수정하여 인스타그램 피드 광고를 디자인하겠습니다.

01 컨셉을 보강하여 AI 이미지 생성하기

01 인생을 바쁘게 주도적으로 살아가는 페르소나를 이미지로 표현하기 위해 그에 어울리는 브랜드 이미지를 차용하여 프롬프트를 작성하고, 브랜드 컬러도 함께 작성합니다.

프롬프트 Balenciaga LookbookStyle. Caucasian female Balenciaga model in her 20s wearing an oversized white suit. She gazes defiantly at a salad in a plastic package. black and green tone, In front of an office made of green glass. --ar 4:5 --v 6.0 --s 150

번역 발렌시아가 룩북 스타일. 여성 발렌시아가 모델이 오버사이즈의 하얀색 정장을 입고 있다. 그는 플라스틱 패키지에 담긴 샐러드를 반항적으로 바라본다. 검은색과 초록색 톤, 초록색 유리로 만들어진 사무실 앞.

02 상상하던 페르소나에 가까운, 브랜드 컬러 톤을 지정하여 맞춘 4개의 이미지를 확인할 수 있습니다. 오른쪽 위의 두 번째 이미지가 마음에 들어 〈U2〉 버튼을 클릭합니다.

03 슬로건 합성 작업을 할 때 필요한 배경 소스를 확보하기 위해 〈Zoom Out 1.5x〉 버튼을 클릭합니다.

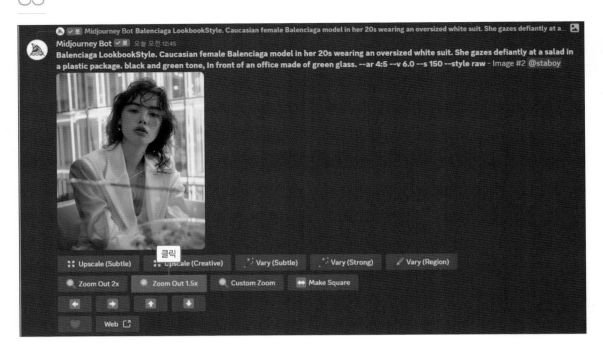

04 배경이 성공적으로 확장되었습니다. 가장 마음에 드는 오른쪽 아래의 네 번째 이미지를 선택하기 위해 〈U4〉 버튼을 클릭합니다.

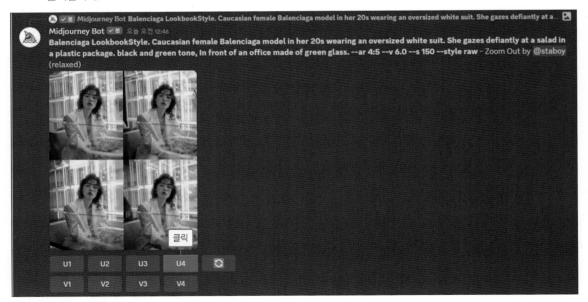

05 업스케일된 이미지를 클릭합니다.

클릭

06 열린 브라우저 창에서 마우스 오
른쪽 버튼을 클릭한 다음 **이미지
저장**을 실행하면 이미지가 고해상도로 저
장됩니다.

① 마우스 오른쪽 클릭

② 실행

02 4:5 비율의 인스타그램 광고 디자인하기

01 포토샵을 실행한 다음 메뉴에
서 (File) → **New**를 실행합니
다. New Document 대화상자가 표
시되면 Width: 1,080Pixels, Height:
1,350Pixels, Resolution: 72Pixels/Inch,
Color Mode: RGB Color로 지정하고
⟨Create⟩ 버튼을 클릭하여 새 도큐먼트를
작성합니다.

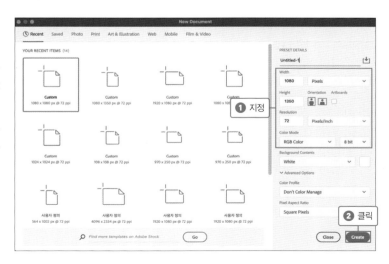

① 지정

② 클릭

02 메뉴에서 (File) → Open을 실행
하고 미드저니에서 생성한 이미지
파일 또는 광고 폴더의 '모델.png' 파일을
불러옵니다.
추후 레이어가 헷갈리지 않도록 Layers
패널에서 이미지 레이어 이름을 더블클릭
한 다음 'model'로 수정합니다.

03 Ctrl+T를 누르고 이미지 크기를
레이아웃에 맞게 조절합니다.

04 이미지 왼쪽 아래에 슬로건 텍스
트를 추가할 예정이므로 텍스트
가 잘 보이도록 메뉴에서 (Filter) → Blur
Gallery → Field Blur를 실행합니다.

05 Field Blur를 적용하면 이미지 가운데 포인트를 기준으로 블러가 적용됩니다. 이미지 가운데 Blur를 0까지 줄여 전체적으로 선명한 이미지를 만듭니다. 블러를 적용하기 위해 슬로건이 들어갈 왼쪽 아래를 클릭하고, 새로운 블러 포인트를 생성한 다음 블러 효과를 '39'로 설정합니다.

Field Blur를 적용하면 이미지 가운데에 ▶ 블러 포인트가 적용됩니다.

블러 포인트를 둘러싼 원형 바를 클릭하고 ▶ 왼쪽으로 드래그하여 블러 효과를 없앱니다.

새로운 블러 포인트 추가 후 블러 포인트 ▶ 바깥 원형 바를 조절해 블러 효과를 높입니다.

TIP 이미지에서 블러 포인트를 둘러싼 원형 바를 클릭하고 왼쪽으로 드래그하면 블러 효과가 줄어들고, 오른쪽으로 드래그하면 블러 효과가 늘어납니다. 블러 포인트를 클릭한 다음 드래그하면 마우스 포인터에 따라 블러 효과를 조정할 수 있습니다.

06 그레이디언트 도구(▣)를 선택하고 그림과 같이 이미지 아래에서 위로 드래그하여 아래쪽에 반투명한 검은색 그레 이디언트 레이어를 적용합니다. Layers 패널에서 블렌딩 모드를 'Soft Light'로 지정합니다.

07 이미지 하단에 소비자 행동을 촉구할 문구를 넣기 전에 브랜드 컬러의 박스를 만들겠습니다. 사각형 도구(▭)를 선 택하고 전경색을 'R:0, G:135, B:39'로 지정합니다. 도큐먼트를 더블클릭하여 Create Rectangle 대화상자가 표시되 면 Width: 1,080px, Height: 112px로 설정한 다음 〈OK〉 버튼을 클릭합니다. 그림과 같이 초록색 박스를 하단에 배치합니다.

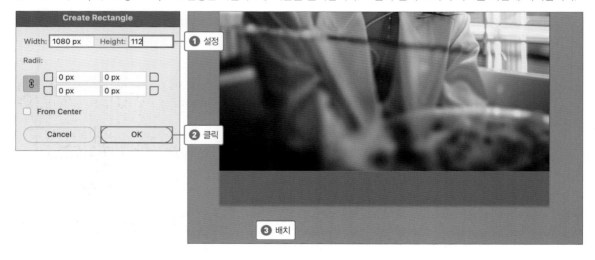

08 카피 레이아웃에서 이미지 여백을 설정하기 위해 박스를 추가합니다. 사각형 도구(□)를 선택하고 전경색을 '흰색'으로 지정한 다음 도큐먼트를 더블클릭합니다. Create Rectangle 대화상자가 표시되면 크기를 Width/Height: 40px로 설정한 다음 〈OK〉 버튼을 클릭합니다. 앞서 만든 초록색 박스 위에 배치하고 Ctrl+R을 눌러 자(Ruler) 기능을 활성화합니다. 자를 클릭한 다음 그림과 같이 40px 크기의 박스 바깥쪽에 가로/세로로 드래그하여 안내선을 배치합니다.

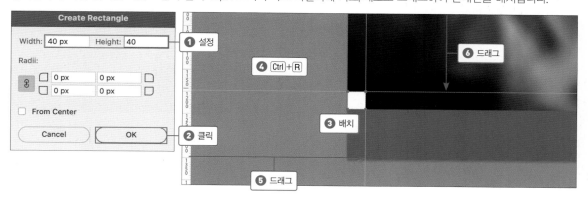

09 40px 크기의 박스를 한 단계 더 위로 올려 가로 안내선을 추가합니다.

TIP 가이드는 이미지의 기준선을 말하며, 가로선과 세로선으로 표현됩니다. 가이드를 이용하기 위해서는 먼저 눈금자를 표시하고 클릭한 다음 이미지로 드래그합니다. 주로 선택 영역을 지정하거나 이미지를 자를 때 가이드를 이용합니다. 만들어진 가이드는 이동 도구로 드래그해서 위치를 변경하거나 도큐먼트 밖으로 드래그해 없앨 수도 있습니다.

10 문자 도구(T.)를 선택하고 Character 패널에서 글꼴: 하남다움체, 글자 크기: 106pt, 행간: 125pt로 설정합니다. 안내선을 기준으로 드래그하여 텍스트 상자를 생성한 다음 '시간은 없어도 건강은 가능해' 슬로건을 두 줄로 입력합니다.

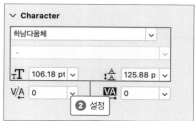

11 Contextual Task Bar에서 글꼴: 산돌 고딕Neo1, 글자 크기: 46pt로 설정합니다. 슬로건 위에 서브 카피인 '매일 샐러드로, 건강을 프로답게'를 입력합니다.

12 Contextual Task Bar에서 글자 크기: 35pt로 설정합니다. 초록색 박스 위에 이벤트 참여를 촉구하는 메시지인 '> 샐러드 프로 7일 체험 신청하기.'를 입력하여 광고 디자인을 마칩니다.

▲ 시안 이미지

03 인스타그램 피드 목업 디자인하기

01 메뉴에서 (File) → New를 실행합니다. New Document 대화상자가 표시되면 Width/Height: 1,080Pixels, Resolution: 72Pixels/Inch, Color Mode: RGB Color로 지정한 다음 〈Create〉 버튼을 클릭하여 새 도큐먼트를 작성합니다.

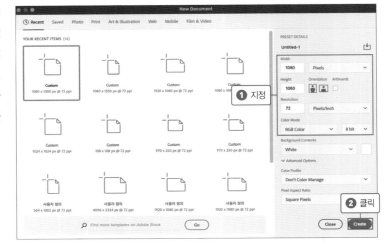

02 전경색을 클릭하여 Color Picker
대화상자가 표시되면 'R:169,
G:199, B:177'로 지정하고 〈OK〉 버튼을 클
릭합니다. Alt + Delete 를 눌러 색을 채웁
니다.

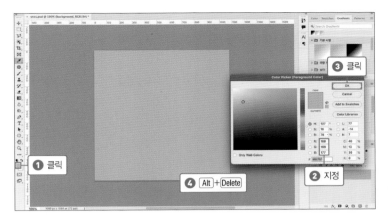

03 메뉴에서 (File) → Open을 실
행한 다음 광고 폴더에서 인스타
그램 피드 목업인 'Mockup.jpg' 파일을
불러옵니다.

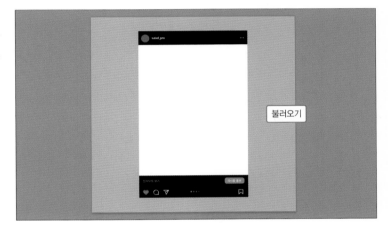

04 앞서 제작한 광고 디자인 또는 광고 폴더의 '광고.jpg' 파일을 불러온 다음 크기를 맞춥니다. 새로운 이미지로 저장해
최종 결과물을 확인합니다.

시안 이미지 ▶

PROJECT

시각적으로 짧고 강렬한
음료 배너 광고 디자인

단순해 보이는 배너 광고 뒤에는 기획자, 디자이너, 카피라이터 등 여러 전문가들이 세심하게 작업한 긴 과정이 있습니다. 그러나 생성형 AI를 활용하면 개념 설정, 초안 작성, 디자인 시안 제작 등 배너 광고 제작의 전 과정을 빠르게 진행할 수 있어, 변화하는 시장 트렌드와 소비자 요구에 신속하게 대응할 수 있습니다.

서울의 유동 인구가 많은 장소에서 카페를 운영한다고 상상해 보세요. 카페는 최고의 위치와 품질을 자랑하지만, 카페 앞을 지나는 사람들 중 실제로 고객이 될 사람은 소수에 불과합니다. 이런 상황에서 오프라인의 한계를 느끼며, 인스타그램과 같은 SNS를 필수적으로 운영하게 됩니다. 그러나 유의미한 팔로워를 모으고 지속적으로 관리하는 것도 쉽지 않으며, SNS의 확장성은 플랫폼의 알고리즘에 의해 제한되거나 변화될 수 있습니다.

이런 환경에서 배너 광고는 비즈니스를 성장시키는 가장 확실하고 효과적인 도구 중 하나입니다. 배너 광고는 불특정 다수를 대상으로 하지 않고, 브랜드가 설정한 고객층에 집중할 수 있으며, 시각적으로 강렬하고 짧은 시간 안에 명확한 정보를 전달할 수 있습니다. 따라서 이번 프로젝트에서는 전문가의 도움 없이 생성형 AI인 챗GPT와 미드저니를 활용해 광고 전략을 설계하고 배너 광고를 디자인할 계획입니다.

1. 러프한 초안 생성

챗GPT와 함께 제품의 특장점과 소비자 니즈의 교집합을 찾아 컨셉을 도출하고, 미드저니를 활용하여 러프하게 배너 이미지를 생성합니다.

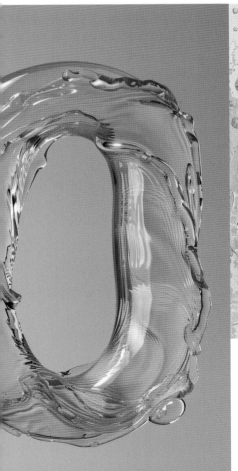

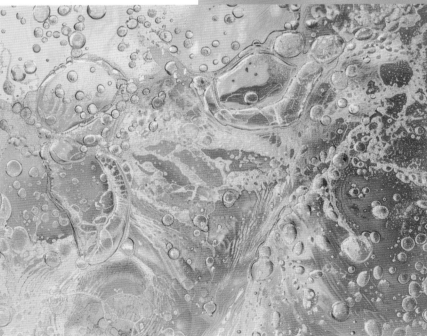

2. 컨셉의 디테일 강화

러프하게 만든 초안 이미지를 바탕으로, 소비자가 더 좋아할 만한 요소를 보완해 최종적으로 눈길을 끌 수 있는 방법을 더합니다.

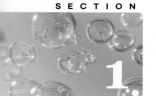

SECTION
1.

음료 브랜드의
고객과 함께 공감하기

고객 페르소나를 설정하는 것은 고객을 특정한 요구 및 과제를 가진 실제 사람으로 상상함으로써 고객을 이해하고 공감하는 데 도움이 됩니다. 공감을 효과적으로 활용하기 위해 챗GPT와 함께 고객에 대한 상세한 페르소나를 설정해 보겠습니다.

공감은 광고 커뮤니케이션의 기본입니다. 공감을 통해 우리는 단순 제품과 서비스를 판매하는 것이 아니라, 브랜드와 고객 사이의 거리를 가깝게 하여 의미 있는 연결을 만들고, 소비자 신뢰를 강화하며 충성도 높은 고객 기반을 구축할 수 있습니다. 공감을 통한 커뮤니케이션의 몇 가지 장점을 소개하겠습니다.

❶ 공감을 통한 감정적 니즈 발견

제품과 브랜드는 객관적인 사양뿐만 아니라 감성적인 요소에 따라 선택되기도 합니다. 예를 들어, 안전을 강조한 자동차 광고는 가족을 보호하려는 부모의 본능을 자극하여, 마력이나 연비보다 더 강력한 설득력을 발휘할 수 있습니다. 예를 들어, 안전에 초점을 맞춘 자동차 광고는 가족을 보호하려는 부모의 본능을 불러일으켜 마력이나 외적 디자인 요소보다 더 설득력 있게 할 수 있습니다.

❷ 신뢰 구축 및 고객 참여 강화

또한 공감은 소비자가 존중받고 이해받는다고 느끼게 하여 충성도를 높일 수 있습니다. 이러한 요소가 브랜드와의 상호작용으로 이어지고, 이는 링크 클릭, 콘텐츠 공유 등 관련 온·오프라인 커뮤니티 참여를 통해 확장됩니다.

01 고객 분석 마케터 역할 제안하기

CHATGPT

너는 지금부터 '마케팅 타깃 설정' 전문 마케터야. 효과적인 광고 타깃 설정을 위해 페르소나를 만드는 것이 너의 목표야. 이해했어?

알았어요! 잘 정의된 페르소나를 만드는 것은 마케팅 목표 설정에서 중요한 단계입니다. 페르소나는 고객을 이해하고 분류하여 마케팅 전략을 효과적으로 맞춤화할 수 있도록 도와줍니다. 특정 잠재 고객이나 제품을 염두에 두고 있다면 해당 페르소나를 함께 구축해 봅시다!

TIP 챗GPT 프롬프트 작성 시 Shift + Enter 를 활용하면 여러 줄의 프롬프트를 작성할 수 있습니다.

02 우리 브랜드의 고객은 어떤 사람일까?

CHATGPT

우리 브랜드의 정보는 아래와 같아.

1. 브랜드 이름: ZERO SWEET
2. 브랜드 카테고리: 음료
3. 메인 고객 연령: 20~25세 여성
4. 브랜드 이미지: 건강한, 가벼운, 제로 칼로리, 제로 슈거
5. 브랜드 가치: 맛 100%, 부담 0%

정확한 페르소나를 만들기 위해 필요한 정보가 있다면 추가로 질문해 줘.
국가는 대한민국, 도시는 서울로 제한해 줘.
아래 항목을 참고해서 각각의 항목에 맞게 만들어 줘.

[1] 인구 통계 정보
- 연령: 페르소나의 연령 범위 정의
- 성별: 해당하는 경우 성별 지정
- 위치: 대한민국 내 도시, 교외 등
- 교육 수준: 고등학교, 대학 졸업, 대학원 등
- 직업 분야: 어떤 산업에 종사하는지
- 소득 수준: 소득 구간

[2] 심리학적 정보
- 생활 방식: 활동적, 집에서 주로 생활, 가족 중심 등
- 관심사: 취미와 관심사는 무엇일까?
- 가치: 그들에게 가장 중요한 가치는?(예: 지속 가능성, 혁신…)
- 성격 특성: 모험심이 많을까? 보수적일까? 창의적일까?

[3] 행동 속성
- 쇼핑 선호도: 온라인 쇼핑객, 매장 내, 가치 중심, 브랜드 충성도?
- 미디어 소비: 그들은 어떤 유형의 미디어를 어떻게 소비할까?(TV, 온라인, 소셜 미디어)
- 기술 사용량: 첨단 기술에 능숙할까, 보통일까, 낮을까? 선호하는 장치는 무엇일까?
- 커뮤니케이션 선호 사항: 어떤 방식으로 연락받기를 선호할까?(이메일, 문자, 소셜 미디어)

[4] 요구 사항과 동기
- 도전 과제: 제품/서비스가 해결할 수 있는 어떤 과제에 직면하고 있을까?
- 목표: 개인적으로나 직업적으로 무엇을 달성하기 위해 노력하고 있을까?
- 의사 결정 요인: 구매 결정에 영향을 미치는 요인은 무엇일까?

[5] 브랜드 상호작용
- 현재 인지도: 현재 브랜드를 인지하고 있을까?
- 브랜드에 대한 인식: 브랜드 또는 유사 브랜드를 어떻게 볼까?
- 구매 내역: 이전에 브랜드에서 구매한 적이 있는가? 그들의 경험은 어땠나?

[6] 시나리오 및 역할 사용
- 구매 역할: 의사 결정자, 영향력 있는 사람, 아니면 최종 사용자인가?
- 사용 시나리오: 고객이 어떤 맥락에서 제품이나 서비스를 사용하게 될까?

> - 고충점: 제품/서비스가 해결할 수 있는 현재 솔루션의 구체적인 문제점이다.
> [7] 페르소나의 목표
> - 참여 목표: 페르소나는 광고에 관해 어떻게 느끼거나 반응할까?
> [8] 배경 이야기
> - 생활 상황: 캐릭터와 상황에 깊이를 더하는 간략한 배경 이야기다.
> - 영향력 있는 생활 사건: 그들의 태도와 행동을 형성한 주요 사건이다.
>
> 답변을 출력할 때는 가급적 자세하고 분석적이며 쉬운 단어로 이야기해 줘.

ZERO SWEET에 제공된 브랜드 정보와 대한민국 서울의 타깃 인구 통계에 초점을 맞춰야 한다는 요구 사항을 바탕으로 포괄적인 페르소나는 다음과 같습니다.

1. 인구 통계 정보

- 연령: 23세
- 성별: 여성
- 위치: 대한민국 서울 강남구
- 교육 수준: 대졸
- 직업 분야: 기술 스타트업이나 마케팅 회사의 신입사원입니다.
- 소득 수준: 신입사원으로 연간 약 3천만~4천만 원을 벌고 있습니다.

2. 심리적 정보

- 라이프 스타일: 활동적이고 건강에 관심이 많으며 정기적으로 피트니스 수업에 참석하거나 야외 활동에 참여
- 관심 분야: 요가, 여행, 패션, 활발한 소셜 미디어 활동 유지
- 가치: 건강, 웰빙, 개인 개발 및 지속 가능성
- 성격 특성: 모험심과 사회적 의식이 강하며 트렌디하면서 항상 새로운 것을 시도

3. 행동 속성

- 쇼핑 선호도: 주로 온라인 쇼핑객이지만, 특정 구매를 위해 매장을 방문합니다. 편의성을 중시하지만, 일단 신뢰가 구축되면 브랜드 충성도가 높아집니다.
- 미디어 소비: 인스타그램(Instagram), 유튜브(YouTube)와 같은 소셜 미디어 플랫폼을 포함한 디지털 미디어에 적극적으로 참여합니다. 건강한 라이프 스타일을 장려하는 인플루언서를 팔로우합니다.
- 기술 사용: 기술에 정통하며, 업무와 개인 생활 모두에서 스마트폰과 노트북을 광범위하게 사용합니다.
- 커뮤니케이션 기본 설정: 소셜 미디어 메시징을 통한 커뮤니케이션을 선호합니다.

4. 요구 사항 및 동기

- 도전 과제: 바쁜 생활 방식과 건강한 식단 및 운동 루틴을 유지하려는 욕구 사이의 균형을 유지합니다.
- 목표: 경력을 쌓으면서 건강하고 활동적으로 지내는 것, 시간을 낭비하지 않으면서도 라이프 스타일을 지원하는 제품을 찾습니다.
- 결정 요소: 제품 성분, 건강상의 이점, 편의성 및 브랜드 윤리

5. 브랜드 상호작용

- 현재 인지도: 소셜 미디어나 인플루언서 추천을 통해 ZERO SWEET 브랜드를 인지할 가능성이 큽니다.
- 브랜드 인식: ZERO SWEET은 그의 라이프 스타일에 맞는 트렌디하며 건강을 고려한 선택이라고 생각합니다.
- 구매 내역: 이전에 온라인 광고를 본 후 ZERO SWEET을 사용해 본 적이 있으며 제품의 맛과 건강상의 이점에 만족하여 재구매했습니다.

6. 시나리오 및 역할 사용

- 구매 역할: 개인 건강 및 라이프 스타일 제품에 관한 의사 결정자
- 사용 시나리오: 상쾌하고 죄책감 없는 활력을 위하여 직장에서 또는 운동 세션 후에 ZERO SWEET를 마십니다.
- 고충점: 설탕과 칼로리가 첨가되지 않은 건강하고 만족스러운 음료를 찾기가 어렵습니다.

7. 페르소나의 목표

- 참여 목표: '맛 100%, 부담 0%'라는 브랜드 메시지에 공감하면서 광고를 볼 때 자신의 선택에 힘과 확신을 느껴야 합니다.

8. 배경 스토리

- 생활 상황: 최근 졸업하고 서울에서 경력을 시작했습니다. 그는 개인적인 건강 및 웰빙 목표를 유지하면서 빠르게 변화하는 삶에 적응하고 있습니다.
- 영향력 있는 생활 사건: 코로나19 팬데믹 동안 졸업하면서 건강과 웰빙에 대한 인식과 가치가 높아졌습니다.

 배너 광고의 효과

1. 타깃 도달

배너 광고 플랫폼을 사용하면 위치, 연령, 관심사, 탐색 행동 등과 같은 세부 기준을 기반으로 잠재 고객을 구체적으로 타깃팅할 수 있습니다. 이처럼 정밀한 타깃팅을 통하여 우리의 제품이나 서비스에 관심을 가질 가능성이 가장 높은 사용자에게 광고가 표시되어 광고 효과가 크게 높아집니다.

2. 도달성 증가

SNS는 고객에게 유기적으로 다가갈 기회를 제공하지만, 콘텐츠의 도달성은 플랫폼 알고리즘에 의해 제한하는 경우가 많습니다. 유료 배너 광고는 우리의 팔로워뿐만 아니라 더 많은 잠재 고객이 우리의 광고를 볼 수 있도록 보장합니다.

3. 측정할 수 있는 결과

유료 배너 광고는 광고의 효과를 이해하는 데 도움이 되는 강력한 분석 및 성과 지표를 제공합니다. 광고를 보고 클릭한 사람 수와 클릭 후 취한 조치를 추적할 수 있습니다. 이 데이터는 캠페인을 최적화하고 투자 수익(ROI)을 향상하는 데 중요합니다.

T I P 투자 수익(ROI: Return On Investment)은 디지털 마케팅에서 광고 캠페인의 효과를 측정하는 데 사용하는 핵심 지표입니다. 투자 대비 수익금을 계산해 1달러당 얼마나 많은 이익이 발생하는지 알려주고 확인할 수 있습니다.

SECTION

2.

충족되지 않은
제로 칼로리 음료의 문제점 찾기

광고의 성공은 고객을 얼마나 잘 이해하느냐에 달려 있습니다. 이는 단순 고객의 성별과 나이를 파악하는 것
뿐만 아니라, 그들이 직면한 실제 문제와 우리 제품이나 서비스가 어떻게 도움을 줄 수 있는지를 이해하는
것을 말합니다. 고객 페르소나를 설정하고 그들의 특정 문제를 깊이 탐구함으로써, 우리 광고는 단순한 소음
을 넘어 의미 있는 영향을 미칠 수 있습니다.

앞서 챗GPT와 함께 앞서 만든 페르소나의 정보를 바탕으로 관점 서술문(POV)을 작성해, 고객
이 겪고 있는 문제점과 충족되지 않은 욕망을 정리하겠습니다.

- **Who**: 건강을 중요하게 생각하는 23세 여성은
- **What**: 맛있는 저칼로리 음료를 찾지 못했다.
- **Because**: 몇 번의 경험으로 '저칼로리＝맛없음'이라는 인식이 생겨 접근 자체를 꺼리게 되었다.

페르소나의 페인 포인트를 포함한 관점 서술문을 작성하였습니다. 고객이 갖고 있는 고정관념에
공감하며 해결 방법을 찾아볼 수 있습니다. 앞서 알아본 내용을 바탕으로 우리 제품이 해결할 수
있는 문제를 정의하겠습니다.

- **How**: 어떻게 하면
- **Might We～?**: '저칼로리＝맛없음'이라는 고정관념을 갖고 있는 타깃에게 우리의 음료를 맛보게 할 수 있을까?

기본적인 음료의 맛뿐만 아니라 탄산의 톡 쏘는 느낌까지, 우리 음료가 지닌 공감각적인 즐거움
을 시각적으로 전달하면 타깃이 한 번 더 고민할 기회를 만들 수 있을 것입니다.

SECTION

3.

AI와 함께 배너 슬로건 구체화하기

앞서 고객의 요구 사항을 파악했습니다. 우리의 목표는 이러한 고객의 요구를 우리 제품과 서비스의 특장점과 연결하는 것입니다. 과거에는 아이디어를 구상하는 데 사람의 능력에만 의존했지만, 지금은 AI가 협력하여 함께 아이디어를 발전시키거나 새로운 힌트를 발견할 수 있습니다. 우리 브랜드는 '프리미엄 음료'의 이미지를 구축하고 있으므로 설정한 페르소나의 고급스러운 휴식 경험에 대한 열망에 집중할 것입니다. 이어서 챗GPT와 함께 협력하여 아이디어를 더 세밀하게 구상해 보겠습니다.

01 배너 광고 크리에이티브 디렉터 역할 제안하기

CHATGPT

> 너는 지금부터 '배너 광고 크리에이티브 디렉터'로 일하게 돼. 효과적인 광고 집행을 위한 배너 광고 슬로건과 비주얼을 제작하는 것이 너의 목표야. 그리고 이 광고 캠페인은 대한민국에 거주하고 있는 한국인을 타깃으로 해. 이해했어?

이해했습니다! 배너 광고 크리에이티브 디렉터로서 대한민국에 거주하는 한국인에게 꼭 맞는 임팩트 있는 슬로건과 비주얼을 만드는 데 집중하는 것이 필수적입니다. 우리는 문화적 차이, 현지 동향, 대상 고객의 선호도를 고려해 효과적으로 참여하는 것을 목표로 할 것입니다. 배너 광고에 중점을 두고 싶은 구체적인 세부 사항이나 주제를 알려주시면 몇 가지 매력적인 개념을 만들어 보겠습니다.

02 배너 슬로건 및 비주얼 아이디어 제안하기

CHATGPT

> 1. 배너 캠페인의 목표: 맛은 100%, 부담은 0%인 과일 음료 알리기
> 2. 제품의 이름: ZERO SWEET
> 3. 제품의 카테고리: 음료
> 4. 잠재 고객: 23세 여성으로 서울 강남에 거주하며 사회 초년생이다. 경력을 쌓으면서 건강하고 활동적으로 지내고 싶어 한다. 설탕과 칼로리가 첨가되지 않은 건강하고 만족스러운 음료를 찾기가 어렵다. 제로 칼로리 음료들의 맛에 불만이 있다. 칼로리 함량뿐 아니라 섭취하는 음료의 전체적 성분의 투명성에도 관심이 있다.
> 5. 제품의 특징: 대체 당을 사용한 제로 슈거 과일 음료로 맛있으면서 칼로리가 적은 음료, 다른 음료들과 차이점으로 식감을 느낄 수 있는 젤리가 들어있다는 점
>
> 만약 정보가 부족하다면, 좋은 배너 광고를 만들기 위해 질문을 계속해 줘.
> 네가 만들어야 할 '배너 광고'에 사용할 수 있는 슬로건은 아래 항목을 참고해서 각각의 항목에 맞게 만들어 줘. 입력한 '배너 캠페인의 목표'를 바탕으로 배너 광고의 핵심 메시지 및 슬로건을 우선 설정해서 출력해 줘.

이때 핵심 메시지 및 슬로건은 창의적이고 주목도 높으며 간결하게, 클릭을 유도할 수 있도록 'Calls To Action' 요소를 반드시 넣어 줘. 마크다운(Markdown)을 활용하여 크고 굵게 표시해 줘.
총 10개의 슬로건을 한글로 작성하고, 각 슬로건과 컨셉에 어울리는 모델이 나오지 않는 미니멀한 제품 배너 광고 비주얼의 컨셉 아이디어도 근거와 함께 한글 텍스트로 제안해 줘.

 ZERO SWEET의 고유한 기능을 강조하고 서울의 타깃 고객에게 직접적으로 어필할 수 있는 배너 광고를 만드는 구조화된 접근 방식은 다음과 같습니다.

핵심 메시지

"ZERO SWEET : 100% 맛있는 혁신, 0% 부담을 넘어"

1. 맛의 혁명, ZERO SWEET으로 즐기세요!

Visual Concept: 생동감 넘치는 컬러풀한 배경에 화면에서 튀어나오는 애니메이션 과일 맛과 젤리 텍스처로 가득한 제로 스위트 보틀이 등장합니다.

2. 건강한 선택, 부담 없는 맛!

Visual Concept: 깔끔한 흰색 배경에 깨끗한 제로 스위트 보틀을 중심으로 빛의 후광을 비춰 순수함과 건강함을 강조합니다.

3. ZERO 칼로리, MAX 즐거움!

Visual Concept: 파스텔 그러데이션을 배경으로 보틀 주위를 떠다니는 역동적이고 장난기 가득한 거품이 경쾌함과 재미를 선사합니다.

4. 당신의 일상에 즐거움을 더하는 ZERO SWEET

Visual Concept: 카페 테이블 위에 놓인 음료와 함께 바쁜 낮에서 여유로운 저녁으로 바뀌는 서울의 낮과 밤의 도시 풍경이 펼쳐집니다.

5. ZERO SWEET, 당신의 건강한 라이프 스타일 파트너

Visual Concept: 활동적인 라이프 스타일을 겨냥해 스타일리시한 짐 가방과 요가 매트 옆에 제로 스위트 보틀을 배치한 미니멀한 디자인이 특징입니다.

6. 모든 순간, 건강하게 즐기세요!

Visual Concept: 아침부터 밤까지 하루의 다양한 시간대를 보여주는 이미지 시퀀스, 그리고 항상 상쾌한 동반자 제로 스위트가 함께합니다.

7. 부담 없이 즐기는 매 순간

Visual Concept: 제로 스위트 보틀 안을 부드럽게 떠다니는 젤리 조각의 미묘한 애니메이션이 고요한 파란색 배경에 강조 표시됩니다.

8. 시원하게 즐기는 ZERO SWEET의 매력

Visual Concept: 더운 여름날의 상쾌함을 강조하는 결로 현상이 있는 제로 스위트 보틀입니다.

9. ZERO SWEET와 함께라면, 건강도 맛도 '예스'

Visual Concept: 열린 제로 스위트 보틀에서 흘러나오는 하트 모양은 건강과 맛에 대한 사랑을 상징합니다.

10. 젤리와 함께 특별한 맛의 경험을

Visual Concept: 천연 재료를 암시하는 소프트 포커스 과일을 배경으로 음료 속 젤리의 식감을 보여주는 음료를 클로즈업합니다.

각각의 슬로건과 비주얼은 맛있으면서도 건강한 음료의 선택이라는 제품의 매력을 강조하면서 젊고 건강에 관심이 있는 서울의 인구 집단을 유인할 수 있도록 디자인되었습니다. 생생한 색상, 미니멀리스트 디자인, 역동적인 이미지를 사용해 시청자가 더 많은 것을 배우고 ZERO SWEET를 시도하도록 유도하는 매력적인 시각적 경험을 만드는 것을 목표로 합니다.

챗GPT에 제안받은 슬로건 중 'ZERO 칼로리, MAX 즐거움'을 선택하고, 함께 제안받은 비주얼 컨셉인 파스텔 톤의 배경에 거품이 떠다니는 그림을 제작한 다음 추가 비주얼 컨셉으로 젤리의 식감이 느껴지도록 '제로'를 젤리 텍스처로 활용한 그림을 제작하겠습니다.

 ZERO 칼로리, MAX 즐거움

- 파스텔 톤과 거품
- 젤리 텍스쳐의 '제로'

S E C T I O N

4.

배너 배경 소스 이미지 만들기

우선 챗GPT에 추천받은 파스텔 톤의 그러데이션 배경 위에 거품이 가볍고 재미있게 떠다니는 AI 이미지를 디자인해 제로 칼로리 음료 배너의 배경으로 사용할 계획입니다.

01 AI로 이미지를 생성하기 위해 웹 브라우저에서 'discord.com'을 입력하여 디스코드 사이트에 접속하고 로그인합니다. 미드저니 채널로 들어가서 이미지 생성 전 기본 세팅을 위해 입력창에 '/settings'를 입력한 다음 Enter를 누릅니다. 미드저니의 모델 버전(V1~V6) 선택과 이미지 스타일 등을 설정해 두면, 이미지 생성 시마다 따로 입력 없이 고정적인 옵션을 활용할 수 있습니다.

TIP Fast Mode와 Relax Mode

프롬프트 입력창에 '/Setting'을 입력하면 이미지 생성 작업 속도를 의미하는 〈Fast Mode〉와 〈Relax Mode〉 모드를 선택할 수 있습니다. 기본으로 Fast Mode가 적용되어 있습니다. Pro 플랜부터는 많은 양의 이미지 생성을 위해서 Relax Mode를 이용해 느리지만, 제한없이 이미지를 생성할 수 있습니다. 업스케일링 모드에서는 Fast Mode가 기본으로 적용된다는 점도 알아두세요.

02 입력창에 '/i'를 입력하고 '/imagine prompt'를 선택한 다음 커서가 깜빡이면 프롬프트를 작성하고 Enter를 누릅니다.

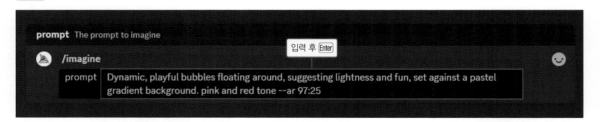

프롬프트 Dynamic, playful bubbles floating around, suggesting lightness and fun, set against a pastel gradient background. pink and red tone – –ar 97:25

번역 파스텔 그러데이션 배경 위를 활기차고 장난스럽게 떠다니는 거품으로 표현해 가벼움과 재미를 시각적으로 암시한다. 분홍색과 빨간색 톤

TIP 이미지 비율을 설정하는 파라미터값 '– –ar'을 활용하여 필요한 이미지 소스를 얻어 보세요.

03 두 번째 이미지 소스가 마음에 들어 〈U2〉 버튼을 클릭하여 업스케일합니다.

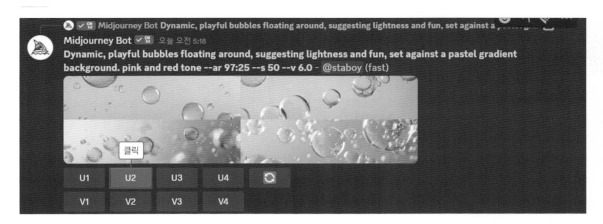

04 업스케일된 이미지를 클릭한 다음 마우스 오른쪽 버튼을 클릭하고 **이미지 저장**을 실행해 원본을 저장합니다. 생성된 배경과 제품 사진을 970×250px 크기의 도큐먼트에서 합성 및 편집하여 배너를 제작했습니다.

◀ 시안 이미지

● 예제파일: 배너\zero sweet.png ● 완성파일: 배너\zero.jpeg, 배너배경.jpeg, 배너광고.jpg

SECTION

5.

클릭을 유도하는
배너 광고 디자인하기

미드저니에서 생성한 배경 디자인은 괜찮았지만, 표현 요소가 탄산이 아닌 방울로 느껴져 다소 오해의 소지가 있었고, 'ZERO' 요소를 더 강조하고 클릭을 유도할 수 있는 부분이 추가되면 좋겠다는 피드백을 받았습니다. 이를 바탕으로 두 번째 디자인 컨셉인 젤리 텍스처의 'ZERO' 요소를 활용한 배너 디자인을 작업하겠습니다.

01 투명한 액체 재질의 숫자 AI 이미지 생성하기

01 AI로 이미지를 생성하기 위해 웹 브라우저에서 'discord.com'을 입력해 디스코드 사이트에 접속하고 로그인합니다.
미드저니 채널로 들어가서 입력창에 '/i'를 입력하고 '/imagine prompt'를 선택합니다.

02 투명한 액체 재질의 숫자 0을 만들기 위해 프롬프트를 입력하고 Enter 를 누릅니다.

프롬프트 The number '0' in the form of a transparent liquid material, light pink and light red tone. --ar 4:5 --s 150

번역 투명한 액체 물질 형태의 숫자 '0', 연분홍색과 연분홍색 톤

TIP 과거에는 3D 도구나 복잡한 포토샵 작업이 필요했으나 AI를 활용해 손쉽게 제작할 수 있습니다. 세로로 길게 그림을 생성해야 할 때는 생성 비율도 세로로 생성하세요.

03 네 번째 이미지에서 'O'의 모양이 살짝 마음에 들지 않아 해당
    이미지를 기준으로 한 번 더 변화시키기 위하여 〈V4〉 버튼을
클릭합니다.

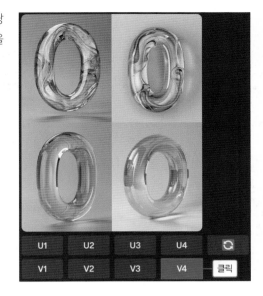

04 네 번째 이미지가 가장 마음에 들어 업스케일하기 위해 〈U4〉
    버튼을 클릭합니다.

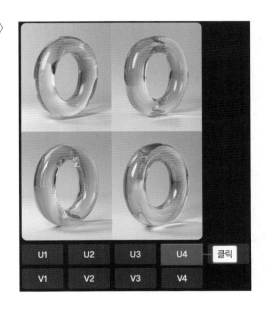

05 업스케일된 이미지를 클릭합니다.

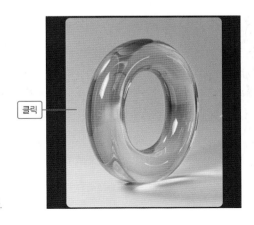

TIP 용량이 작은 배너 작업에 사용할 것이므로 업스케일은 진행하지 않습니다.

06 이미지를 클릭하고 마우스 오른 쪽 버튼을 클릭한 다음 **이미지 저장**을 실행해 원본을 저장합니다.

07 숫자 이미지를 바탕으로 배너 디자인을 진행할 예정입니다.

02 컨셉을 강화하여 배경 이미지 생성하기

01 배너에 사용할 배경 소스를 만들기 위해 프롬프트를 작성합니다.

프롬프트 Pastel, transparent sparkling water in pink and red tones --ar 97:25

번역 파스텔, 투명한 스파클링 워터 핑크 톤과 레드 톤

02 프롬프트를 통해 생성된 이미지를 확인하고 마음에 드는 이미지를 업스케일합니다. 배너의 배경으로 사용할 이미지이므로 깔끔한 첫 번째 이미지를 선택하기 위해 〈U1〉 버튼을 클릭합니다.

03 업스케일된 이미지를 클릭합니다.

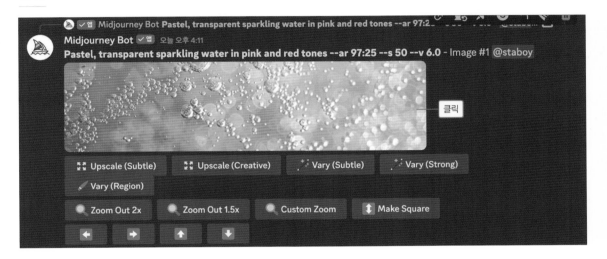

04 이미지에서 마우스 오른쪽 버튼을 클릭한 다음 **이미지 저장**을 실행해 원본을 저장합니다.

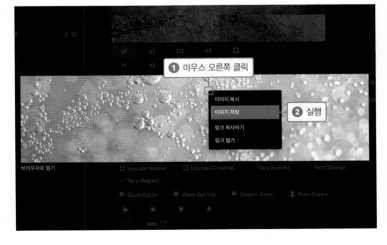

05 최종 저장된 배경 이미지와 숫자 0 이미지를 바탕으로 배너를 디자인할 예정입니다.

03 클릭하고 싶은 배너 디자인하기

01 포토샵을 실행하고 메뉴에서 (File) → New를 실행합니다. New Document 대화상자가 표시되면 문서 이름에 '제품 배너광고 디자인'을 입력합니다. Width: 970Pixels, Height: 250Pixels, Resolution: 72Pixels/Inch, Color Mode: RGB Color로 지정하고 〈Create〉 버튼을 클릭하여 가로로 긴 배너 형태의 새 도큐먼트를 작성합니다.

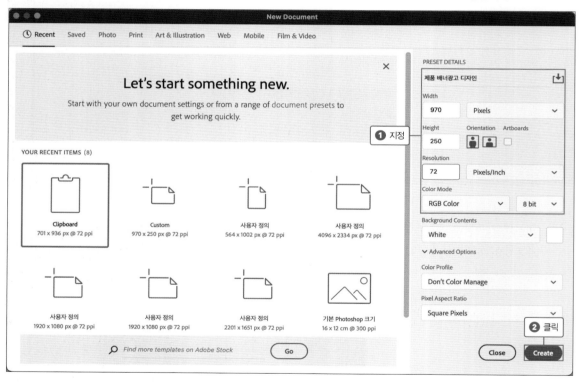

02 배너에 사용할 배경 이미지를 불러오기 위해 Ctrl+O를 눌러 미드저니에서 생성한 배경 이미지 파일 또는 배너 폴더에서 '배너배경.jpeg' 파일을 불러옵니다.

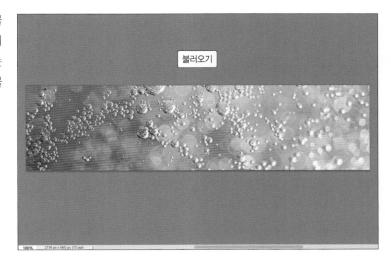

03 배너 배경 이미지 레이어를 선택한 상태에서 Ctrl+C를 눌러 복사한 다음 원래 문서로 돌아와 Ctrl+V를 눌러 붙여 넣습니다.

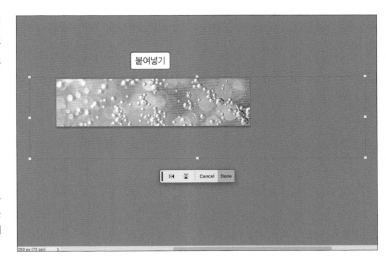

TIP 가져온 이미지가 문서보다 크므로 필요한 만큼 크기를 조절하기 좋습니다. 예제에서는 브랜드의 메인 컬러인 '검은색'을 강조하기 위해 배경의 밝은 부분을 활용했습니다.

04 밝고 발랄한 느낌을 더하기 위해 배경 이미지의 Level과 Hue를 조절하겠습니다. Layers 패널의 'Create new fill or adjustment layer' 아이콘(●.)을 클릭하고 'Levels'를 선택합니다.

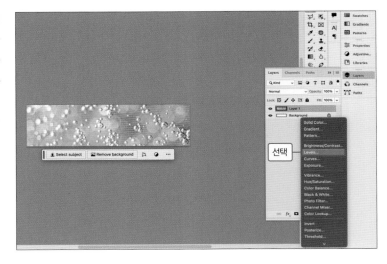

05 Levels 대화상자에서 배경 이미지의 밝기를 조절하기 위해 중간 톤: 1.25, 하이라이트 톤: 227로 설정합니다.

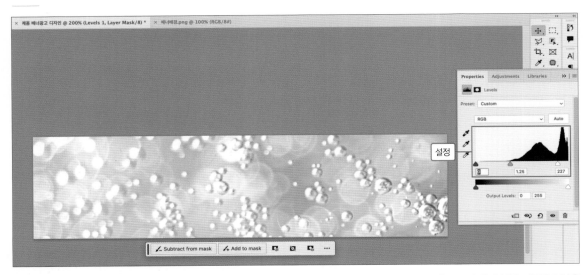

TIP Levels 기능은 이미지의 명도와 대비를 조절하며 주로 색상을 풍부하게 보정할 때 이용합니다. 밝은 부분과 중간 부분, 어두운 부분을 나눠 보정할 수 있는 장점이 있습니다.

Levels 그래프의 형태만 봐도 어떤 명도를 가진 이미지인지 알 수 있습니다. 그래프가 왼쪽으로 치우치면 어두운 이미지이고, 오른쪽으로 치우치면 밝은 이미지입니다. 그래프가 전반적으로 균형을 이루면 가장 적정한 명도를 가진 이미지입니다.

06 Layers 패널에서 배경 레이어와 생성된 'Levels 1' 레이어 사이에 마우스 포인터를 두고 [Alt]를 누른 채 클릭하여 'Levels 1' 레이어를 배경 레이어에만 적용되도록 포함합니다.

'Create new fill or adjustment layer' 아이콘(◉)을 클릭하고 'Hue/Saturation'을 선택합니다.

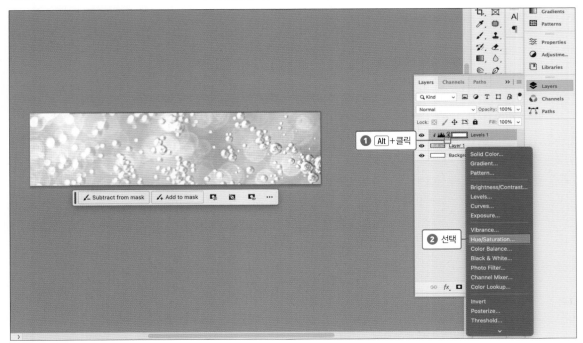

07 Hue/Saturation 대화상자가 표시되면 Saturation을 '+100'으로 설정하여 이미지 색감을 조절합니다. 'Levels 1' 레이어처럼 배경 레이어에만 적용되도록 [Alt]를 누른 채 클릭해 레이어를 포함합니다.

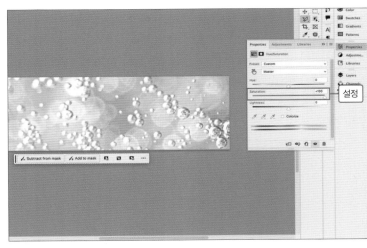

TIP Hue/Saturation은 색의 3요소인 색상, 채도, 명도를 일괄적으로 조절할 때 사용하는 기능으로 색상을 교체할 때 이용하면 편리합니다.

08 배너에 사용할 숫자 '0' 이미지를 불러오기 위해 메뉴에서 (File) → Open([Ctrl]+[O])을 실행하고 미드저니에서 생성한 배경 이미지 파일 또는 배너 폴더의 'zero.jpeg' 파일을 불러옵니다.

09 배경과 '0'을 분리하기 위해 오브젝트 선택 도구([□])를 선택하고 '0' 부분에 마우스 포인터를 올리면 '0'의 테두리가 분홍색으로 바뀌는 것을 확인한 다음 클릭합니다.

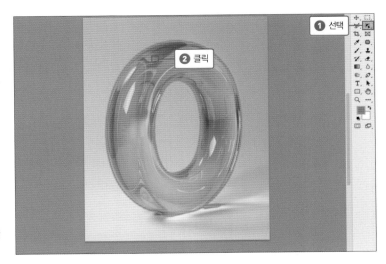

TIP 오브젝트 선택 도구는 드래그한 부분을 기준으로 빠르게 영역을 선택합니다.

10 테두리가 점선으로 표시되면 Ctrl +J를 눌러 선택 영역만 레이어를 복제합니다.

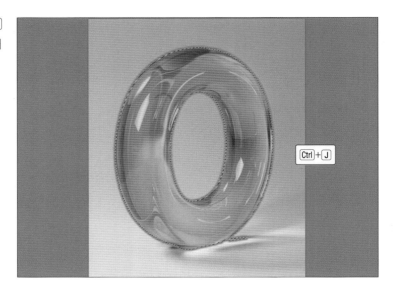

11 Layers 패널에서 새로운 레이어에 선택한 오브제가 잘 복제되었는지 확인합니다.

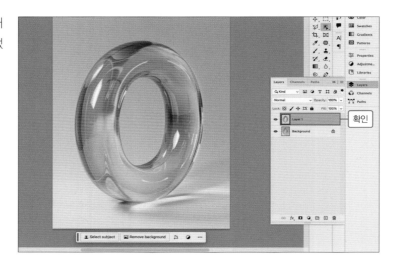

12 원하는 부분만 복제한 레이어의 '눈' 아이콘(◉)만 클릭해 활성화하고, 지우개 도구(◢)등을 활용하여 다듬어줍니다.

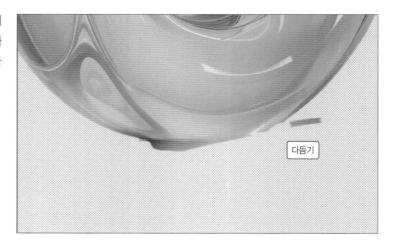

13 정리된 레이어를 선택한 다음 Ctrl +C를 눌러 복사하고, 배너 문서 맨 위 레이어에 Ctrl+V를 눌러 붙여넣기 합니다.

Layers 패널에서 'Create new fill or adjustment layer' 아이콘(◐)을 클릭한 다음 'Hue/Saturation'을 선택합니다. Hue/Saturation 대화상자가 표시되면 Hue를 '24'로 설정해 배경 이미지와 톤을 맞춥니다. 배경과 같은 방법으로 Levels 도 맞춥니다.

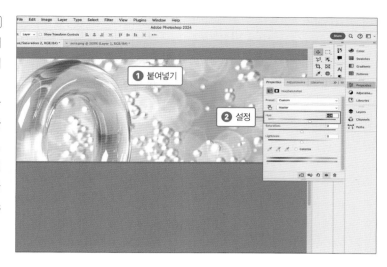

14 메뉴에서 (File) → Open(Ctrl +O)을 실행하고 배너 폴더에서 배너 광고에 들어갈 브랜드 제품 이미지인 'zero sweet.png' 파일을 불러옵니다.

TIP 예제 파일의 경우에는 배경과 상품 이미지가 분리되어 있어 바로 사용할 수 있지만, 배경과 상품이 분리되지 않은 경우 펜 도구나 앞서 활용한 오브젝트 선택 도구를 활용해 제품을 독립된 레이어로 만듭니다.

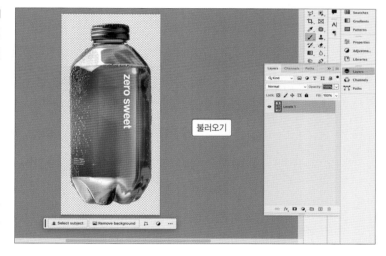

15 제품 레이어를 선택한 다음 Ctrl +C를 눌러 복사하고, 배너 문서 맨 위 레이어에 Ctrl+V를 눌러 붙여넣은 다음 그림과 같이 크기와 위치를 조절합니다.

16 T를 눌러 문자 도구(T.)를 선택
하고 Contextual Task Bar 또
는 Character 패널에서 글꼴: 산돌고딕,
글자 크기: 94pt, 자간: −40, 글자 색: 검은
색으로 지정합니다. 제품 오른쪽에 클릭한
다음 메인 카피인 'ZERO SWEET'를 입
력합니다.

17 메인 카피 위에 사각형 도구(□)를 활용하여 그림과 같이 검은색 상자를 만듭니다.

18 문자 도구(T.)를 선택하고 Character 패널에서 글자 크기: 40pt, 글자 색: 흰색으로 지정합니다. 사각형 위에 그림
과 같이 서브 카피인 '칼로리 ZERO 즐거운 MAX'를 입력합니다. Ctrl+T를 누른 뒤 문자 길이에 맞춰 사각형 크기
를 조절합니다.

19 답답해 보일 수 있는 사각형을 수정하기 위해 사각형 레이어를 선택한 채 Layers 패널의 'Add a Mask' 아이콘(▣)을 클릭합니다. 상자 레이어의 마스크 레이어 섬네일을 클릭합니다.

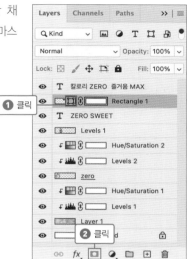

20 그레이디언트 도구(▣)를 선택하고 옵션바에서 'Gradient Presets'를 클릭한 다음 Basics 항목의 'Black,White'를 선택합니다. 배너 위쪽의 사각형 오른쪽에서 왼쪽으로 그림과 같이 드래그합니다.

21 배경의 탄산이 복잡해 보여 카피와 겹치는 부분을 블러 효과로 흐리게 만들겠습니다. 먼저 Layers 패널에서 배경에 활용된 모든 레이어를 선택한 다음 Ctrl+G를 눌러 그룹을 만듭니다.

22 'Group 1' 레이어를 선택하고 Ctrl+J를 눌러 그룹을 복제합니다.

23 복제된 'Group 1 copy' 레이어를 선택하고 Ctrl+E를 눌러 이미지 레이어를 병합합니다.

24 병합된 이미지 레이어를 선택한 다음 메뉴에서 (Filter) → Blur → Gaussian Blur를 실행합니다.

25 Gaussian Blur 대화상자가 표시되면 'Preview'를 체크 표시하고 Radius를 '4Pixels'로 설정한 다음 〈OK〉 버튼을 클릭합니다.

26 가우시안 블러가 적용된 배경 레이어를 선택한 채 Layers 패널의 'Add a Mask' 아이콘(⬚)을 클릭합니다. 생성된 마스크 레이어를 선택하고 브러시 도구(✐)를 선택합니다. 옵션바에서 Color: Black, Hardness: 0으로 지정한 다음 카피 부분을 제외한 나머지 부분을 드래그하며 탄산의 디테일을 살립니다.

TIP Add a mask는 메뉴의 〔Layer〕 → Layer Mask와 같은 기능으로 해당 레이어에 마스크 효과를 적용할 수 있습니다.

27 마지막으로 문자 도구(T)를 선택하고 Character 패널에서 글꼴: 산돌고딕, 글자 크기: 22pt, 자간: −40, 글자 색: 검은색으로 지정합니다. 그림과 같이 CTA(Call To Action) 메시지인 '자세히 알아보기 >'를 입력해 마무리합니다.

꽃집×패션 편집숍
콜라보레이션 디자인

고객의 관심을 끌기 위해 신선함과 재미는 이제 선택이 아닌 필수 요소가 되었습니다. 따라서 브랜드 간의 협업이 더 중요해지고 있습니다. 생성형 AI를 활용해 빠르게 변화하는 트렌드에 맞춘 고품질의 결과물을 제작하고, 다양한 관점과 아이디어를 확장하는 방법을 모색해 봅시다.

고객의 시선을 끄는 능력은 빠르게 변화하는 시장에서 매우 중요합니다. 브랜드 간의 콜라보레이션(협업)은 각기 다른 강점을 결합해 마케팅에서 상호 보완적인 효과를 창출하는 전략입니다. 이런 콜라보레이션을 통해 개별 브랜드가 달성하기 어려운 성과를 이룰 수 있습니다. 예를 들어, 애플은 나이키와 콜라보레이션하여 애플워치 나이키 플러스를 출시해 피트니스 시장에서 큰 인기를 끌었고, 구찌는 아디다스와의 콜라보레이션을 통해서 젊고 트렌디한 소비자들에게 접근했습니다. 우리도 챗GPT와 콜라보레이션하여 적합한 파트너를 찾고, 미드저니를 통해 콜라보레이션 제품을 디자인할 수 있습니다.

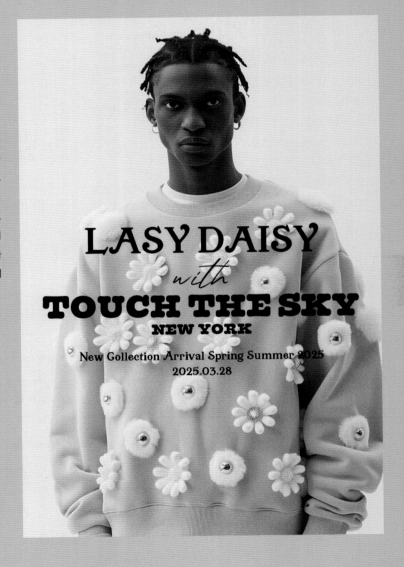

1. 가상의 고객을 설정하고 컨셉 맞추기

챗GPT와 우리의 잠재 고객 페르소나를 설정하고, 부족한 포인트를 채워주며 시너지를
낼 수 있는 산업 분야 및 브랜드를 선정해 콜라보레이션 제품 시안을 제작합니다.

2. 페르소나의 취향에 한 단계 더 깊게 들어가기

같은 카테고리 내에서도 브랜드의 감도와 취향은 세밀하게 구분됩니다. 페르소나의 취향
을 깊이 있게 분석해 그들이 소유하고 싶어 하는 개성 있고 희소한 아이템을 개발합니다.

새로운 브랜드 경험을 선물하는 공감하기

브랜드 간의 콜라보레이션은 고객과의 공감을 최우선으로 해야 합니다. 고객이 이해할 수 없는 콜라보레이션은 부적절하게 느껴지고, 브랜드의 신뢰를 훼손할 수 있기 때문입니다. 콜라보레이션을 위해 고객과 공감할 포인트는 나이뿐만 아니라 소비 습관, 라이프 스타일, 그리고 현재 가치관과 같은 다양한 요소를 고려해야 합니다. 이를 통해 콜라보레이션이 고객에게 더 의미 있는 경험을 제공할 수 있습니다.

01 브랜드 콜라보레이션 전문 고객 분석 마케터 역할 제안하기

너는 지금부터 '마케팅 페르소나' 제작 전문 마케터야. 효과적인 광고 타깃 발굴을 위해 페르소나를 만드는 것이 너의 목표야. 이해했어?

네 이해했습니다! 브랜드 콜라보레이션 전문 고객 분석 마케터로서 몇 가지 구체적인 고객 페르소나를 만들어 드리겠습니다. 이러한 페르소나는 브랜드 간의 잠재적인 콜라보레이션 기회와 전략을 식별하는 데 도움이 되도록 설계됩니다. 타깃팅하고 싶은 업계나 특정 브랜드, 그리고 관련성이 있다고 생각하는 기타 세부 정보를 알려주세요.

02 두 브랜드를 찾는 고객은 어떤 사람일까?

우리 브랜드의 정보는 아래와 같아.

1. 브랜드 이름: 레이지 데이지
2. 브랜드 카테고리: 플라워숍
3. 메인 고객 연령: 15~24세 여성
4. 브랜드 이미지: 패셔너블, 힙스터
5. 브랜드 가치: 여유 있는 삶, 꽃과 함께하는 삶의 가치를 전달

정확한 페르소나를 만들기 위해 필요한 정보가 있다면 추가로 질문해 줘. 국가는 한국, 도시는 서울로 제한해 줘. 네가 만들어야 할 '콜라보레이션'에 사용할 수 있는 페르소나는 아래 항목을 참고해 각각의 항목에 맞게 만들어줘.

  [1] 인구 통계학적 특징: 연령, 성별, 소득 수준, 교육 및 직업 등
  [2] 심리학적 정보: 가치관, 취미, 관심 분야, 라이프 스타일 특성 등
  [3] 지리적 위치: 국가, 도시

페르소나: 트렌드세터

1. 인구 통계학적 특성

- 연령: 19세
- 성별: 여성
- 소득 수준: 부모님의 경제적 지원
- 학력 및 직업: 현지 대학 패션디자인 전공 학생

2. 심리적 정보

- 가치관: 트렌디함, 사회적 영향력, 패션의 혁신
- 취미 및 관심 분야: 패션 블로깅, 대중문화 행사 참석, 소셜 미디어 콘텐츠 제작
- 라이프 스타일 특성: 활동적인 사회생활, 온라인 참여도가 높으며 항상 최신 트렌드로 업데이트

3. 지리적 위치

- 국가: 한국
- 도시: 서울

4. 구매 행동

- 구매 방법: 인스타그램 트렌드와 K-Pop 문화에 영향을 받아 온라인과 홍대 등 트렌디한 지역에서 쇼핑
- 구매 시간: 자주 쇼핑하는 고객, 특히 새로운 트렌드가 나타날 때
- 구매 이유: 트렌디한 이미지를 유지하고 자신만의 스타일을 표현하기 위해

5. 도전과 문제점

- 직면한 문제점: 또래 집단에서 아직 인기가 없는 독특한 패션 아이템을 찾기가 어려움
- 충족되지 않은 요구 사항: 최신 트렌드에 부합하지만, 널리 사용되지 않는 더 개인화되고 독점적인 제품을 찾습니다.

6. 목표

- 개인적인 목표: 한국에서 유명한 패션 인플루언서가 되는 것
- 직업적 목표: 유명 브랜드와 콜라보레이션 패션 라인을 런칭하는 것

고객의 해결되지 않은 문제 정의하기

고객을 공감하고 이해한 다음 단계로는 고객이 직면한 문제점과 충족되지 않은 욕망을 더 자세히 발견해야 합니다. 발견한 문제점이나 욕망을 단일 브랜드로 해결하기 어려운 경우, 협업의 효과가 더욱 두드러집니다. 챗GPT를 활용하여 이전에 만든 페르소나와 연계해서, 고객이 직면한 실제 문제와 충족되지 않은 욕망을 발굴해 보겠습니다.

챗GPT를 통해 도출한 페르소나는 대중에게 유행하는 상품보다, 독특한 패션 아이템을 찾고 싶어 합니다. 앞서 챗GPT와 알아본 데이터를 바탕으로 관점 서술문(POV)을 작성해 보겠습니다.

- **Who**: 19세의 여성은 패션 트렌드에 민감하고 유명세를 얻고 싶어 한다.
- **What**: 친구들이 아직 모르는 독특한 아이템을 찾기 어렵다.
- **Because**: 다수가 유행하는 브랜드와 디자인을 쫓는 문화가 지배적이다.

페르소나의 페인 포인트를 포함한 관점 서술문을 작성하였습니다. 고객이 겪고 있는 충족되지 않은 욕망을 발견하고, 공감을 통하여 해결할 수 있는 문제를 정의하겠습니다.

- **How**: 어떻게
- **Might We~?**: 또래 친구들이 부러워할 만한 패션 아이템을 제공할 수 있을까?

우리의 타깃 또래에게 인지도가 높은 브랜드와 독특한 콜라보레이션을 진행해 한정판으로 제공한다면, 원하는 개성 있는 패션 아이템을 통해서 또래들의 시선을 받을 수 있을 것입니다.

 성공적인 협업 사례

1. Tiffany & Co.×Nike

럭셔리 주얼리 브랜드 티파니와 유명 스포츠 브랜드 나이키의 협업으로, 티파니의 우아함과 나이키의 젊은 에너지, 스트릿 패션을 결합한 운동화가 탄생했습니다. 이 협업은 서로 다른 브랜드가 갖지 못했던 새로운 경험을 고객에게 제공했습니다.

2. Marvel×Kith×ASICS

코믹스, 편집샵, 스포츠 브랜드의 협업으로, 3가지 서로 다른 문화와 팬층을 활용하여 다양한 채널을 통해 팬들의 참여를 유도하고 화제를 모았습니다. 이 협업은 각 브랜드의 고유한 특성을 살려 큰 반향을 일으켰습니다.

3. KAWS×UNIQLO

아티스트 KAWS와 SPA 브랜드 유니클로의 협업으로, KAWS는 자신의 작품을 더 넓은 대중에게 선보일 수 있었고, 유니클로는 합리적인 가격의 트렌디한 패션 아이템을 강화했습니다. 이 파트너십을 통해 유니클로는 더 많은 고객층을 확보하고, KAWS는 일반적으로 예술에 관심이 없는 소비자들에게도 접근할 수 있었습니다.

SECTION

문제에 관한 하나의 솔루션 찾기

지금까지 고객의 해결되지 않은 문제점을 공감하고 정의하는 과정을 거쳤습니다. 다음 단계로 콜라보레이션에서 중요한 것은 이 문제점을 해결할 수 있는 파트너를 찾고, 공동으로 해결 방법을 모색하는 것입니다. 간단히 말해, 서로에게 이익이 되는 하나의 솔루션을 창출하는 것이 목표입니다. 앞서 발견한 고객의 문제점을 바탕으로 어떤 카테고리나 브랜드와 콜라보레이션할 수 있는지에 관해 챗GPT와 함께 아이디어를 구상해 보겠습니다.

CHATGPT

브랜드의 고객 페르소나를 파악하고, 고객의 문제점들을 파악했어.

이러한 정보들을 바탕으로 어떤 카테고리의 브랜드와 콜라보레이션을 진행했을 때 기존 고객의 문제점을 해결해 주고, 우리의 새로운 고객군을 넓힐 수 있을까?

답변을 출력할 때는 아래의 형식으로 출력해 줘.

1. 답변 출력은 각 항목에 따라서 '타이틀, 특징, 제품 및 서비스, 기존 고객 솔루션, 확장 가능 고객군' 으로 구분해서 알려줘.

2. '타이틀'은 콜라보레이션하면 좋을 브랜드의 카테고리와 브랜드 이름으로 구성해 줘.

3. '특징'은 콜라보레이션 카테고리의 특징과 콜라보레이션 이유를 자세하고 분석적이며 쉬운 단어로 작성해 줘.

4. '제품 및 서비스'는 콜라보레이션해서 제작하면 좋을 제품이나 서비스를 간단한 이유와 함께 5개 정도 추천해 줘.

5. '기존 고객 솔루션'은 우리 페르소나의 어떤 문제점을 어떻게 해결해줄 수 있는지 이야기해 줘.

6. '확장 가능 고객군'은 콜라보레이션을 통하여 기존 고객 외에 어떤 고객군에게 우리 브랜드의 가치를 전달할 수 있을지 작성해 줘.

Lazy Daisy×스트리트 패션

특징

이번 콜라보레이션은 레이지 데이지(Lazy Daisy)의 꽃 미학을 스트리트 패션에 접목하여 데이지의 부드럽고 여유로운 이미지와 도시적인 강인함을 독특하게 결합하고자 합니다. 이 융합은 눈에 띄고 꽃무늬의 우아함을 바탕으로 한 패션 표현을 만들어 냅니다.

상품 및 서비스: 데이지 자수 후드티

뒷면이나 소매에 생동감 넘치는 데이지 자수가 특징인 내구성이 뛰어나고 편안한 후드티로 도시 패션 애호가에게 적합합니다.

- **데이지 모티브가 있는 스트리트 캡**: 데이지 디자인으로 장식된 스냅백과 버킷 모자는 거리의 신뢰성과 꽃의 신선함을 결합합니다.

- **꽃무늬 포인트가 있는 그래픽 티셔츠**: 데이지 이미지를 스트리트 티셔츠에 접목한 대담한 그래픽 티셔츠로 데일리 착용에 이상적입니다.

- **데이지 프린트 스케이트보드 데크**: 핵심 스케이터 청중에게 어필하는 데이지 프린트가 있는 한정판 스케이트보드 데크입니다.
- **플로럴 패턴 스니커즈**: 은은한 데이지 패턴이 돋보이는 하이탑과 로우탑 스니커즈로 편안함과 캐주얼한 스타일을 결합했습니다.

기존 고객 솔루션

이번 콜라보레이션은 트렌드세터 페르소나의 스타일 요구 사항과 선호도에 맞는 특정 솔루션을 제공합니다.

- **독특한 패션 아이템**: 데이지를 테마로 한 스트리트 패션 아이템은 독특함과 개인화를 제공해 일반 시장에서는 볼 수 없는 독창적인 디자인으로 페르소나를 돋보이게 합니다.
- **스트리트 문화 및 자연과의 조화**: 스트리트 패션과 꽃무늬 요소를 결합한 이 제품은 페르소나의 도시적 패션 취향과 자연 테마에 연결된 패션 취향을 충족시켜 강렬한 의류에 대한 그의 욕구를 충족합니다.
- **친환경 패션 옵션**: 친환경 생산 방식을 사용한다고 가정할 때 이 라인은 페르소나의 지속 가능한 패션에 대한 선호를 어필하여 브랜드에 대한 참여도를 높일 것입니다.

확장할 수 있는 고객 그룹

- **스트리트 패션 마니아**: 이번 콜라보레이션은 일반적인 스트리트 패션 팬을 넘어 일반적으로 꽃무늬 디자인을 고려하지 않는 사람들의 관심을 끌어 패션 지평을 확장할 수 있습니다.
- **패션을 선도하는 환경 운동가**: 스타일과 지속 가능성을 모두 중시하는 사람들은 이 라인이 친환경 소재와 관행을 통합한다면 매력적이라고 느낄 것입니다.
- **트렌드에 민감한 젊은 소비자**: 스트리트 스타일과 꽃 미학의 독특한 조화는 의류 선택을 통하여 자신의 개성을 표현하려는 젊은 소비자의 관심을 끌 수 있습니다.

챗GPT에 제안받은 콜라보레이션 아이템 중 '꽃무늬 포인트가 있는 그래픽 티셔츠' 시안을 제작하겠습니다. 제안은 티셔츠로 받았지만 더 다양한 표현이 가능한 '스웨트 셔츠'로 품목을 변경하고 3가지 디자인 컨셉을 도출하겠습니다.

 데이지꽃을 디자인 요소로 활용하여 스트릿 패션 스타일의 하늘색 스웨트 셔츠 디자인 컨셉을 3가지 추천해 줘.

1. 캐주얼 빅 데이지
2. Daisy 타이포 그래피와 꽃 그래픽 조합
3. 데이지 패턴 디자인

챗GPT를 통해 도출한 3가지 디자인 컨셉 중 '캐주얼 빅 데이지 그래픽'과 '데이지 패턴 디자인'을 선정하여 디자인 시안을 제작하겠습니다.

 디자인 컨셉
- 캐주얼 빅 데이지
- 데이지 패턴 디자인

SECTION

브랜드 간의 조화로운 시안 만들기

4.

브랜드 콜라보레이션 제품은 두 브랜드의 개성을 조화롭게 조합해야 하므로 조율 과정이 더 필요합니다. 생성형 AI를 활용하면 시안 단계에서 두 브랜드 간의 의견을 빠르게 조율할 수 있습니다. 미드저니를 활용하여 가상의 꽃집 브랜드 'Lazy Daisy'와 하늘색을 메인으로 디자인을 전개하는 가상의 스트리트 패션 브랜드 'Touch the sky'의 협업 스웨트 셔츠를 디자인해 보겠습니다. 우선 첫 번째 컨셉인 '캐주얼 빅 데이지'를 표현하겠습니다.

01 AI로 이미지를 생성하기 위해 웹 브라우저에서 'discord.com'을 입력하여 디스코드 사이트에 접속하고 로그인합니다. 미드저니 채널로 들어가서 이미지 생성 전 기본 세팅을 위해 입력창에 '/settings'를 입력한 다음 Enter를 누릅니다. 미드저니의 모델 버전(V1~V6) 선택과 이미지 스타일 등을 설정해 두면, 이미지 생성 시마다 따로 입력 없이 고정적인 옵션을 활용할 수 있습니다.

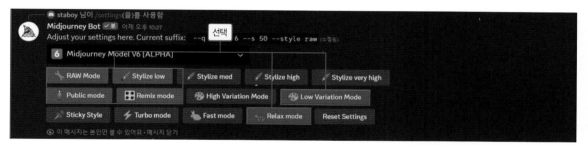

02 'Lazy Daisy'의 데이지꽃, 스트리트 패션 브랜드의 '라이트 블루'. 두 브랜드가 갖는 핵심 요소에 챗GPT가 만들어 준 페르소나의 요소를 조합하여 프롬프트를 설계하겠습니다. 입력창에 '/i'를 입력하고 '/imagine prompt'를 선택한 다음 프롬프트를 입력합니다.

프롬프트 Daisy flower graphic in white on the back of aLight blue oversized sweatshirt. kpop-culture, trendy, Clean white background

번역 연청 오버사이즈 스웨트 셔츠 뒷면에 화이트 컬러의 데이지 플라워 그래픽. K-Pop 문화, 트렌디, 깔끔한 화이트 배경

03 무드와 조명이 세 번째 이미지가 마음에 들어 업스케일하기 위해 〈U3〉 버튼을 클릭합니다.

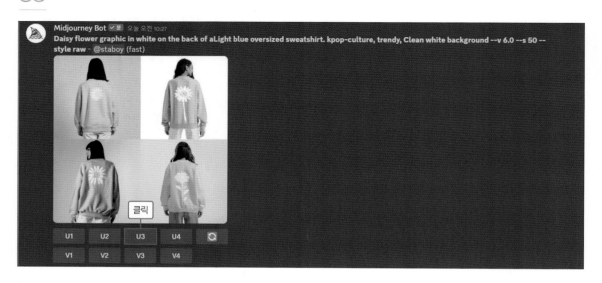

04 시안 이미지의 단순한 프린팅은 다소 평범한 느낌이 들었습니다. 브랜드 컨셉에 따라 그래픽 프린트를 사용할 수도
있지만, 콜라보레이션이니 좀 더 독특한 포인트를 살리기 위해 프린트 그래픽을 자수로 변경해 보겠습니다.
전체가 아닌 원하는 부분만 수정하기 위해 업스케일하면 나타나는 옵션 중 Vary 부분 가장 오른쪽에 있는 〈Vary (Region)〉
버튼을 클릭합니다.

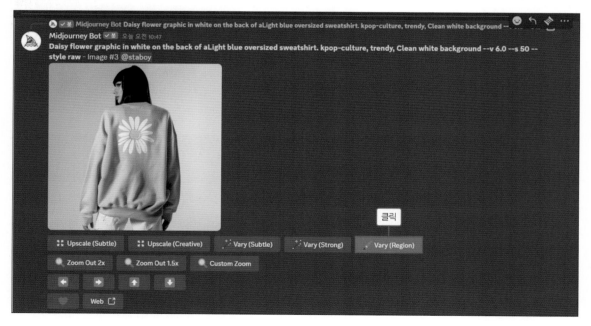

05 팝업 이미지가 표시되면 프린트 그래픽을 자수로 바꾸기 위해 올가미 아이콘을 클릭하고 프린트 부분을 드래그해 영역을 지정합니다. 'White Daisy Embroidery' 프롬프트를 입력합니다.

TIP 팝업 이미지 창의 왼쪽 아래 사각형 선택 아이콘을 클릭하고 이미지에 드래그하면 사각형 영역으로 영역이 지정되고, 프롬프트창에는 선택 영역을 어떻게 바꿀 것인지 작성할 수 있습니다.

TIP 이미지의 〈Remix Mode〉 버튼을 클릭하지 않으면 〈Vary (Region)〉 하단의 프롬프트 창이 나타나지 않고 올가미 아이콘만 사용할 수 있습니다.

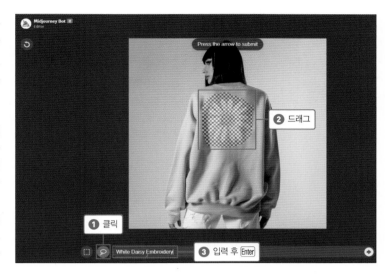

06 스웨트 셔츠 뒷면 그래픽이 성공적으로 입체 자수로 수정되었습니다. 한 번 업스케일을 진행했지만, 더 높은 해상도의 이미지를 얻기 위해 〈Upscale (Subtle)〉 버튼을 클릭합니다.

07 이미지를 클릭하고 열린 브라우저 창에서 마우스 오른쪽 버튼을 클릭한 다음 **이미지 저장**을 실행하여 원본 이미지를 저장합니다.

창의적인 아이템 시안 수정하기

두 브랜드의 컨셉과 챗GPT가 생성한 키워드를 바탕으로 미드저니를 활용해 콜라보레이션 아이템 시안을 작업했지만, '고객들의 기대에 미치지 못할 것 같다.', '비교적 평범한 느낌이다.' 특히 '한정판 제품으로 더욱 크리에이티브한 접근이 필요하다.'는 의견을 받았습니다. 위의 피드백을 반영하여 두 번째 컨셉인 '데이지 패턴 디자인'을 입체적인 브로치를 활용하여 패턴으로 표현해 보겠습니다.

01 AI로 이미지를 생성하기 위해 웹 브라우저에서 'discord.com'을 입력해 디스코드 사이트에 접속하고 로그인합니다. 미드저니 채널로 들어가서 입력창에 '/i'를 입력하고 '/imagine prompt'를 선택합니다.

좀 더 스트리트 느낌의 팝한 감성을 추가하기 위해 무라카미 다카시(Murakami Takashi) 작가의 스타일과 스트리트 브랜드인 슈프림(Supreme) 룩북 느낌을 추가하는 프롬프트를 입력합니다.

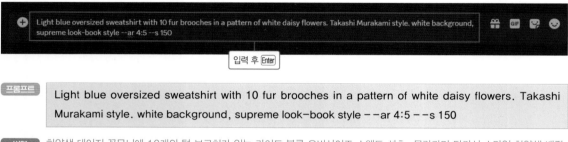

입력 후 Enter

프롬프트 Light blue oversized sweatshirt with 10 fur brooches in a pattern of white daisy flowers. Takashi Murakami style. white background, supreme look-book style --ar 4:5 --s 150

번역 하얀색 데이지 꽃무늬에 10개의 털 브로치가 있는 라이트 블루 오버사이즈 스웨트 셔츠. 무라카미 타카시 스타일 하얀색 배경, 최고의 룩북 스타일

02 컨셉을 강화하여 프롬프트를 새롭게 설정하니 더 독특한 아이템 디자인과 무드를 얻었습니다. 그중에서도 모델의 느낌도 가장 마음에 든 세 번째 디자인을 선택하기 위해 〈U3〉 버튼을 클릭하여 업스케일합니다.

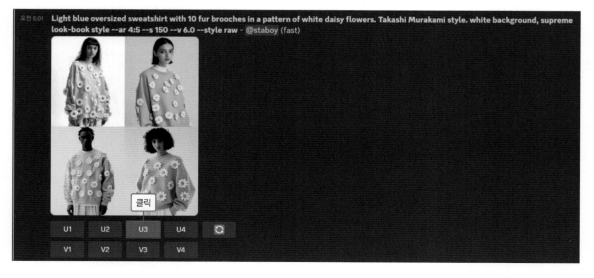

오전 5:01 Light blue oversized sweatshirt with 10 fur brooches in a pattern of white daisy flowers. Takashi Murakami style. white background, supreme look-book style --ar 4:5 --s 150 --v 6.0 --style raw - @staboy (fast)

클릭

03 고해상도 이미지를 얻기 위해 〈Upscale (Subtle)〉 버튼을 클릭합니다.

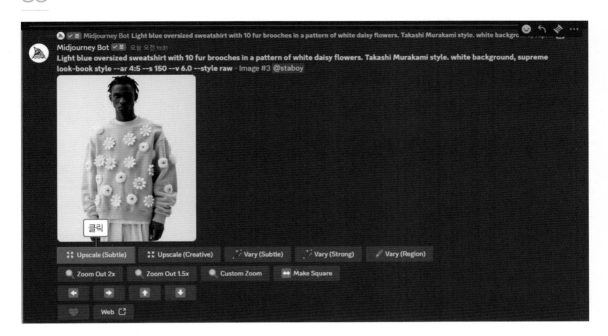

04 최종 이미지를 확인하고 수정할 부분이 있다면 포토샵에서 수정하는 것이 효율적이고 빠릅니다. 위와 같은 방식으로 두 브랜드 간의 디자인 컨셉을 통일한 다음 추가적인 아이템에 대한 논의를 이어가면 더 좋습니다.

▲ 시안 이미지

PROJECT

미래지향적 향수 브랜드
팝업 스토어 컨셉 디자인

팝업 스토어의 인기는 언제까지 계속될까요? 현재 광고 제작뿐만 아니라 팝업 스토어와 같은 공간 경험에 대한 클라이언트의 요구가 꾸준히 증가하고 있습니다. 기존의 업무 방식과는 다를지라도, 생성형 AI를 활용하면 복잡한 프로그램 없이 머릿속에 그린 공간 컨셉을 쉽게 이미지로 표현할 수 있습니다.

성수동을 떠올릴 때 가장 먼저 생각나는 힙한 요소 중 하나는 분명 팝업 스토어일 것입니다. 팝업 스토어는 브랜드와 제품을 창의적으로 마케팅할 수 있는 효과적인 도구이자, 소비자에게 재미있고 매력적인 쇼핑 경험을 제공하는 플랫폼입니다. 이러한 장점 덕분에 팝업 스토어의 인기는 현재의 역동적인 소비 환경에서 더욱 높아지고 있습니다. 많은 브랜드가 '우리도 공간 경험 마케팅을 시도해볼까?'라는 생각을 하고 있을 것입니다. 비록 많은 디자이너들에게는 낯선 분야일 수 있지만, 경험과 성장을 위해 도전할 충분한 가치가 있습니다.

공간과 관련된 경험이 없더라도 두려워하지 말고, 챗GPT와 미드저니의 지원을 받아 함께 팝업 스토어 디자인 컨셉을 제안할 수 있습니다. 이번 프로젝트에서는 고객과 브랜드의 관점에서 팝업 스토어가 인기 있는 이유를 분석하고, 이를 기반으로 디자인을 진행해 보겠습니다.

CONCEPT01
Galaxy:Where Nature Meets the Cosmos

Design Concept:
The interior walls mimic a greenhouse with a twist on a starry galactic aesthetic. The giant flowers are represented by kinetic art.

Layout Concept:
Divided into sections representing different constellations, each section illuminates the aisles with soft, glowing light and showcases a unique scent associated with a specific star pattern.

Experience Points:
– An interactive touch point where guests can "pick" a star to release a star–related scent.
– A live blending session that replicates the night sky to further enhance the space theme.

FUTURE FLOWER POP–UP STORE CONCEPT DESIGN

1. 챗GPT와 컨셉 도출 및 시안 제작

익숙함 속 새로움을 원하는 고객을 위한 고객의 페르소나를 설정하고 그에 맞는 이미지를 미드저니를 통해 생성합니다.

2. 독보적 컨셉의 강화

우리만의 고유한 공간 컨셉을 강화하기 위해 기존의 레퍼런스를 활용하는 것이 아니라 생성형 AI를 통해 독창적인 컨셉을 강화하여 발전합니다.

S E C T I O N

온·오프라인 경험과 선호에 공감하기

주로 온라인에서 판매하고 있어 오프라인 경험이 적은 브랜드의 관점에서 시작해 봅니다. 온라인에서는 고객의 직접적인 피드백을 받기 어려운 점에서 '향'과 같은 요소를 체험하기 위해서는 오프라인 경험이 필수적입니다. 그러나 오프라인 관련 데이터 부족으로 고객의 온라인 행동 데이터만으로는 한계가 있습니다. 이에 챗GPT의 도움을 받아, 핵심 고객들이 어떤 오프라인 경험을 선호하고 원하는지 공감하는 작업을 우선적으로 진행해 보려 합니다.

01 공간 컨셉 디자이너 역할 제안하기

CHATGPT

너는 지금부터 공간 컨셉 디자이너야. 고객들의 브랜드 경험을 극대화할 수 있고, 창의적이며 참신한 컨셉의 팝업 스토어를 디자인하는 게 너의 목표야. 이해했어?

네 이해했습니다! 팝업 스토어 제작에 주력하는 공간 컨셉 디자이너로서, 독특하고 매력적인 환경을 개발해 브랜드 경험을 극대화하는 것이 목표입니다. 혁신적인 것을 디자인해 봅시다! 이번 팝업 스토어 디자인에 포함하고 싶은 특정 테마나 브랜드 요소가 있나요?

02 우리 브랜드의 고객은 어떤 사람일까?

CHATGPT

팝업 스토어 디자인에 앞서 우리 고객 페르소나를 먼저 생성할 거야. 우리 브랜드의 정보는 아래와 같아.

1. 브랜드 카테고리: 향수
2. 메인 고객 연령: 18~24세 여성
3. 브랜드 이미지: 힙한, 플로럴한, 미래지향적
4. 브랜드 가치: 미래의 향을 오늘로

정확한 페르소나를 만들기 위해 필요한 정보가 있다면 추가로 질문해 줘. 국가는 대한민국, 도시는 서울로 제한해 줘. 네가 만들어야 할 페르소나는 아래 항목을 참고해서 각각의 항목에 맞게 만들어줘. 고객의 궁금증이나 문제점을 해결하기 위해 아래 [4], [5]번 항목은 5개씩 나열해 줘.

[1] 인구 통계학적 특징: 연령, 성별, 소득 수준, 교육 및 직업 등
[2] 심리학적 정보: 가치관, 취미, 관심 분야, 라이프 스타일 특성 등
[3] 오프라인 구매 행동: 구매 방법, 구매 시기, 구매 이유
[4] 도전 과제 및 문제점: 온라인 및 오프라인 경험에서 고객이 직면한 문제, 충족되지 않은 요구 사항
[5] 목표: 개인적 목표, 직업적 목표 등

답변을 출력할 때는 가급적 자세하고 분석적이며 쉬운 단어로 이야기해 줘.

1. 인구 통계학적 특성

- 연령: 18~24세
- 성별: 여성
- 소득 수준: 대부분 학생이거나 경력을 시작하는 젊은 전문직 종사자입니다. 적당한 소득 수준을 갖춥니다.
- 학력: 주로 대학생이거나 최근 졸업생입니다.
- 직업: 주로 마케팅, 디자인, 기타 창의적 분야와 같은 분야의 학생, 인턴 또는 신입 직원입니다.

2. 심리 정보

- 가치: 혁신, 지속 가능성 및 자기표현을 강조합니다.
- 취미 및 관심사: 패션, 최신 기술 기기, K-Pop, 소셜 미디어 트렌드, 친환경 생활
- 생활 방식 특성: 일상생활에서 미적 감각과 디자인을 중시하고 기능적일 뿐만 아니라 시각적으로 매력적이고 시선을 사로잡는 제품을 선호하는 활동적인 소셜 미디어 사용자입니다.

3. 구매 행동

- 구매 방법: 경험적 측면을 제공하는 트렌디하고 시각적으로 자극적인 환경에서 쇼핑하는 것을 선호합니다. 사회적 상호작용을 위해 친구들과 쇼핑을 즐깁니다.
- 구매 시기: 주말이나 방과 후 또는 퇴근 후 늦은 오후와 이른 저녁에 쇼핑할 가능성이 큽니다.
- 구매 이유: 개인 브랜드 및 스타일과 어울리는 새로운 경험과 제품에 대한 욕구에 의해 동기 부여되며, 종종 소셜 미디어와 유명인의 지지에 영향을 받습니다.

4. 과제 및 문제

- 한정판 접근성: 해당 연령대에서 높은 인기를 누리는 한정판 또는 독점 출시품을 얻기가 어렵습니다.
- 향기 지속성: 특히 활동적이고 이동이 잦은 라이프 스타일을 고려할 때 향수 향의 지속성에 대한 우려가 있습니다.
- 비용과 품질의 균형: 미적 또는 윤리적 가치를 타협하지 않는 저렴하면서도 고품질의 향수를 찾습니다.
- 압도적인 선택: 각 향기를 특별하게 만드는 요소에 대한 충분한 지침이 없으면 선택의 폭이 너무 넓을 수 있습니다.
- 브랜드와의 참여: 단순한 거래를 넘어 브랜드와의 더 의미 있는 상호작용을 추구합니다.

5. 목표

- 개인 목표: 트렌디하면서도 개인주의적인 독특한 개인 스타일과 정체성을 개발합니다. 동료들 사이에서 트렌드세터로 여겨지기를 열망합니다.
- 직업적 목표: 개인적인 열정과 관심을 허용하는 일과 삶의 균형을 유지하면서 선택한 직업에서 성공하는 것입니다.

이 페르소나는 트렌드에 깊이 관여하고 미적 선호도와 라이프 스타일 요구 사항 모두에 공감하는 경험을 중요하게 생각하는 고객을 강조합니다. 그들은 제품을 제공할 뿐만 아니라 더 깊은 브랜드 경험과 참여도를 제공하는 브랜드를 찾습니다.

더 나은 고객 경험 설계하기

팝업 스토어 기획에서 가장 중요한 것은 장소 선택이나 레이아웃 디자인에 앞서, 고객을 완전히 이해하는 것입니다. 다른 브랜드의 오프라인 스토어에서 발생한 문제점을 파악하고 이해하는 과정은 더 나은 고객 경험을 설계하는 데 중요한 역할을 합니다. 고객의 기대를 충족시키기 위한 관점과 접근 방식을 발전시키는 데 도움이 됩니다. 관점 서술문과 챗GPT를 활용하여 우리의 페르소나가 평소 다른 브랜드의 오프라인 스토어에서 겪었던 문제점을 더 자세히 분석해 보겠습니다.

01 가상의 고객을 바탕으로 문제 정의하기

챗GPT와 함께 알아본 데이터를 바탕으로 관점 서술문(POV)을 작성해 보겠습니다.

> • Who: 향수와 공간 경험을 좋아하는 18~24 여성은
> • What: 나에게 어울리는 독특한 향수를 찾기 어렵다.
> • Because: 향수는 오프라인에서 직접 경험해 보는 것이 중요한데, 접근성과 기회가 많지 않았기 때문이다.

페르소나의 페인 포인트를 포함한 관점 서술문을 작성하였습니다. 위의 내용을 바탕으로 해결할 수 있는 문제를 정의해 보겠습니다.

> • How: 어떻게 하면
> • Might We~?: 자신만의 향을 찾고 싶어하는 18~24 여성 고객들에게 특별한 향을 만날 수 있는 공간을 만들 수 있을까?

우리의 페르소나가 평소 다른 브랜드와 오프라인 스토어에서 느껴왔던 문제점을 조금 더 자세히 알아보면 팝업 스토어의 컨셉을 차별화하는 데 큰 도움이 될 것입니다.

02 챗GPT를 통한 문제점 발견하기

CHATGPT

> 앞서 작성한 페르소나를 대상으로 기존의 다양한 브랜드, 오프라인 스토어들이 해결하지 못하고 있었던 문제점과 충족되지 않은 욕망은 어떤 게 있을까? 4가지 문제점과 4가지 충족되지 않은 고객의 욕망을 작성해 줘.

힙한 향수, 플로럴 향수, 미래지향적인 향수에 관심이 있는 대한민국 서울의 18~24세 여성 고객 페르소나를 바탕으로 기존 브랜드와 오프라인 매장에서 확인된 문제점과 충족되지 못한 욕구는 다음과 같습니다.

기존 브랜드 및 오프라인 매장의 문제점

- **문제 1: 제한된 개인화**

  많은 향수 브랜드는 개인화 또는 맞춤화 옵션을 제공하지 않아 자신의 개성을 반영하는 독특하고 개인화된 제품을 찾는 젊은 소비자의 요구에 부응할 기회를 놓치고 있습니다.

- **문제 2: 불충분한 기술 융합**

  쇼핑 경험에 기술을 통합하는 데는 격차가 있습니다. 그렇지 않으면 기술에 정통한 젊은 고객이 향 매칭 알고리즘이나 증강 현실과 같은 디지털 수단을 통해 향기를 탐색할 수 있게 함으로써 이들의 관심을 끌 수 있습니다.

- **문제 3: 경험적 요소 부족**

  대부분 매장은 향기 워크숍, 팝업 이벤트 또는 향수에 대한 이야기를 전달하는 대화형 설치물 등 몰입형 경험적 쇼핑 경험을 제공하지 않고 향수 구매의 거래 측면에만 집중합니다.

- **문제 4: 지속 가능성 문제**

  현재 브랜드는 환경친화적인 포장이나 명확하고 윤리적인 성분 조달 등 젊은 소비자에게 점점 더 중요해지는 지속 가능성 문제를 완전히 해결하지 못하는 경우가 많습니다.

충족되지 않은 고객 요구 사항

- **충족되지 않은 욕망 1: 독점성과 조기 액세스에 대한 욕구**

  젊은 소비자는 트렌드를 앞서고 동료들과 차별화되는 느낌을 받기 위해 독점 제품과 신작에 대한 조기 액세스를 추구하는 경우가 많습니다. 그들은 신제품에 대한 첫 번째 접근으로 충성도를 보상하는 VIP 대우나 내부자 프로그램을 원합니다.

- **충족되지 않은 욕망 2: 커뮤니티 연결에 대한 욕구**

  브랜드가 중심이 되어 이벤트 주최, 지역 예술가와의 콜라보레이션, 소비자가 소속감을 느낄 수 있는 커뮤니티 중심의 소셜 미디어 캠페인 등 다양한 활동을 통해 커뮤니티를 구축하는 것은 브랜드 문화에 큰 부분을 차지합니다. 이러한 활동들은 소비자들의 충족되지 않은 욕구를 다양한 측면에서 만족하는 데 중요한 역할을 합니다.

- **충족되지 않은 욕망 3: 심층적인 브랜드 상호작용에 대한 욕구**

  젊은 고객은 단순한 제품 이상의 것을 찾습니다. 그들은 브랜드의 스토리, 가치, 향수 제작 이면의 예술성에 참여하고 싶어 합니다. 이는 교육 콘텐츠, 비하인드 스토리 투어 또는 제작자와의 만남을 통 충족될 수 있습니다.

- **충족되지 않은 욕망 4: 다감각적 쇼핑 경험에 대한 욕구**

  단지 후각이 아닌 다양한 감각에 호소하는 쇼핑 경험에 대한 강한 욕구가 있습니다. 여기에는 시각적으로 매력적인 매장 디자인, 대화형 디스플레이, 그리고 향수 쇼핑 시 감각적 경험을 향상하기 위한 소리 풍경과 촉각 요소 통합 등이 포함됩니다.

이러한 문제를 해결하고 충족되지 않은 욕구를 충족하는 것은 브랜드 경험을 크게 향상하고 대상 고객 그룹의 깊은 공감을 불러일으킬 수 있습니다.

S E C T I O N

3.

팝업 스토어 컨셉 아이디어 내기

페르소나 인사이트를 통해 기존 공간 경험의 문제점을 발견했습니다. 이제 우리 브랜드의 입장에서 고객의 충족되지 않은 요구를 해결할 수 있는 공간 디자인 컨셉을 도출해 보겠습니다.

CHATGPT

우리의 향수 브랜드 'Future Flower'를 위한 5가지의 팝업 스토어 디자인 컨셉을 제안해 줘.
이 디자인은 'Future Flower'의 핵심 가치를 반영하고 앞서 나온 페르소나의 특성과 문제점을 바탕으로 방문하는 고객들에게 독특하고 기억에 남는 경험을 제공해야 해.

디자인 제안에 아래의 요소를 참고해서 만들어줘.
[1] 브랜드 이미지: 힙한, 플로럴한, 미래지향적
[2] 브랜드 컬러: Green and Pink
[3] 브랜드 가치: 미래의 향을 오늘로

출력 형식은 아래와 같이 적어줘.

컨셉 1.
팝업 스토어 타이틀 및 컨셉 소개:
그래픽 디자인 컨셉:
공간 레이아웃 컨셉:
독특한 경험 포인트:

핵심 가치를 강조하고 고객 페르소나에게 맞춰 맞춤화된 향수 브랜드 'Future Flower'의 5가지 독특한 팝업 스토어 디자인 컨셉을 소개합니다.

컨셉 1.
팝업 스토어 명칭 및 컨셉 소개
"플로럴 퓨전 – 미래지향적인 향기 여행"

- **그래픽 디자인 컨셉**: 생동감 넘치는 네온 그린과 핑크색을 활용한 이 디자인은 디지털 픽셀 형태로 합쳐지는 추상적이고 역동적인 꽃 패턴을 특징으로 하며 자연과 기술의 혼합을 상징합니다.
- **공간 레이아웃 개념**: 유기적으로 흐르는 곡선 형태의 개방형 평면으로 고객이 몰입형 포드에서 개별 향기를 탐색할 수 있는 공간을 만듭니다. 이 센터에는 고객이 위로 움직일 때 반응하여 색상과 패턴이 바뀌는 대형 대화형 디지털 바닥이 있습니다.
- **고유 경험 포인트**
  - 각 향기와 관련된 꽃들이 피어나고 진화하는 모습을 실시간으로 볼 수 있는 증강현실(AR) 스테이션입니다.
  - 방문자가 소셜 미디어에서 공유할 수 있는 디지털 '향기 시그니처'를 디자인할 수 있는 맞춤형 향기 생성 부스입니다.

컨셉 2.

팝업 스토어 명칭 및 컨셉 소개

"온실 은하 – 자연과 우주가 만나는 곳(Greenhouse Galaxy – Where Nature Meets the Cosmos)"

- **그래픽 디자인 컨셉**: 내부 벽은 별이 빛나는 은하계 미학을 변형하여 온실을 모방합니다. 생물 발광 식물과 광섬유 조명을 통합하여 녹색과 분홍색 색상 구성에 맞춰 별빛 효과를 만들어 냅니다.
- **공간 레이아웃 개념**: 다양한 별자리를 나타내는 구역으로 나눠진 각 섹션은 부드럽게 빛나는 빛으로 통로를 밝히며 특정별 패턴과 연결된 독특한 향기를 선보입니다.
- **고유 경험 포인트**
  · 손님이 별을 '뽑아' 별과 관련된 향기를 발산할 수 있는 대화형 터치 포인트입니다.
  · 밤하늘을 그대로 재현한 라이브 블렌딩 세션으로 우주 테마를 더 돋보이게 합니다.

컨셉 3.

팝업 스토어 명칭 및 컨셉 소개

"미래의 꽃 – 내일의 정원으로 발을 들여놓다(Future Bloom – Step Into Tomorrow's Garden)"

- **그래픽 디자인 컨셉**: 디지털 식물과 실제 식물이 산재한 하이테크 정원 테마가 특징입니다. 패널과 설치물은 녹색과 분홍색 홀로그램 소재를 사용하여 관람객이 움직일 때마다 반짝이고 변화합니다.
- **공간 레이아웃 개념**: 미로 정원으로 설계하여 매번 새로운 향기를 느낄 수 있으며, 모임과 라이브 시연을 위한 중앙 허브로 연결하는 경로가 있습니다.
- **고유 경험 포인트**
  · 향기 가득한 미스트가 길을 감싸며 끊임없이 진화하는 후각 경험을 선사합니다.
  · 안면 인식 기술을 통해 방문객의 기분에 따라 향수를 추천하는 스마트 거울입니다.

컨셉 4.

팝업 스토어 명칭 및 컨셉 소개

"Petals & Pixels – 인터랙티브 향수 갤러리(Petals & Pixels – An Interactive Perfume Gallery)"

- **그래픽 디자인 컨셉**: 예술적인 꽃 애니메이션을 보여주는 고화질 디지털 스크린과 브랜드 컬러의 세련되고 모던한 가구가 결합되어 있습니다.
- **공간 레이아웃 개념**: 터치하면 향기 샘플을 제공하는 인터랙티브 디스플레이와 벽걸이형 스크린이 있는 갤러리 스타일의 레이아웃입니다. 각 디스플레이는 향기의 영감과 구성에 대한 이야기를 들려줍니다.
- **고유 경험 포인트**
  · '가상 부케 만들기' 스테이션에서는 방문객이 디지털 요소를 혼합해 맞춤형 향수를 만든 다음 실제 제품으로 주문할 수 있습니다.
  · 주기적인 '향기 퍼포먼스'를 통해 향기가 화면의 시각 효과와 동기화됩니다.

컨셉 5.

팝업 스토어 명칭 및 컨셉 소개

"자연의 울림 – 향기로운 교향곡(Echoes of Nature – A Scented Symphony)"

- **그래픽 디자인 컨셉**: 이 컨셉은 천연 목재와 녹색, 분홍색의 미래지향적인 아크릴 패널이 조화를 이루며, 음파와 꽃의 메아리를 닮은 설치물이 어우러져 있습니다.
- **공간 레이아웃 개념**: 새로운 향이 공개되고 시연하는 중앙 무대를 향한 동심원 형태의 좌석으로 구성된 야외 원형 극장으로, 새로운 향을 공개하고 시연하는 공간입니다.
- **고유 경험 포인트**
  · 각 향기가 특정 음표와 짝을 이루는 사운드 요소를 통합해 방문객이 공간을 이동할 때 교향곡을 만들어 냅니다.
  · 지속 가능한 향을 추출하는 데 사용하는 미래형 공정을 강조하는 향수 제조 기술에 대한 워크숍을 진행합니다.

각 컨셉은 감각을 사로잡고, 미학과 혁신적인 기술을 결합하며, 젊고 스타일리시하고 환경에 민감한 서울의 고객층에게 깊이 공감할 수 있는 차별화된 브랜드 경험을 제공하기 위해 고안되었습니다.

마음에 드는 컨셉이 나오지 않았다면 프롬프트를 통해 추가로 컨셉을 도출해 보세요. 더 디테일한 요소들을 나에게 맞춰 제공받고 싶다면 여러분의 필요성에 맞춰 프롬프트를 디테일하게 수정하는 과정이 필요합니다.

챗GPT가 제안해 준 2번 컨셉인 'Greenhouse Galaxy – Where Nature Meets the Cosmos'를 바탕으로 가상의 향수 브랜드 'Future Flower'의 팝업 스토어 디자인 시안 컨셉을 제안받아 보겠습니다.

향수 브랜드 'future flower'의 'Greenhouse Galaxy – Where Nature Meets the Cosmos'라는 컨셉에 어울리는 팝업 스토어 디자인 컨셉을 2가지 도출해 줘.

1. 녹색의 우주
2. 미래지향적인 꽃

팝업 스토어의 필요성 – 고객 관점
1. **독점적 경험**: 팝업 스토어는 기존 매장과는 다른 독특하고 기억에 남는 경험을 제공하는 경우가 많습니다. 한정판 제품, 독특한 품목, 다른 곳에서는 볼 수 없는 요소를 표현하여 쇼핑을 하나의 이벤트로 만들 수 있습니다.
2. **신제품 발견**: 소비자는 신제품을 직접 발견하고 테스트할 기회를 얻습니다. 이는 특히 온라인 우선 브랜드나 국내에서는 구할 수 없는 외국 브랜드에 매력적입니다.
3. **긴박감**: 팝업 스토어의 일시적인 특성으로 인해 문을 닫기 전에 방문해야 한다는 긴박감을 조성합니다. 이는 기간 한정 혜택의 스릴을 즐기는 쇼핑객에게 흥미로운 측면이 될 수 있습니다.
4. **이벤트 같은 분위기**: 팝업 스토어는 기존 매장 공간보다 이벤트처럼 느껴질 수 있습니다. 휴일, 특별 프로모션 또는 지역 축제와 겹치는 경우가 많아 쇼핑 경험을 향상합니다.

SECTION

4.

⦿ **완성파일:** 팝업 스토어\컨셉.png, 컨셉 시안.jpg

팝업 스토어 시안 만들기

이미지 생성형 AI를 활용하는 것은 브랜드 팝업 스토어 컨셉을 계획하는 데 매우 효과적입니다. 시안을 제작하기 전에 AI 활용의 장점과 한계를 몇 가지 살펴본 뒤, 챗GPT가 제안해 준 2번 컨셉을 바탕으로 미드저니를 활용하여 가상의 향수 브랜드 'Future Flower'의 팝업 스토어 컨셉 디자인 첫 번째 시안 '녹색의 우주'를 제작해 보겠습니다.

01 이미지 생성형 AI의 장점

❶ **속도 및 효율성:** 일정이 촉박한 팝업 스토어 기획에서, 시각적 요소를 신속하게 생성할 수 있어 매력적인 컨셉을 빠르게 제시하는 데 큰 도움이 됩니다.

❷ **비용 효율성:** 팝업 스토어는 일회성으로 예산이 제한적일 수 있습니다. AI를 활용하면 시안 이미지 제작과 수정에 드는 비용을 절감하고 프로젝트 예산 관리를 효율적으로 할 수 있습니다.

❸ **창의적 영감:** 팝업 스토어는 시선을 끌어야 합니다. AI는 평소에 생각하지 못했던 대담하고 예상치 못한 디자인 요소를 제안하여 창의적인 영감을 제공할 수 있습니다.

02 이미지 생성형 AI의 한계

❶ **맥락 이해 부족:** 브랜드의 타깃 시장과 팝업 스토어가 운영될 맥락을 충분히 고려하지 않으면, AI가 생성한 디자인이 의도된 고객층에게 매력적이지 않을 수 있습니다. AI는 지역 문화, 계절적 트렌드, 고객 선호도와 같은 미세한 요소들을 간과할 수 있습니다.

❷ **감정 및 경험적 통찰력 부족:** 성공적인 팝업 스토어는 감정을 불러일으키고 방문객에게 기억에 남는 경험을 제공해야 합니다. AI는 조명, 소리, 공간 배치가 고객의 행동과 인식에 미치는 영향을 직관적으로 설계하기 어려워, 분위기나 고객 여정을 효과적으로 창출하지 못할 수 있습니다.

❸ **실현 가능성:** AI가 제안하는 팝업 스토어 디자인이 현실적으로 실현하기 어려운 경우가 있을 수 있습니다. 예를 들어, 예산, 자재 가용성, 구조적 안정성, 시공 용이성 등의 현실적인 제약을 충분히 반영하지 못할 수 있습니다.

이미지 생성형 AI는 팝업 스토어 디자인에 효율성, 비용, 혁신 측면에서 상당한 이점을 제공하지만, 한계를 극복하기 위해 인간의 창의성 및 디렉팅과 결합해 사용할 때 가장 잘 작동합니다. 이러한 하이브리드 접근 방식을 통해 좋은 컨셉의 팝업 스토어 디자인을 만들 수 있습니다.

03 미래지향적이고 창의적인 디자인 만들기

01 AI로 이미지를 생성하기 위해 웹 브라우저에서 'discord.com'을 입력하여 디스코드 사이트에 접속하고 로그인합니다. 미드저니 채널로 들어가서 이미지 생성 전 기본 세팅을 위해 입력창에 '/settings'를 입력한 다음 Enter 를 누릅니다. 미드저니의 모델 버전(V1~V6) 선택과 이미지 스타일 등을 설정해 두면, 이미지 생성 시마다 따로 입력 없이 고정적인 옵션을 활용할 수 있습니다.

02 미드저니를 활용하여 가상의 향수 브랜드 'Future Flower'의 팝업 스토어 컨셉 디자인 시안을 제작하겠습니다. 챗GPT가 제안해 준 컨셉인 '온실 은하(Greenhouse Galaxy)'의 요소를 조합하여 프롬프트를 설계하겠습니다. 입력창에 '/i'를 입력하고 '/imagine prompt'를 선택한 다음 프롬프트를 입력합니다.

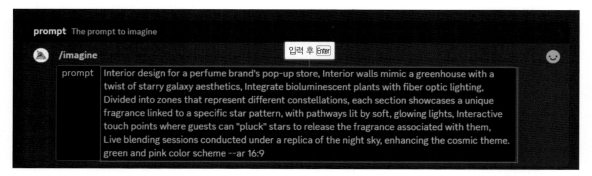

프롬프트 Interior design for a perfume brand's pop-up store, Interior walls mimic a greenhouse with a twist of starry galaxy aesthetics, Integrate bioluminescent plants with fiber optic lighting, Divided into zones that represent different constellations, each section showcases a unique fragrance linked to a specific star pattern, with pathways lit by soft, glowing lights, Interactive touch points where guests can "pluck" stars to release the fragrance associated with them, Live blending sessions conducted under a replica of the night sky, enhancing the cosmic theme. green and pink color scheme --ar 16:9

번역 향수 브랜드의 팝업 스토어를 위한 인테리어 디자인, 실내 벽은 별이 빛나는 은하 미학의 반전이 있는 온실을 모방한다. 광섬유 조명으로 생물 발광 식물을 통합한다. 다른 별자리를 나타내는 구역으로 구분하여 각 섹션은 특정 별 패턴과 연결된 독특한 향기를 보여주며, 부드럽고 빛나는 조명으로 경로가 밝혀지고, 손님이 별을 "끌어" 별과 관련된 향기를 방출할 수 있는 인터랙티브 터치 포인트, 밤하늘의 복제물 아래에서 진행하는 라이브 블렌딩 세션, 우주 테마를 강화한다. 녹색과 분홍색 색상 구성

TIP 미드저니 최신 버전에서는 단어뿐 아니라 문장 단위의 프롬프트에 대한 이해력의 수준도 크게 높아졌습니다.

이미지가 생성되었지만, 조금 무난한 느낌이 들어 미드저니의 창의력에 도움을 받아보기로 하였습니다.

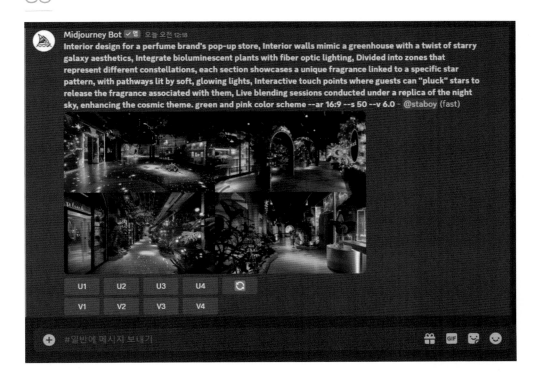

04 이미지 아래의 버튼 중 '재요청' 아이콘(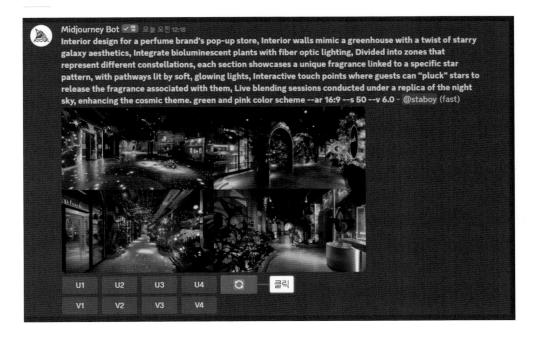)을 클릭하면 녹색으로 활성화됩니다.

05 프롬프트를 수정할 수 있는 Create images with Midjourney 대화상자가 표시되면 문장의 뒤쪽에서 그림과 같이 '--s (숫자)' 부분을 '850'으로 수정하고 〈전송〉 버튼을 클릭합니다.

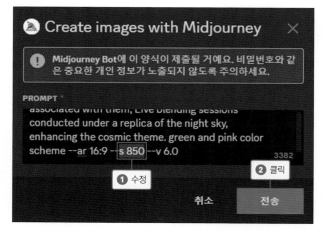

TIP Stylize는 미드저니에서 활용하는 매개변수로서 --stylize 혹은 --s 뒤에 숫자 0~1,000 정숫값을 입력합니다. 뒤에 붙는 숫자가 작으면 프롬프트와 이미지가 일치하지만, 예술성이 떨어지는 이미지가 생성됩니다. 뒤에 큰 숫자가 붙으면 미드저니의 창의력이 발달되지만, 프롬프트와 덜 연관된 이미지를 생성합니다.

06 Stylize 값을 재설정하여 이전 이미지보다 더 미래지향적인 느낌이 강해졌습니다. 새로운 이미지 중에서 두 번째 이미지의 〈U2〉 버튼을 클릭하여 이미지를 업스케일합니다.

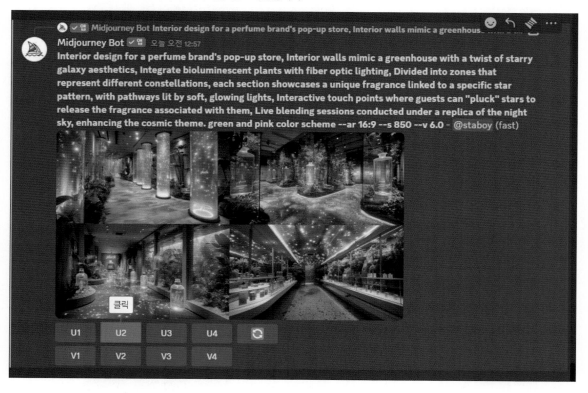

07 회의실에서 이미지를 크게 출력해놓고 의견을 나누기 위해 한 번 더 업스케일하겠습니다. 생성된 이미지 왼쪽 아래
의 〈Upscale (Subtle)〉 버튼을 클릭합니다.

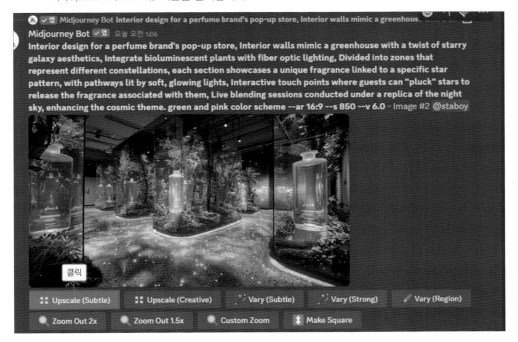

08 업스케일된 이미지를 클릭한 다음 열린 브
라우저 창에서 마우스 오른쪽 버튼을 클릭
하고 **이미지 저장**을 실행하여 원본 이미지를 저장
합니다.

▲ 시안 이미지

SECTION 5.

오브제를 추가해 컨셉 강조하기

챗GPT가 제안한 컨셉을 기반으로 미드저니를 통해 팝업 스토어 컨셉 디자인 시안을 만들고 회의한 결과, 강렬한 인상과 기억에 남는 원포인트 오브제의 필요성이 제기되었고, 기존의 디자인이 기시감이 들어서 컨셉 전달이 부족하다는 의견도 있었습니다. 피드백을 바탕으로 두 번째 컨셉인 '퓨처리스틱 플라워'를 표현하기 위해 공간 중앙에는 움직이는 로봇 형태의 거대한 꽃을 배치하고, 주변 공간은 아날로그적인 느낌을 강조하여 꽃과의 대조를 통해 컨셉을 강화하겠습니다.

01 AI로 이미지를 생성하기 위해 웹 브라우저에서 'discord.com'을 입력해 디스코드 사이트에 접속하고 로그인합니다. 미드저니 채널로 들어가서 입력창에 '/i'를 입력하고 '/imagine prompt'를 선택합니다.

아날로그적인 공간을 표현하기 위해 안도 타다오(Ando Tadao) 스타일과 건축 사진작가인 필립 뒤자르댕(Filip Dujardin)의 스타일을 차용하기 위하여 프롬프트를 입력합니다.

프롬프트

A huge kinetic robot flower made of stainless steel is stand on the center of a spacious, minimalist Andotadao-style huge space made of off-white exposed concrete. Perfume bottles are displayed among the petals of the robot flower. One wall of the space is made of glass, and you can see a flower garden made of robot flowers outside. architecture photography in the style of Filip Dujardin, green and pink tone --ar 16:9

번역 스테인리스 스틸로 제작된 거대한 운동 로봇 꽃이 노출된 콘크리트로 만들어진 넓고 미니멀한 안도 타다오 스타일의 공간 중앙에 위치한다. 로봇 꽃의 꽃잎 사이에는 향수병이 전시되어 있으며, 공간 한쪽 벽은 유리로 되어 있어 로봇 꽃으로 이루어진 꽃 정원을 외부에서도 관찰할 수 있다. 필립 두자르댕 스타일의 건축 사진, 녹색과 분홍색 톤

 팝업 스토어의 필요성 – 브랜드 관점

1. **브랜드 인지도 및 도달 범위:** 팝업 스토어는 특히 유동 인구가 많은 위치에서 브랜드 돌출성과 인지도를 크게 높일 수 있습니다. 이는 새로운 청중에게 다가가거나 기존 고객의 재참여를 유도하는 데 효과적입니다.

2. **유연성 및 비용 효율성:** 기존 임대와 비교할 때 팝업 스토어는 간접비가 더 낮고 임대 조건이 더 유연한 경우가 많습니다. 따라서 기존 브랜드와 중소기업 모두에게 비용 효율적인 솔루션이 됩니다.

3. **마케팅 및 홍보:** 팝업 스토어를 시작하면 특히 컨셉이 혁신적이거나 특정 판매 촉진 캠페인과 관련된 경우 바이럴과 언론 보도를 유발할 수 있습니다. 이는 소셜 미디어와 인플루언서 파트너십을 통해 증폭될 수 있습니다.

02 피드백을 반영하여 이전 이미지보다 확실히 전하고자 하는 컨셉이 명확하게 느껴집니다. 세 번째 이미지가 가장 컨셉에 어울려 〈U3〉 버튼을 클릭해 업스케일을 진행합니다.

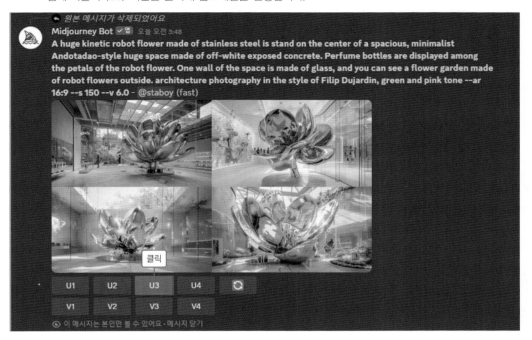

03 조금 더 넓은 공간감을 표현하기 위해 〈Zoom Out 1.5x〉 버튼을 클릭합니다.

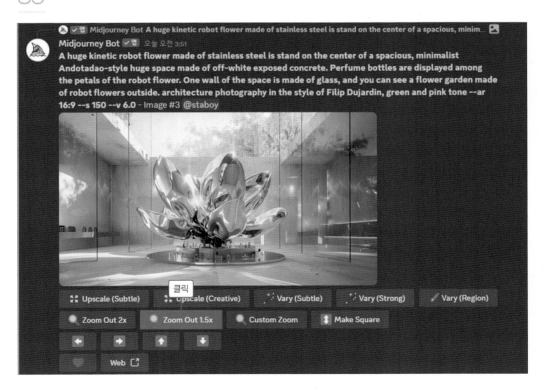

04 확장된 이미지 중 로봇 꽃 위에 핀 꽃의 풍성함이 가장 가득한 첫 번째 이미지를 선택하기 위해 〈U1〉 버튼을 클릭해
업스케일합니다.

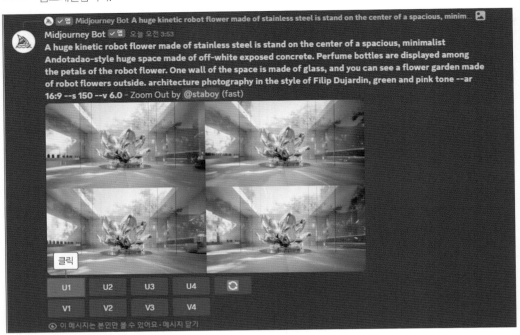

05 고화질로 출력하기 위해 〈Upscale (Subtle)〉 버튼을 클릭하여 한 번 더 업스케일을 진행합니다.

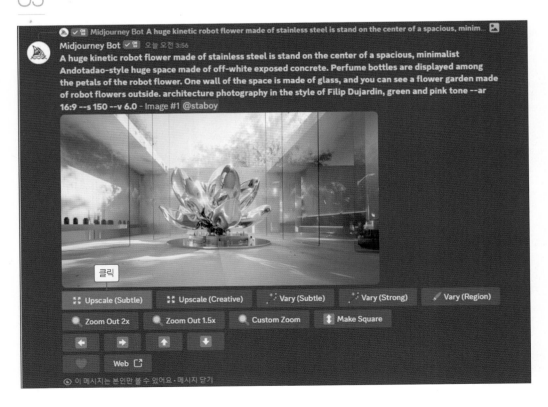

06 최종 이미지를 확인하고 클릭한
   다음 마우스 오른쪽 버튼을 클릭
하고 **이미지 저장**을 실행합니다.

07 저장된 최종 이미지를 확인합니다.

▲ 시안 이미지

카드 뉴스, 피트니스 브랜드
SNS 콘텐츠 디자인

SNS 콘텐츠는 브랜드가 큰 비용 없이 팔로워와 팬을 형성할 수 있는 중요한 홍보 수단입니다. 콘텐츠의 높은 퀄리티만큼 자주 발행하는 빈도 또한 중요합니다. 생성형 AI를 활용하면 브랜드에 어울리는 콘텐츠 주제와 소재 발굴부터 이미지 제작까지 손쉽게 할 수 있습니다. 이번 프로젝트에서는 효율적으로 SNS 콘텐츠를 제작하는 방법을 알아보겠습니다.

고객의 관심을 끌고 유지하기 위한 노력은 경쟁이 치열한 마케팅 분야에서 중요합니다. 다양한 방식의 노력 중에서도 SNS를 활용한 카드 뉴스 형식의 콘텐츠 마케팅은 특히 효과적입니다. 이번 프로젝트에서는 SNS 콘텐츠 디자인을 위해 챗GPT와 미드저니의 도움을 받아 타깃 설정부터 아이디어 도출까지 함께 진행하겠습니다.

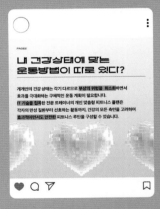

1. 콘텐츠 주제 선정 및 섬네일 제작

고객이 문제점으로 느끼고 있는 것들을 콘텐츠 주제로 삼기 위해 챗GPT와 문제점을 발견하고 주제를 명확히 전달할 수 있는 섬네일 이미지를 미드저니로 만듭니다.

2. 컨셉의 강화

결과물에 브랜드의 아이덴티티를 강화할 수 있도록 디자인 컨셉을 강화하여 발전합니다.

S E C T I O N

참여도를 높이는 공감하기

'좋아요', '싫어요', '공유'와 같은 활동은 모두 공감에서 시작되어 공감으로 끝나기 때문에, SNS 디자인은 공감을 중심으로 구성됩니다. 따라서, SNS 콘텐츠는 고객의 공감 포인트를 정확히 파악하는 것이 매우 중요합니다. 예를 들어, 유아용품 브랜드가 초보 부모들이 유아용품에 부담을 느낀다는 인사이트를 발견했다면, "신생아를 위한 필수 아이템 5가지" 또는 "평화로운 밤 잠자리 습관을 위한 단계별 가이드"와 같은 아기 돌보기 관련 공감 카드 뉴스를 제작할 수 있습니다. 앞서 설명한 방식의 접근을 위해 챗GPT와 함께 고객에 대한 상세한 페르소나를 설정하겠습니다.

01 브랜드 콘텐츠 마케터 역할 제안하기

CHATGPT

> 너는 지금부터 브랜드 콘텐츠 마케터야. 고객들이 공감할 수 있고 궁금해했던 내용을 해결해 주는 콘텐츠를 제작하는 게 너의 목표야. 이해했어?

> 이해했습니다! 브랜드 콘텐츠 마케터로서 저의 목표는 고객 문의와 요구 사항을 효과적으로 해결하는 공감형 콘텐츠를 만드는 것입니다. 염두에 두고 있는 특정 주제나 질문이 있는 경우 자유롭게 공유해 주세요. 그러면 우리는 함께 흥미로운 콘텐츠를 제작할 수 있습니다!

02 피트니스센터를 찾는 고객은 어떤 사람일까?

CHATGPT

> 우선 우리 브랜드의 고객이 어떤 궁금증이나 문제점을 가졌는지 파악하기 위해 고객 페르소나를 생성할 거야. 우리 브랜드의 정보는 아래와 같아.
>
> 1. 브랜드 카테고리: 헬스 피트니트센터
> 2. 메인 고객 연령: 30~40세 여성
> 3. 브랜드 이미지: 친절한, 전문적인
> 4. 브랜드 가치: 건강한 몸을 습관으로
>
> 정확한 페르소나를 만들기 위해 필요한 정보가 있다면 추가로 질문해 줘. 국가는 대한민국, 도시는 서울로 제한해 줘. 네가 만들어야 할 페르소나는 아래 항목을 참고해서 각각의 항목에 맞게 만들어줘. 고객의 궁금증이나 문제점을 해결해 주기 위해 아래 [4], [5]번 항목은 5개씩 나열해 줘.
>
> [1] 인구 통계학적 특징: 연령, 성별, 소득 수준, 교육 및 직업 등
> [2] 심리학적 정보: 가치관, 취미, 관심 분야, 라이프 스타일 특성 등
> [3] 구매 행동: 구매 방법, 구매 시기, 구매 이유

1. 인구 통계학적 특성

- 연령: 30~40세
- 성별: 여성
- 소득 수준: 중산층~중상위층
- 학력: 대학 학위 이상 소지 가능성 높음
- 직업: 전문직 종사자 또는 전업주부, 개인적 및 직업적 열망과 함께 가족 책임을 동시에 수행할 수도 있음

2. 심리 정보

- 가치: 건강을 중시하고 일과 개인 생활의 균형을 중시하며 건강과 장수를 우선시합니다.
- 취미 및 관심사: 피트니스, 웰니스 활동(예: 요가 또는 필라테스)에 관심이 있습니다. 건강과 영양에 관한 독서를 즐깁니다. 피트니스 또는 육아와 관련된 사회 집단에 참여할 가능성이 큽니다.
- 생활 방식 특성: 바쁜 도시 생활 방식, 일상의 효율성을 추구하며 가족이나 직장을 저해하지 않고 바쁜 일정에 맞출 수 있는 활동을 선호합니다.

3. 구매 행동

- 구매 방법: 편의를 위해 온라인 예약을 선호하지만, 센터에 있을 때 개인적인 상호작용과 조언을 높이 평가합니다.
- 구매 시기: 새로운 시작과 건강 다짐으로 인해 연초나 시즌 초에 멤버십을 구매할 가능성이 큽니다.
- 구매 이유: 건강 유지, 스트레스 관리, 개인 웰빙에 투자하려는 욕구에서 비롯됩니다.

4. 도전과 문제

- 시간 관리: 직업적, 가족적 약속으로 인하여 정기적인 운동을 위한 시간을 찾는 데 어려움을 겪고 있습니다.
- 동기 부여: 특히 결과가 즉시 표시되지 않는 경우 시간이 지남에 따라 동기를 잃습니다.
- 지식: 건강 목표와 라이프 스타일에 가장 효과적인 운동에 대한 추가 지침이 필요합니다.
- 사회적 지원: 정기적인 출석을 장려하고 소속감을 함양하는 커뮤니티 또는 그룹 수업을 찾습니다.
- 육아 · 보육: 보육 책임을 수용할 수 있는 시설이나 시간이 필요합니다.

5. 목표

- 개인 목표: 균형 잡힌 건강한 라이프 스타일 달성, 체중 유지 또는 감소, 체력 수준 향상, 스트레스 관리
- 직업 목표: 건강과 복지를 저해하지 않고 직장에서 높은 성과를 유지합니다.

이 페르소나는 이러한 특정 요구 사항과 문제를 해결하는 마케팅 전략을 수립하는 데 도움이 되어야 하며 콘텐츠가 대상 고객의 공감을 끌어낼 수 있도록 해야 합니다. 솔루션은 실용적이어야 하며 유연한 수업 일정, 온라인 수업, 동기 부여 프로그램, 전문가 지도, 보육 서비스 제공자와의 파트너십 제공 등 그들이 직면한 과제와 직접적으로 연결해야 합니다.

SECTION

2.

동기 부여를 위한 문제 정의하기

잠재 고객이 가지는 고민이나 문제를 이해하면, 그들의 요구와 관심에 맞는 콘텐츠를 제작할 수 있습니다. 예를 들어, 동기 부여를 유지하는 데 어려움을 겪고 있다면, 빠른 동기 부여 팁, 성공 사례, 또는 운동 과정을 더 쉽게 이룰 수 있도록 유머러스함을 더한 카드 뉴스를 만들 수 있습니다. 앞서 만든 페르소나와 연계하여 고객이 직면한 문제와 충족되지 않은 욕구를 파악해 나가겠습니다.

01 가상의 고객을 통해 문제점 찾기

챗GPT와 함께 알아본 데이터를 바탕으로 관점 서술문(POV)을 작성해 보겠습니다.

> • Who: 피트니스에 관심이 많은 30~40 여성은
> • What: 건강 관리와 관련된 정보를 얻기 어렵다.
> • Because: 정보가 너무 광범위하여 나에게 적용되는 정보를 분류하기 어렵기 때문이다.

페르소나의 페인 포인트를 반영한 관점 서술문을 작성했습니다. SNS 콘텐츠는 독자의 불편함을 모두 소재로 활용할 수 있어, 다양한 방법과 방향으로 제작할 수 있습니다. 이를 바탕으로 우리가 해결할 수 있는 문제를 정의해 보겠습니다.

> • How: 어떻게 하면
> • Might We~?: 피트니스에 관심이 많은 30~40 여성이 더 관심을 가질 수 있을 만한 충족되지 않은 욕망을 바탕으로 콘텐츠를 제공하면, 더 많은 공유가 일어나지 않을까?

타깃이 기존 서비스에서 해결되지 않은 문제에 공감하는 콘텐츠를 제작한다면, 실제로 더 많은 도움을 줄 수 있고 자연스럽게 공유가 증가하여 브랜딩 효과까지 얻을 수 있을 것입니다.

02 챗GPT로 다양한 문제점 발견하기

CHATGPT

> 앞서 작성한 페르소나를 대상으로 기존의 다양한 제품, 서비스들이 해결하지 못하고 있었던 문제점과 충족되지 않은 욕망은 어떤 게 있을까? 4가지 문제점과 4가지 충족되지 않은 고객의 욕망을 작성해 줘.

문제 1: 맞춤형 프로그램 부족

대부분의 피트니스센터는 개인의 건강 상태, 체력 수준 또는 목표를 충족하지 못할 수 있는 일반적인 프로그램을 제공합니다. 이 연령대의 여성은 적절하게 해결되지 않는 건강 상태(예: 임신 후 신체 문제, 골밀도 문제 등)에 따라 특정 요구 사항이 있을 수 있습니다.

문제 2: 제한된 어린이 친화적 시설

일부 체육관에서는 보육 서비스를 제공하지만, 이러한 서비스의 질과 이용 가능성은 만족스럽지 않을 수 있습니다. 이에 따라 어머니가 자녀의 보살핌과 안전에 관해 걱정하지 않고 지속적으로 피트니스 세션에 참석하는 것이 어려워지는 경우가 많습니다.

문제 3: 부적절한 동기 부여 및 지원

전통적인 피트니스 프로그램에는 지속적인 개인적 동기 부여와 정서적 지원 시스템이 부족한 경우가 많습니다. 우리의 잠재 고객은 정기적이고 긍정적인 강화와 서로의 목표를 지원하는 커뮤니티를 통해 더 격려받을 수 있습니다.

문제 4: 유연하지 않은 일정 옵션

기존 피트니스 서비스에는 직업적 책임과 가족적 책임을 병행하는 여성의 다양한 일상을 수용하지 못하는 엄격한 수업 일정이 있는 경우가 많습니다. 이에 따라 정기적인 출석을 유지하는 것이 어려워집니다.

충족되지 않은 욕망 1: 전인적인 건강 관리

체력 관리뿐만 아니라 영양 조언, 정신 건강 지원, 생활 습관 관리 등을 통합한 프로그램을 통하여 종합적인 건강 관리를 하려는 욕구가 있습니다.

충족되지 않은 욕망 2: 진행 상황 추적 기능을 갖춘 맞춤형 피트니스 계획

고객은 진행 상황을 모니터링하고 루틴을 유동적으로 조정할 수 있는 기술 지원 추적 시스템과 함께 자신의 체력 수준과 개인 상황 변화에 따라서 시간이 지남에 따라 적응하는 고도로 개인화된 피트니스 계획을 추구합니다.

충족되지 않은 욕망 3: 사회적 연결성

사교 행사, 관계 육성을 위하여 고안된 그룹 수업, 동기 부여를 유지하는 데 도움이 되는 친구 시스템 등 피트니스 프로그램 내에서 더 강력한 커뮤니티 측면을 원합니다.

충족되지 않은 욕망 4: 완벽한 온 · 오프라인 통합

고객이 직접 또는 온라인으로 피트니스 프로그램에 참여할 수 있어 물리적으로 센터를 방문할 수 있는 능력과 관계없이 피트니스 루틴을 유지할 수 있는 하이브리드 모델에 대한 욕구입니다. 여기에는 고품질 온라인 수업과 가상 상담이 포함됩니다.

SECTION
3.

맞춤형 콘텐츠로 아이디어 구체화하기

앞서 진행한 두 단계에서는 잠재 고객의 캐릭터를 이해하고 그들이 직면한 문제점을 발견했습니다. 이 과정을 통해 예상치 못한 포인트뿐만 아니라 새로운 문제점도 발견할 수 있었습니다. 이러한 개인적 어려움이나 문제를 직접 다루는 것이 우리 SNS 콘텐츠의 주요 아이디어입니다. 먼저 공감형 콘텐츠의 장점을 자세히 살펴본 후, 챗GPT와 함께 콘텐츠 아이디어를 목록화하고 구체화하겠습니다.

01 공감형 콘텐츠의 장점

관련성 및 참여도 향상

고객이 느끼는 문제를 다루는 콘텐츠는 고객의 삶과 직접적으로 관련되어 있으므로 자연스럽게 더 많은 공감을 얻습니다. 사람들이 콘텐츠에 자신의 어려움이 반영되고 해결되는 것을 보면 좋아요, 공유, 댓글, 조회 수를 통해 콘텐츠에 참여할 가능성이 더 커집니다. 이런 유형의 참여는 참여도가 높은 콘텐츠를 선호하는 알고리즘으로 인해 소셜 미디어 플랫폼에서 콘텐츠의 노출을 높일 뿐만 아니라 고객이 브랜드에 관해 느끼는 연결감을 강화합니다.

신뢰 구축

브랜드가 고객의 문제를 지속적으로 해결할 때 공감하고 이해하는 주체로 자리매김하게 됩니다. 이는 고객이 브랜드를 단순한 비즈니스가 아닌 유용한 리소스(자원)로 보기 시작하면서 신뢰를 구축합니다. 시간이 지남에 따라 고객이 자신의 요구 사항을 충족하는 솔루션, 조언 및 제품을 위해 브랜드에 의존하기 시작하면서 신뢰도 증가로 이어집니다.

고객 충성도 향상

개인적인 문제를 해결하면 일반 구매자를 충성도 높은 고객으로 바꿀 수 있습니다. 사람들은 자신의 요구 사항을 이해하고 가치를 제공한다고 생각하는 브랜드를 애용할 가능성이 더 큽니다. 고객이 브랜드를 단순하게 수익원으로 보는 것이 아니라 고객의 삶과 성공에 투자하고 있다고 느낄 때 충성도는 더 강화됩니다.

많은 트래픽 유도

특정 문제를 다루는 카드 뉴스 콘텐츠는 비슷한 문제에 직면한 커뮤니티 간에 공유될 가능성이 더 큽니다. 이러한 공유는 더 많은 타깃 트래픽으로 이어집니다. 이는 전환 가능성을 높일 뿐만 아니라 추가 콘텐츠에 참여하고 반복 방문자가 될 가능성이 큰 트래픽을 유도합니다.

서비스 개발을 위한 통찰력 제공

고객 문제에 초점을 맞추면 콘텐츠가 향상될 뿐만 아니라 제품 개발에 대한 통찰력도 얻을 수 있습니다. 고객이 직면한 어려움을 이해하면 브랜드는 기존 제품을 맞춤화하거나 이러한 요구 사항을 더 잘 충족하는 새로운 제품을 개발하여 매출을 늘릴 수 있습니다.

02 아이디어 목록화하기

페르소나의 니즈 중 '맞춤형 프로그램'에 대한 요소를 가지고, 앞선 답변에 이어 챗GPT와 함께 SNS 카드 뉴스 콘텐츠 아이디어를 구상해 보도록 하겠습니다.

앞서 나온 페르소나의 문제점들을 바탕으로 고객들에게 매력적으로 다가갈 카드 뉴스 제작 아이디어 목록을 만들어줘.

[1] 주제: 맞춤형 운동 프로그램이 필요한 이유
[2] 독자: 개인의 건강 상태에 맞춘 맞춤형 프로그램이 필요한 페르소나
[3] 구어체, 친근한 톤
[4] 5장의 카드 뉴스로 구성해 줘. 아래 조건을 만족하는 카드 뉴스 아이디어를 제작해 줘.
- [1], [2] 항목을 참고하여 페르소나에게 도움이 될 수 있는 주제 4개의 목록을 작성해 줘.
- 각 목록에 맞춰 '카드 뉴스 제목'과 나머지 '4장의 간단한 구성'을 작성해 줘.
- '카드 뉴스 제목'을 생성할 때는 [3]의 톤 앤 매너로 고객들의 관심을 끌어당길(후킹) 수 있게 제작해 줘.
- '4장의 간단한 구성'은 각각 10문장 이상으로 구체적으로 작성해 줘. 그리고 마지막 장에는 우리 서비스를 팔로우할 수 있도록 'Calls To Action(CTA)' 요소를 넣어줘.

출력 형식은 아래와 같이 적어줘.

콘텐츠 1
제목 –
4장의 구성: 1. 2. 3. 4.

개인의 건강 상태에 맞는 맞춤형 운동 프로그램이 필요한 페르소나의 관심을 끌기 위해 고안된 상세한 카드 뉴스 제작 아이디어입니다. 이 콘텐츠는 개인화된 피트니스 솔루션에 중점을 두고 서울의 한 헬스 피트니스 센터에 근무하는 30~40세 여성에게 특히 도움이 될 것입니다.

콘텐츠 1

제목 – 나에게 꼭 맞는 맞춤형 운동 계획이 판도를 바꾸는 이유

1. **일률적인 방식이 효과가 없는 이유**: 일반적인 피트니스 프로그램이 종종 개인의 필요를 충족하지 못하는 이유를 설명하는 것부터 시작하십시오. 다양한 신체와 건강 배경에 따라 운동에 대한 다양한 접근 방식이 어떻게 필요한지 강조하세요. 예를 들어, 20세 남성 운동선수에게 효과가 있는 것이 관절 문제 또는 산후

회복이 필요한 병력이 있는 35세 여성에게는 적합하지 않을 수 있습니다.

2. **맞춤화의 과학**: 개인의 건강 지표, 피트니스 수준 및 목표에 과학적으로 맞춤화된 피트니스 계획의 이점을 알아보세요. 체성분 분석, 체력 테스트, 건강 검진과 같은 평가가 어떻게 진정으로 효과적이고 안전한 운동 계획을 세우는 데 도움이 될 수 있는지 토론해 보세요.

3. **성공 사례**: 맞춤형 프로그램을 통해 건강 및 체력 수준이 크게 개선된 회원들의 사용 후기와 사례 연구를 공유하세요. 맞춤형 운동 계획을 따른 결과 근력 향상, 체중 감소, 지구력 향상 등 특정 건강 목표를 달성한 여성의 이야기를 포함하세요.

4. **기술과 전문성의 통합**: 피트니스센터에서 앱, 웨어러블 기기 등의 최신 기술을 어떻게 활용해 실시간으로 진행 상황을 추적하고 운동 계획을 조정하는지 설명합니다. 또한 이러한 지표를 지속적으로 모니터링하고, 결과를 최적화하며, 부상을 예방하기 위해 루틴을 수정하는 전문 트레이너의 역할을 강조하십시오.

5. **행동 촉구**: 맞춤형 계획이 피트니스 성공을 향한 길이 될 수 있다고 확신하시나요? 지금 무료 초기 평가를 예약하고 귀하만을 위해 설계된 프로그램을 통해 더 건강하고 행복한 삶을 향한 첫걸음을 내디뎌 보세요!

콘텐츠 2

제목 – 실망하지 않고 건강해지세요: 맞춤형 피트니스가 동기 부여를 강화하는 방법

1. **피트니스 동기 부여 이해**: 일반적인 피트니스 프로그램에서 많은 사람이 직면하는 일반적인 동기 부여 문제에 관해 논의하는 것부터 시작하세요. 개인화된 계획이 개인의 선호도와 목표에 어떻게 부합하는지 설명하고, 각 회원이 즐겁고 성취감을 느끼는 활동에 맞춰 활동을 조정함으로써 동기를 크게 향상합니다.

2. **목표 지향 훈련**: 마라톤 달리기, 심혈관 건강 개선, 임신 후 체중 감량 달성 등 구체적이고 개인적인 목표를 중심으로 맞춤형 프로그램이 어떻게 설계되었는지 알아보세요. 이러한 맞춤형 이정표에 도달하는 것이 어떻게 상당한 동기 부여 향상을 제공할 수 있는지 강조하십시오.

3. **피드백 및 조정**: 개인화된 프로그램에서 지속적인 피드백의 역할을 강조합니다. 정기적인 평가가 개인의 요구 사항을 더 잘 충족하기 위해 계획을 수정하고, 정체 현상을 피하며, 새롭고 흥미로운 과제를 도입해 동기를 높게 유지하는 데 어떻게 도움이 될 수 있는지 보여줍니다.

4. **개인 트레이너의 역할**: 전담 개인 트레이너와 협력해 회원의 고유한 피트니스 여정에 맞춘 맞춤형 격려, 책임감 및 전문가 지도를 통하여 어떻게 동기를 유지하는 데 도움이 될 수 있는지 설명하십시오.

5. **행동 촉구**: 동기를 부여하고 실제 결과를 확인할 준비가 되셨습니까? 오늘 저희에게 연락하여 개인 트레이너와 매칭하고 맞춤형 피트니스 여행을 시작해 보세요!

콘텐츠 3

제목 – 운동의 균형, 삶의 균형: 바쁜 꿀벌을 위한 맞춤형 피트니스

1. **시간을 절약해 주는 맞춤형 운동**: 페르소나의 바쁜 생활 방식을 다루는 것부터 시작하세요. 빡빡한 일정에 딱 맞게 맞춤형 운동 계획을 설계하고, 최단 시간에 최고의 결과를 얻을 수 있는 운동에 집중하여 운동 효율성을 극대화하는 방법을 설명하세요.

2. **유연한 일정**: 회원들이 운동 시간을 선택할 수 있고 이른 아침, 늦은 저녁, 심지어 점심시간까지 수용해 바쁜 하루에도 건강을 유지할 수 있도록 하는 맞춤형 프로그램의 유연성에 관해 논의합니다.

3. **총체적 접근 방식**: 일상생활과 전반적인 삶의 목표에 완벽하게 들어맞는 포괄적인 접근 방식을 제공하여 식이요법 및 정신 건강과 같은 다른 건강 측면을 피트니스 프로그램에 통합하는 방법에 관해서 이야기합니다.

4. **원격 옵션**: 집에서 또는 여행 중에 운동해야 하는 사람들을 위한 가상 교육 세션 및 디지털 추적의 가용성을 강조하여 위치에 관계없이 운동을 계속할 수 있도록 합니다.

5. **행동 촉구**: 너무 바빠서 운동할 시간이 없나요? 귀하의 일정에 딱 맞는 계획으로 그 방법을 알려드리겠습니다. 지금 무료 상담에 등록하고 이상적인 운동 계획을 찾아보세요!

콘텐츠 4
제목 – 운동에 개인적인 손길이 필요한 이유: 독특한 건강 문제 극복

1. **개인 건강 고려 사항**: 운동 계획을 세울 때 허리 통증, 관절염, 호르몬 불균형과 같은 개인 건강 문제를 고려하는 것의 중요성을 설명하는 것부터 시작하세요. 개인화된 접근 방식이 어떻게 이러한 우려 사항을 안전하게 수용할 수 있는지 강조하십시오.

2. **부상 예방을 위한 적응형 기법**: 관절 문제가 있는 사람들을 위한 저 충격 운동과 같이 기존 건강 문제 또는 과거 부상과 관련된 부상을 예방하기 위해 특별히 선택한 기술과 운동에 대하여 논의합니다.

3. **치료적 이점**: 맞춤형 피트니스 루틴이 만성 질환의 증상을 완화하거나 부상에서 회복하는 데 도움을 주고 전반적인 건강을 향상하는 데 도움이 되는 치료적 이점을 어떻게 얻을 수 있는지 알아보세요.

4. **전문가의 조언**: 운동 계획 개발을 감독하고 건강 안전 기준을 충족하며 유익한 결과를 제공할 수 있도록 다양한 의료 분야를 전문으로 하는 건강 전문가 및 피트니스 전문가의 가용성을 강조합니다.

5. **행동 촉구**: 신중한 접근이 필요한 특정 건강 문제가 있습니까? 오늘 전문 트레이너에게 평가를 예약하고 더 건강하며 고통 없는 삶을 향한 여정을 시작하세요!

이런 추가 카드 뉴스 콘텐츠는 타깃 페르소나의 고유한 도전과 라이프 스타일에 공감하고, 맞춤형 피트니스 계획과 피트니스센터 서비스 참여에 대한 강력한 행동 촉구를 통해 실용적인 솔루션을 제공하는 것을 목표로 합니다.

03 아이디어 선택 및 내용 구체화하기

CHATGPT

작성해 준 목록 중 '콘텐츠 1'이 마음에 들어. 이 아이디어를 바탕으로 아래 조건을 만족하는 카드 뉴스 콘텐츠를 3개 만들어줘.

- 제목을 포함해 5장의 구성이 보완할 점이 있는지 확인하고 수정 적용해 줘.
- 내용 및 문장을 다음 장의 내용이 궁금할 수 있도록 구성해 줘.
- 첫 장의 제목은 클릭을 유도할 수 있도록 매력 있고 창의적으로 제작해 줘.
- 첫 장의 제목을 제외한 4장의 구성도 제목과 내용으로 구성해 줘.
- 카드 뉴스의 내용은 각각 5문장 이상, 가능하면 이해하기 쉽도록 자료와 예시를 넣어줘.
- 마지막 장에는 우리 서비스를 팔로우할 수 있도록 'Calls To Action(CTA)' 요소를 넣어줘.

콘텐츠별 출력 형식은 아래와 같이 해줘.

콘텐츠 제목 –

1장 제목 –

내용

2장 제목 –

내용

3장 제목 –

내용

4장 제목(마무리) –

결론:

 요청하신 '콘텐츠 1'을 바탕으로 자세한 카드 뉴스 콘텐츠 3종을 소개합니다. 각 카드 뉴스는 호기심과 참여를 유지하도록 설계하여 자연스럽게 다음 부분(세그먼트)으로 이어지고 행동 촉구로 마무리됩니다.

1. 콘텐츠 제목 – 피트니스 잠재력을 발휘하세요: 퍼스널 플랜이 놀라운 효과를 발휘하는 이유

1장 제목 – 획일적인 피트니스의 신화 깨기

세부 사항: 헬스장 멤버십을 그만두는 사람의 70%가 개인별 맞춤 결과를 보지 못해서 그만둔다는 사실을 알고 계셨나요? 일반적인 피트니스 프로그램은 개인의 필요를 간과하는 경우가 많으며, 이는 낙담으로 이어집니다. 고유한 체형, 체력 수준, 건강 목표를 이해하는 것이 운동에 대한 접근 방식을 어떻게 변화시킬 수 있는지 알아보세요.

2장 제목 – 맞춤형 피트니스 성공의 과학

세부 사항: 연구에 따르면 개인 맞춤형 운동 계획은 운동 효과를 최대 50%까지 높일 수 있다고 합니다. 피트니스 전문가는 신체의 특성과 개인 목표를 평가하여 운동의 매 순간을 소중하게 만들어 운동 효과를 높일 수 있는 운동 요법을 만들 수 있습니다. 맞춤 설정의 과학이 어떻게 피트니스 잠재력을 끌어올리는 열쇠가 될 수 있는지 알아보세요.

3장 제목 – 영감을 주는 성공 사례

세부 사항: 맞춤형 피트니스 플랜(계획)으로 삶을 변화시킨 35세의 워킹맘을 만나보세요. 6개월 후, 그는 7kg의 체중을 감량했을 뿐만 아니라 체력과 정신 건강도 개선했습니다. 이와 같은 사례는 맞춤형 피트니스 솔루션이 가져오는 영향력 있는 변화를 보여줍니다.

4장 제목 – 손끝으로 만나는 고급 도구와 전문가 안내

결론: 피트니스센터에서 최첨단 기술과 전문가 상담을 만나보세요. 웨어러블 피트니스 트래커부터 공인 트레이너와의 일대일 세션까지, 운동 계획이 효과적이고 안전하며 건강 목표에 완벽하게 부합할 수 있도록 도와주는 도구와 전문 지식을 제공합니다.

행동 촉구: 나만을 위해 설계된 플랜(계획)으로 인생 최고의 몸매를 만들 준비가 되셨나요? 지금 바로 여기를 클릭해 맞춤형 피트니스 상담을 예약하세요!

1장 제목 – 운동에 맞춤이 필요한 이유

세부 사항: 재단사가 내 신체 치수에 맞춰 정장을 정확하게 맞추는 것처럼, 맞춤형 피트니스 플랜(계획)은 개인 건강 지표에 맞게 설계됩니다. 자세한 진단부터 시작하여 피트니스에서 성공하기 위해 신체에 필요한 것이 무엇인지 정확히 파악합니다. 맞춤형 운동이 피트니스 성공의 비결인 이유를 알아보세요.

2장 제목 – 실제 목표를 위한 맞춤형 계획

세부 사항: 마라톤을 하든, 아이들과 함께 달리기를 하든, 실제적이고 개인적인 목표를 설정하는 것이 중요합니다. 맞춤형 계획은 체력 수준에 따라 명확한 마일스톤(중요한 단계)을 설정하고 조정해 효율적으로 목표를 달성할 수 있도록 도와줍니다. 목표별 훈련이 어떻게 게임의 판도를 바꾸는지 알아보세요.

3장 제목 – 성장에 따른 조정: 다이내믹 피트니스 플랜

세부 사항: 나와 함께 진화하는 피트니스 플랜(계획)을 상상해 보세요. 체력이 강해지면 새로운 능력을 반영하여 운동이 업데이트되므로 지속적인 발전을 보장하고 정체기를 피할 수 있습니다. 동적 조정이 어떻게 신체의 변화를 유도하고 정신의 몰입을 유지하는지 자세히 알아보세요.

4장 제목 – 당신의 맞춤을 만나다: 이해하는 트레이너

결론: 트레이너는 단순한 강사가 아니라 피트니스 여정의 파트너입니다. 생리학에 대한 깊은 이해와 건강에 대한 헌신으로 항상 회원님의 구체적인 요구 사항을 염두에 두고 회원님의 발전을 위해 노력합니다.

행동 촉구: 피트니스 루틴에 혁명을 일으킬 준비가 되셨나요? 지금 바로 진정한 개인 맞춤형 트레이닝을 경험해 보세요. 시작하려면 여기를 클릭하세요!

3. 콘텐츠 제목 – 운동 효과를 극대화하세요: 개인화의 힘

1장 제목 – 일반적인 플랜은 더 이상 통하지 않습니다

세부 사항: 오늘날의 세상에서 피트니스는 획일적인 노력이 아닙니다. 일반적인 계획은 개인 건강의 중요한 측면을 놓치는 경우가 많아 최적의 결과를 얻지 못하고 동기 부여가 저하될 수 있습니다. 맞춤형 접근 방식이 더 잘 맞을 뿐만 아니라 더 나은 결과를 제공하는 이유를 알아보세요.

2장 제목 – 건강 상태에 맞춘 맞춤형

세부 사항: 개개인의 건강 상태는 각기 다르므로 위험을 최소화하면서 혜택을 극대화하는 구체적인 운동이 필요합니다. 개인 맞춤형 피트니스 플랜은 만성 질환부터 선호하는 활동까지 건강의 모든 측면을 고려하여 효과적이면서도 안전한 루틴을 구성합니다.

3장 제목 – 운동을 변화하는 기술

세부 사항: 진행 상황을 추적하는 앱부터 근력 수준에 맞게 조정하는 운동기구까지, 최신 피트니스 기술을 통해 올바른 도구를 사용하면 피트니스 경험을 향상할 수 있습니다. 기술을 활용하여 개인 맞춤형 계획을 더 효과적으로 만드는 방법을 알아보세요.

결론: 계획만 세우는 것이 아니라 성과를 내는 것이 중요합니다. 나만을 위한 맞춤형 계획을 통해 모든 운동은 성공을 위해서 최적화됩니다. 개인화된 피트니스 접근 방식이 건강과 삶을 어떻게 변화시킬 수 있는지 확인해 보세요.

행동 촉구: 자신의 필요를 이해하는 플랜으로 피트니스 여정을 관리할 준비가 되셨나요? 여기를 클릭해 맞춤형 피트니스 평가를 예약하고 지금 바로 변화를 시작하세요!

챗GPT가 작성한 답변은 아무래도 단어와 문장 맥락이 어색할 수 있습니다. 마음에 드는 컨셉과 개요를 바탕으로 한 번 더 마무리할 필요가 있습니다.

04 콘텐츠 커버 디자인 제안하기

챗GPT와 함께 낸 아이디어 중 '콘텐츠 3'번을 주제로 SNS 콘텐츠 커버 시안을 만들어 보겠습니다. 3번을 선택한 이유는 제목이 가장 간결하고 후킹 요소가 있다고 판단했기 때문입니다.

주제를 설정한 후 어울리는 콘텐츠 커버 디자인을 추천받겠습니다.

 SNS 콘텐츠 커버 디자인을 3가지 추천해 줘. 콘텐츠 제목은 '운동 효과를 극대화하세요: 개인화의 힘'이야. 30~40대 여성이 우리의 타깃이야.

1. 헬스장에서 운동하는 여성
2. 미래 디자인 컨셉의 운동복을 입은 여성
3. 트레이너와 함께 운동 중인 여성

도출된 컨셉 중 '헬스장에서 운동하는 여성'과 '미래 디자인 컨셉의 운동복을 입은 여성'을 커버 디자인 컨셉으로 선택하겠습니다.

 디자인 컨셉
• 헬스장에서 운동하는 여성
• 미래 디자인 컨셉의 운동복을 입은 여성

SECTION

4.

SNS 콘텐츠 이미지 만들기

챗GPT와 함께 논의한 아이디어 중에서 '콘텐츠 3'을 주제로 SNS 콘텐츠 커버 시안을 만들겠습니다. '운동 효과를 극대화하세요: 개인화의 힘' 주제를 선택한 이유는 제목이 가장 간결하고 후킹(끌어당기는) 요소가 있기 때문입니다. 챗GPT가 도출한 콘텐츠 커버 디자인 컨셉 중 첫 번째인 '헬스장에서 운동하는 여성'의 이미지를 미드저니를 통해 제작하겠습니다. 다양한 플랫폼에서 활용할 수 있도록 가장 기본적인 1:1 비율로 이미지를 만들겠습니다.

01 AI로 이미지를 생성하기 위해 웹 브라우저에서 'discord.com'을 입력해 디스코드 사이트에 접속하고 로그인합니다. 미드저니 채널로 들어가서 입력창에 '/i'를 입력하고 '/imagine prompt'를 선택한 다음 프롬프트를 입력합니다.

프롬프트 Maximize Your Workout, The Power of Personalization, women – – s 100

번역 운동 극대화, 개인화의 힘, 여성

02 한 명의 여성 이미지보다 여러 명의 피트니스 회원들이 등장하는 이미지가 현재 고객들이 다대일 피트니스에서 느끼고 있는 문제점을 건드릴 수 있는 이미지라고 판단하였습니다. 두 번째 이미지를 업스케일하기 위해 〈U2〉 버튼을 클릭합니다.

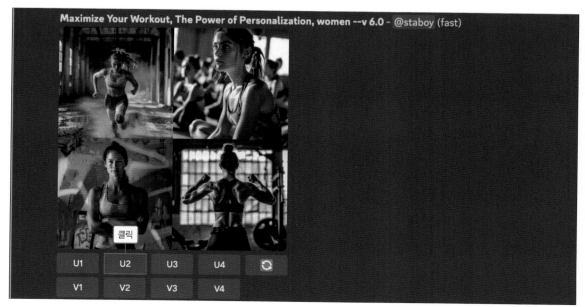

03 업스케일한 이미지를 클릭합니다.

04 이미지를 클릭하여 열린 브라우저
에서 마우스 오른쪽 버튼을 클릭
한 다음 **이미지 저장**을 실행하여 원본 이
미지를 저장합니다.

05 최종 이미지를 확인합니다.

◀ 시안 이미지

컨셉을 강화하고 수정하기

결과물이 나쁘지 않지만, 어딘가에서 이미 본 듯한 익숙한 이미지가 있어 아쉬웠습니다. 또한, 피트니스 브랜드에서 강조하고자 하는 IT 기술 기반의 고객 관리 시스템도 더 강조되었으면 좋겠다는 피드백을 받았습니다. 이런 수정 사항을 바탕으로 두 번째 커버 디자인 컨셉인 '미래 디자인 컨셉의 운동복을 입은 여성'을 바탕으로 콘텐츠 디자인을 제작하겠습니다.

01 IT 기술 이미지 컨셉 강화하기

01 IT 기술 이미지가 느껴지도록 3D, 그리드, 홀로그래픽을 추가하겠습니다. 이미지 톤 또한 흰색과 밝은 파랑으로 지정하여 첨단적인 느낌을 더하기 위해 미드저니에서 프롬프트 입력창에 프롬프트를 입력합니다.

프롬프트
A woman in her 20s working out, styled by a Balenciaga fashion model. Holographic muscles shaped by 3D grid. white and light blue tone − −s 100

번역
발렌시아가 패션 모델이 스타일링한 운동하는 20대 여성. 3D 격자무늬의 홀로그램 근육. 하얀색과 밝은 파랑 톤

02 미래지향적이고 IT 기술이 느껴지는 이미지가 생성되었습니다. 피트니스 이미지가 가장 잘 드러난 네 번째 이미지를 업스케일하기 위해 〈U4〉 버튼을 클릭합니다.

03 이미지 여백을 확보하기 위해 〈Zoom Out 1.5x〉 버튼을 클릭합니다.

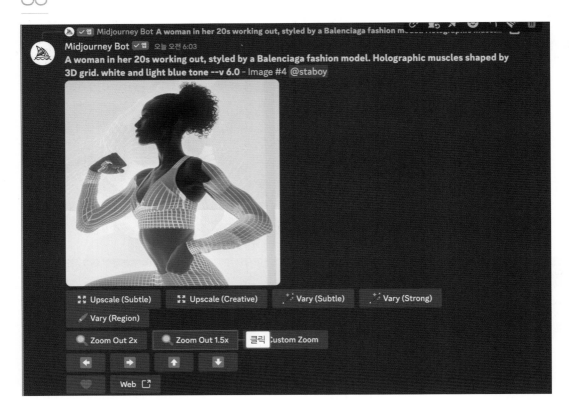

04 줌 아웃(Zoom Out)한 이미지를 확인한 다음 마음에 든 첫 번째 그림을 업스케일하기 위해 〈U1〉 버튼을 클릭합니다.

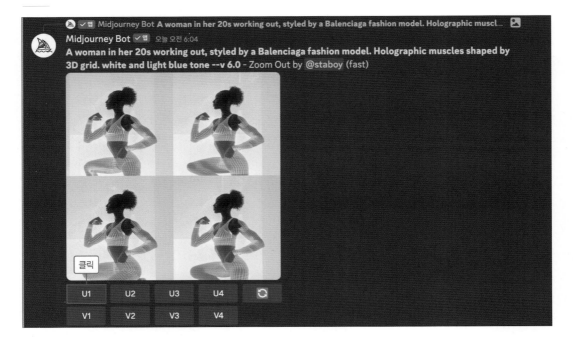

05 이미지를 클릭하여 열린 브라우저 창에서 마우스 오른쪽 버튼을 클릭한 다음 **이미지 저장**을 실행하여 원본 이미지를 저장합니다.

02 SNS 콘텐츠 커버 제작하기

01 포토샵을 실행하고 메뉴에서 (File) → New를 실행합니다. New Document 대화상자가 표시되면 Name: SNS CONTENTS, Width/Height: 1,080Pixels, Resolution: 72Pixels/Inch, Color Mode: RGB Color로 지정한 다음 〈Create〉 버튼을 클릭하여 정방형의 SNS 콘텐츠 작업을 위한 새 도큐먼트를 작성합니다.

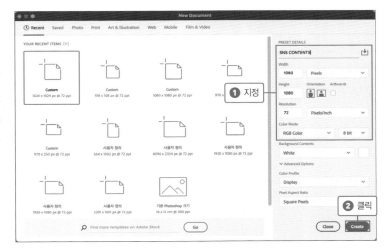

02 정방형으로 만들어진 도큐먼트를 확인합니다.

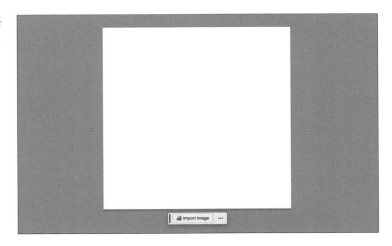

03 콘텐츠 배경색을 설정하기 위해 그레이디언트 도구(▦)를 선택하고 도큐먼트 아래에서 위로 드래그합니다. 두 개의 포인트와 함께 하나의 선이 나타납니다. 아래쪽 포인트를 더블클릭하여 Color Picker 대화상자가 표시되면 #에 'aefffc'를 입력한 다음 〈OK〉 버튼을 클릭합니다. 위쪽 포인트를 더블클릭하고 같은 방법으로 '흰색'으로 지정합니다.

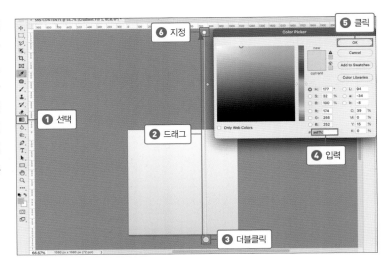

04 원형 도구(◯)를 선택하고 옵션 바에서 Fill: 흰색, Stroke: 검은색, Stroke Width: 1px로 설정합니다. 도큐먼트 위에 드래그하여 그림과 같이 브랜드 로고를 상징하는 타원형을 그린 다음 회전합니다. Layers 패널에서 레이어 이름을 'circle'로 변경합니다.

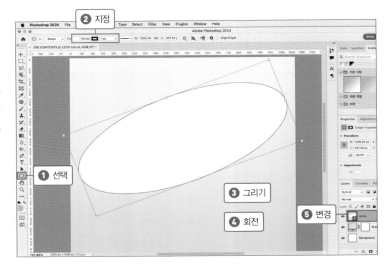

05 미드저니에서 생성한 커버용 이미지 또는 SNS 콘텐츠 폴더의 'model.png' 파일을 드래그해 가져오고 Enter 를 누릅니다.

06 'model' 레이어를 선택한 채 Ctrl +L을 누릅니다. Levels 대화상 자가 표시되면 Input Levels를 조절하여 이미지 톤을 맞춘 다음 〈OK〉 버튼을 클 릭합니다. 예제에서는 그림자 톤: 53, 중간 톤: 1.16, 하이라이트 톤: 240으로 설정하였 습니다.

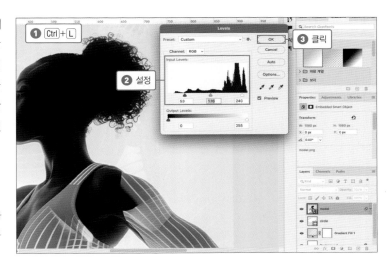

TIP Input Levels에서는 Shadows(그림자 톤), Midtones(중간 톤), Highlights(하이라이트 톤) 값을 설정하여 색상 대비를 조절합니다.

07 Contextual Task Bar에서 〈Select subject〉 버튼을 클릭합 니다.

08 모델 외곽선을 따라 점선으로 선택 영역이 나타나면 Ctrl+J를 눌러 선택 영역의 이미지를 복제합니다.

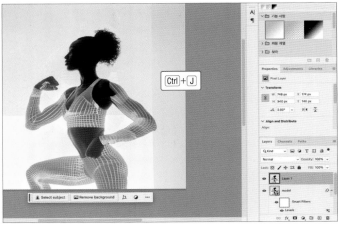

09 'Layer 1' 레이어와 'model' 레이어를 선택하고 Ctrl + T 를 누른
다음 확대한 후 Enter 를 누릅니다.

10 Layers 패널에서 복제한 'Layer 1' 레이어를 선택하고 'Add a
mask' 아이콘(🔲)을 클릭하여 마스크를 적용합니다.

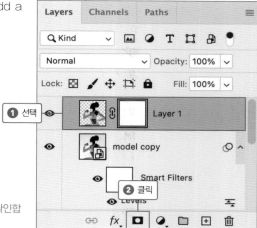

TIP 'Layer 1' 레이어 섬네일 오른쪽에 빈 레이어 마스크가 생성된 것을 확인합
니다.

11 Layers 패널에서 Alt 를 누른 채
'model' 레이어와 'circle' 레이어
경계를 클릭하여 'model' 레이어 이미지
영역에 'circle' 모양을 나타냅니다.

12 Ctrl 을 누른 채 'circle' 레이어의
섬네일을 클릭하여 선택 영역을
지정합니다.

13 Ctrl + Shift + I 를 눌러 선택 영역
을 반전합니다.

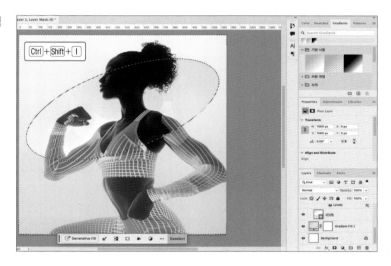

14 인물의 위쪽 부분만 남기기 위해 먼저 'Layer 1' 레이어의 마
스크 레이어를 선택합니다. 전경색을 '검은색'으로 지정한 다
음 브러시 도구( )로 선택 영역 아래쪽을 드래그하여 지웁니다.

15 Ⓣ를 누르고 드래그해 텍스트 상
자 두 개를 만듭니다. Character
패널에서 글꼴: 느림보고딕, 글자 크기:
130pt로 지정합니다. 콘텐츠 제목인 '운동
효과 극대화 퍼스널 테크케어'를 입력하고
첫째 줄은 글자 색을 '흰색', 둘째 줄은 글
자 색을 '검은색'으로 지정합니다.

TIP 첫째 줄과 둘째 줄의 문자 색상을 다르
게 지정하기 위해 두 개의 텍스트 상자를 사용
합니다.

16 흰색 문자가 잘 읽히지 않아 테두
리를 추가하겠습니다. Layers 패
널에서 흰색 문자 레이어를 선택하고 'Add
a layer style' 아이콘(*fx.*)을 클릭한 다음
'Stroke'를 선택합니다.

17 Layer Style 대화상자가 표시
되면 (Stroke) 탭에서 그림과 같
이 Size: 1px, Position: Outside, Blend
Mode: Normal, Opacity: 100%, Color:
검은색으로 지정하고 〈OK〉 버튼을 클릭
합니다.

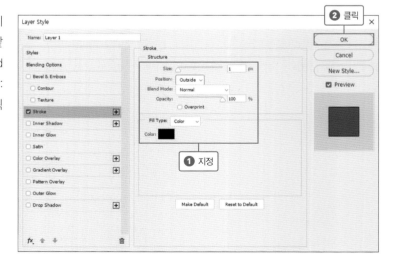

18 타이틀 아래에 콘텐츠 주제를 파악할 수 있도록 해시태그 형식의 디자인을 추가하겠습니다.
사각형 도구(□)를 선택하고 옵션바에서 Fill: 흰색, Stroke: 검은색, Stroke Width: 1px로 지정한 다음 텍스트 왼쪽 아래에 가로로 길게 드래그하여 그림과 같이 사각형을 그립니다. Layers 패널에서 레이어 이름을 'hash_box'로 변경합니다.

19 사각형 양쪽을 반원형으로 둥글게 만들기 위해 사각형 모서리 안쪽의 파란색 포인트를 클릭하고 안쪽으로 드래그합니다.

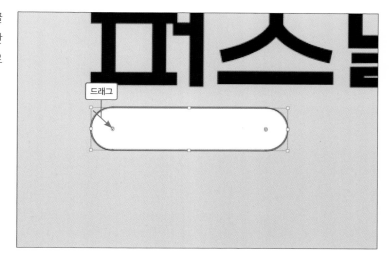

20 Ctrl+J를 두 번 눌러 사각형을 복제한 다음 간격을 통일시켜 그림과 같이 위치를 잡아줍니다. 복제된 레이어 이름을 'hash_box2', 'hash_box3'으로 변경합니다.

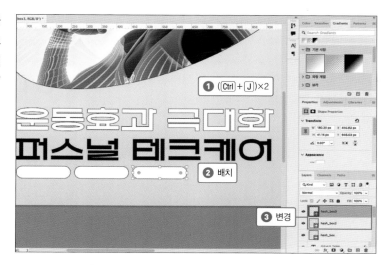

21 문자 도구(T,)를 선택하고 글자 크기를 '32pt'로 설정한 다음 'hash_box'에 키워드를 입력합니다.

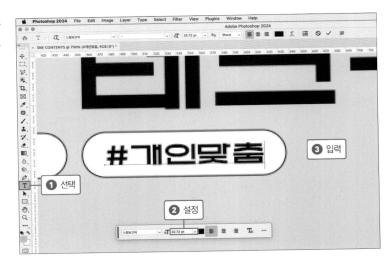

22 사각형에 각각 '#피트니스', '#자기관리', '#개인맞춤'을 입력합니다.

23 가로/세로 '64px' 위치에 그림과 같이 안내선을 추가합니다. 글자 크기를 '222pt'로 설정하고 안내선에 맞춰 첫 번째 콘텐츠임을 알리는 '01' 문자를 입력합니다.

24 글자 크기를 '23pt'로 설정한 다음 '01' 텍스트 아래에 'FROM BODY TECH FOR ALL PEOPLE' 슬로건을 입력하여 브랜딩을 강화합니다.

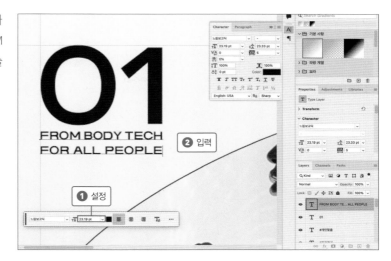

25 글자 크기를 '158pt'로 설정하고 특수기호 '*'을 입력하여 디자인 포인트를 설정합니다.

26 글자 크기를 '23pt'로 설정하고 아래쪽에 'INSTAGRAM', '@BODYTECH', 'CONTENTS'를 입력해 콘텐츠 속성을 브랜딩합니다.

27 [Ctrl]+[;]를 눌러 안내선 없이 이미지를 확인한
다음 저장합니다.

❶ [Ctrl]+[;]

❷ 저장

03 운동하는 인물의 AI 이미지 생성하기

01 첫 번째 SNS 콘텐츠 페이지는 일률적인 운동 방법이 모두에게 맞지 않다는 내용입니다. 이를 강조하기 위하여 일률
적으로 운동하는 인물의 모습을 조합하겠습니다. 프롬프트 입력창에 프롬프트를 입력합니다.

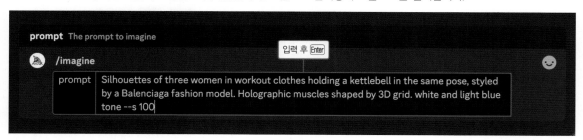

프롬프트 | Silhouettes of three women in workout clothes holding a kettlebell in the same pose, styled by a
Balenciaga fashion model. Holographic muscles shaped by 3D grid. white and light blue tone －－s 100

번역 | 운동복을 입은 세 명의 여성이 같은 포즈로 케틀벨을 들고 있는 실루엣, 발렌시아가 패션 모델 스타일링. 3D 격자무늬의 홀로그
램 근육 모양. 하얀색과 밝은 파란색 톤

TIP 미드저니를 활용하면 이미지를 찾거나, 저작권 문제없이 소스로 활용할 수 있습니다.

02 생성된 이미지 중에서 의도와 가장 잘 맞는 세 번째 이미지를 업스케일하기 위해 〈U3〉 버튼을 클릭합니다.

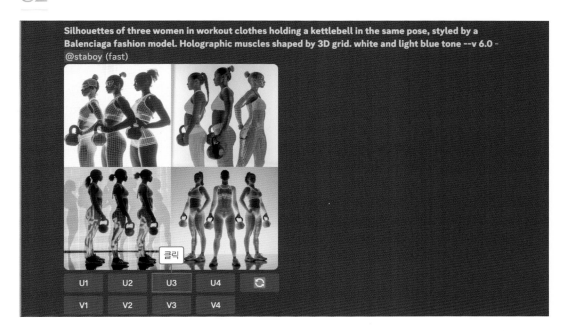

03 이미지를 클릭하여 브라우저에서 열고 마우스 오른쪽 버튼을 클릭한 다음 **이미지 저장**을 실행해 원본 이미지를 저장합니다.

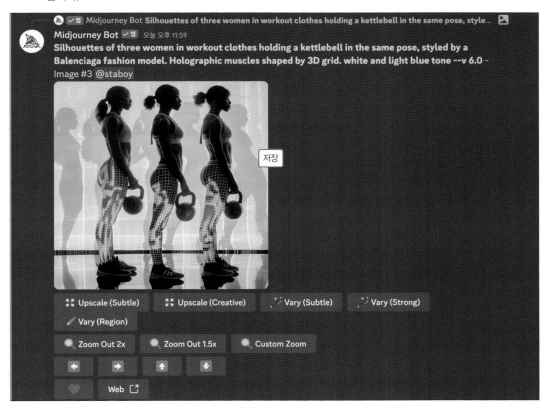

04 SNS 콘텐츠 첫 번째 페이지 디자인하기

01 앞서 만든 SNS CONTENTS 커버 도큐먼트에서 페이지 제작을 이어가겠습니다. 먼저 Layers 패널에서 콘텐츠 배경을 구성하는 'Gradient Fill 1' 과 'Background' 레이어를 제외한 나머지 레이어들을 그룹으로 만들고 그룹 이름을 'cover'로 변경한 다음 '눈' 아이콘 (👁)을 클릭하여 비활성화합니다. 생성한 AI 이미지 또는 SNS 콘텐츠 폴더에서 '3models.jpg' 이미지를 드래그해 불러옵니다.

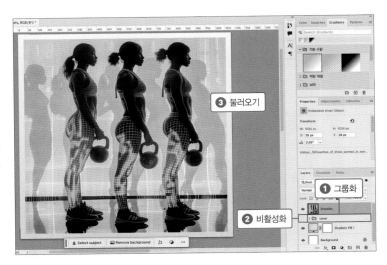

02 오브젝트 선택 도구(⬚)를 선택하고 Shift를 누른 상태에서 세 명의 인물을 클릭합니다.

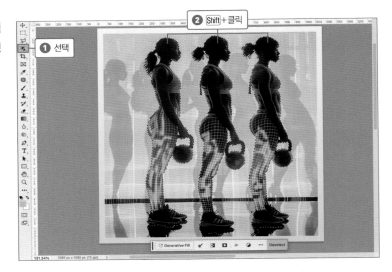

03 Ctrl+J를 눌러 세 명의 인물만 복제한 다음 원본 이미지의 '눈' 아이콘(👁)을 클릭해 비활성화합니다.

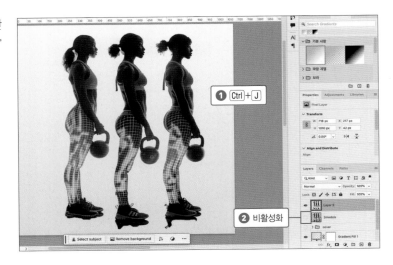

04 [Ctrl]+[U]를 눌러 Hue/Saturation 대화상자가 표시되면 Hue: -32, Lightness: +17으로 설정하여 배경 톤과 맞추고
〈OK〉 버튼을 클릭합니다.

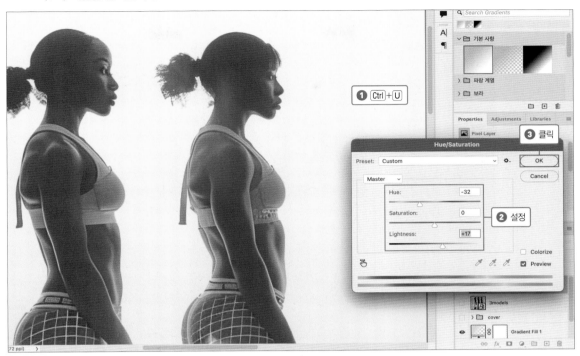

05 [Ctrl]+[T]를 누른 다음 이미지 크기를 조절하고 그림과 같이 왼쪽 아래에 배치합니다.

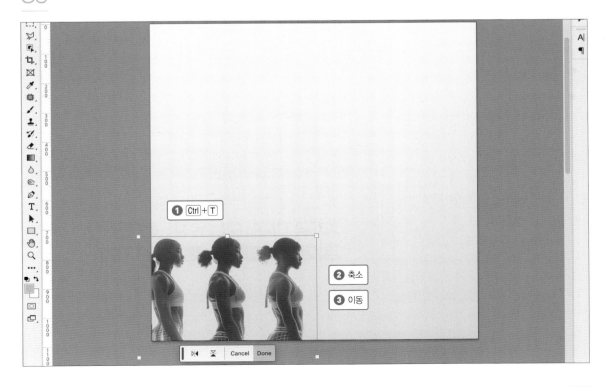

06 [Ctrl]+[J]를 눌러 인물 이미지를 복제하고 오른쪽으로 이동해 그림과 같이 배치합니다. [Ctrl]+[E]를 눌러 두 레이어를 하나로 병합합니다.

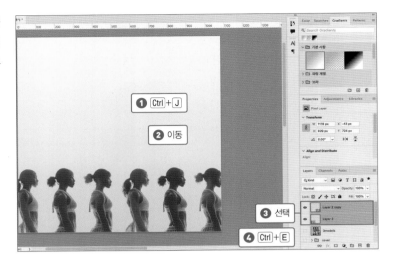

07 문자 도구([T.])를 선택하고 Contextual Task Bar 또는 Character 패널에서 글꼴: 느림보고딕, 글자 크기: 86pt, 글자 색: 검은색으로 지정한 다음 본문의 소제목인 '지금까지의 운동 플랜 정말 효과가 좋았을까?'를 입력합니다.

08 소제목과 본문의 영역을 확실하게 구분하기 위해 선 도구([／])를 선택하고 옵션바에서 Fill: 검은색, Stroke: None, Stroke Width: 1px로 설정한 다음 문자 아래에 가로로 드래그하여 선을 만듭니다.

TIP 선 도구를 이용할 때 옵션바의 Set shape stroke width에서 선 두께를 설정할 수 있습니다. [Shift]를 누른 상태로 드래그하면 45° 간격의 기울기로 직선을 만들 수 있습니다.

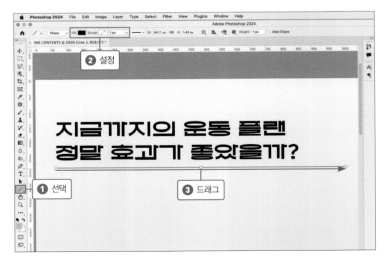

09 Ctrl+: 를 눌러 안내선을 표시한 다음 Contextual Task Bar에서 글자 크기를 '23pt'로 설정합니다. 안내선에 맞춰 페이지 번호인 'PAGE1'을 입력합니다.

10 Character 패널에서 글꼴: Sandoll 고딕, 글자 크기: 31pt, 자간: −40으로 지정한 다음 본문 텍스트를 작성합니다.

TIP 본문에는 제목보다 가독성이 좋은 글꼴을 선택합니다.

TIP 본문 텍스트
100만 조회수의 운동 영상을 따라하면 무조건 효과적일까요? 스포츠 과학 저널에 발표된 연구에 따르면, 맞춤형 피트니스 프로그램을 받은 개인이, 일반적인 피트니스 프로그램을 따르는 사람보다 전반적인 피트니스 효과가 50% 더 높게 향상되는 것으로 밝혀졌습니다.

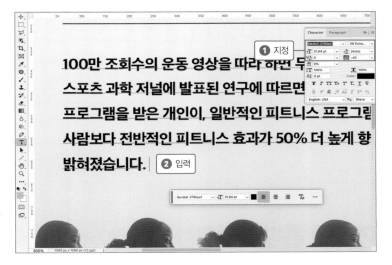

11 필요한 내용에 하이라이트를 적용하기 위해 먼저 사각형 도구(□.)를 선택하고 선 색을 'None'으로 지정한 다음 본문 텍스트 옆에 드래그해 그림과 같이 사각형을 만듭니다.

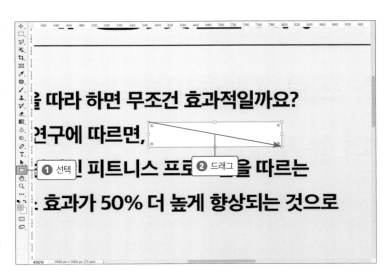

TIP 형광펜 효과처럼 하이라이트를 적용하기 위해 사각형의 면 색은 상관 없습니다.

12 Layers 패널에서 레이어 이름을 'green'으로 변경합니다. 옵션바에서 Fill을 클릭하고 오른쪽의 'Color Picker' 아이콘(□)을 클릭합니다. Color Picker 대화상자가 표시되면 #에 '24ff71'을 입력한 다음 〈OK〉 버튼을 클릭합니다.

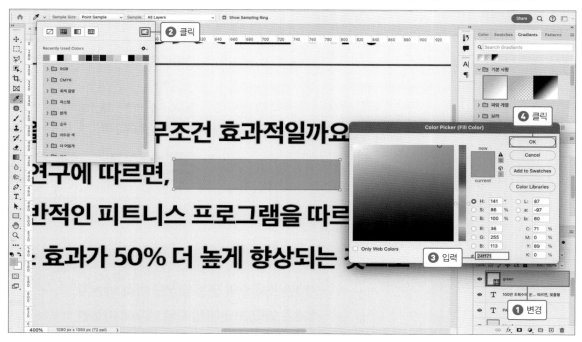

13 Layers 패널에서 블렌딩 모드를 'Multiply'로 선택하여 형광펜처럼 투명하게 만듭니다.

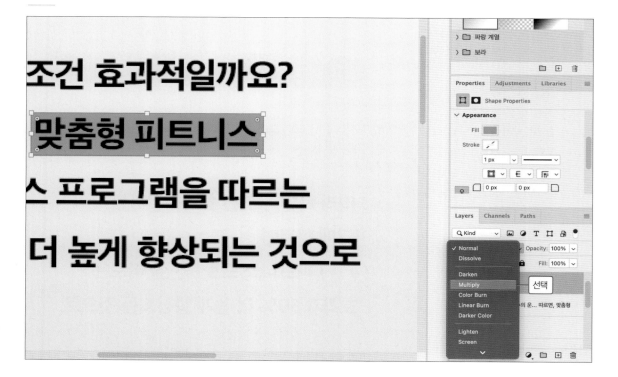

14 하이라이트 상자를 복제하여 그림과 같이 필요한 부분에 하이라이트를 추가합니다.

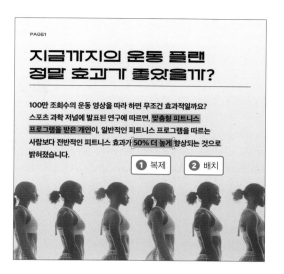

15 전체적인 레이아웃을 확인하고 배경을 제외한 레이어를 모두 선택한 다음 Ctrl+G를 눌러 그룹화합니다. 그룹 레이어 이름을 'page1'으로 변경합니다.

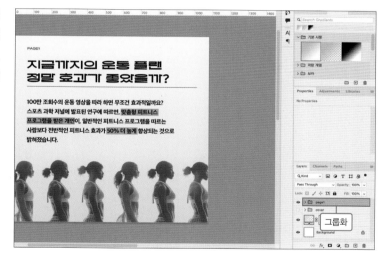

16 완성된 SNS 카드 뉴스의 첫 번째 본문 이미지를 확인합니다.

05 건강을 상징하는 AI 이미지 생성하기

01 두 번째 본문은 서로 다른 건강 상태에 맞는 운동 방법이 따로 있다는 내용으로, 건강을 상징할 수 있는 하트 모양의
—— 아이콘을 픽셀 형태로 만들겠습니다. 프롬프트 입력창에 프롬프트를 입력합니다.

| 프롬프트 | 3D holographic, pixelated heart icon, white and light blue tone − −s 100 |

번역 3D 홀로그래픽, 픽셀화된 하트 아이콘, 화이트 및 라이트 블루 톤

02 생성된 이미지 중 의도와 가장 맞는 세 번째 이미지를 업스케일
—— 하기 위해 〈U3〉 버튼을 클릭합니다.

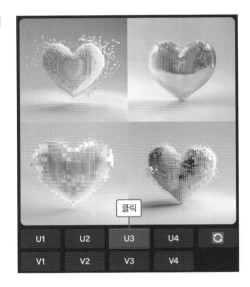

03 이미지를 클릭하여 열린 브라우저
—— 창에서 마우스 오른쪽 버튼을 클
릭한 다음 **이미지 저장**을 실행하여 원본
이미지를 저장합니다.

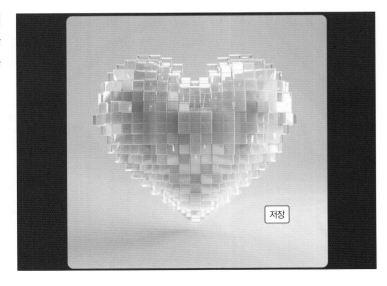

06 SNS 콘텐츠 두 번째 페이지 디자인하기

01 앞서 만든 커버 도큐먼트에서 두 번째 본문 제작을 이어가겠습니다. 생성한 AI 이미지 또는 SNS 콘텐츠 폴더의 'heart.jpeg' 이미지를 도큐먼트에 드래그하여 불러옵니다. Contextual Task Bar 에서 〈Remove background〉 버튼을 클릭해 배경을 삭제합니다.

02 이미지의 배경이 삭제되어 콘텐츠 배경에 자연스럽게 합성됩니다.

03 Ctrl+L을 눌러 Levels 대화상자가 표시되면 중간 톤: 0.53, 하이라이트 톤: 210으로 설정하여 레벨을 조절하고 〈OK〉 버튼을 클릭합니다.

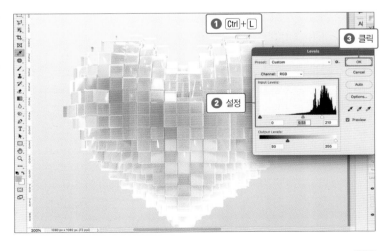

04 Ctrl + U 를 눌러 Hue/Saturation 대화상자가 표시되면 Hue를 '–3'으로 설정하여 배경 톤과 맞추고 〈OK〉 버튼을
클릭합니다.

05 Ctrl + T 를 누르고 이미지를 안쪽으로 드래그하여 크기를 조절한 다음 그림과 같이 아래에 배치합니다.

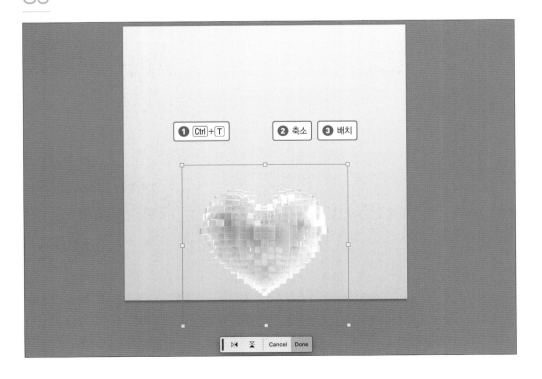

06 'heart' 레이어를 선택한 상태에서 Ctrl+J를 두 번 눌러 복제한 다음 레이어 이름을 'heart2', 'heart3'으로 변경하고 그림과 같이 가로로 배치합니다.

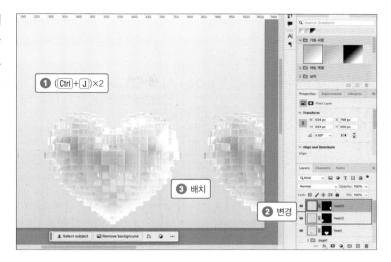

07 문자 도구(T.)를 선택한 다음 Contextual Task Bar 또는 Character 패널에서 글꼴: 느림보고딕, 글자 크기: 86pt로 설정하고 소제목인 '내 건강상태에 맞는 운동방법이 따로 있다?'를 입력합니다.

08 소제목과 본문 영역을 확실하게 구분하기 위해 선 도구(/)를 선택하고 옵션바에서 Fill: 검은색, Stroke: None, Stroke Width: 1px로 설정한 다음 문자 아래에 가로로 드래그해 그림과 같이 선을 그립니다.

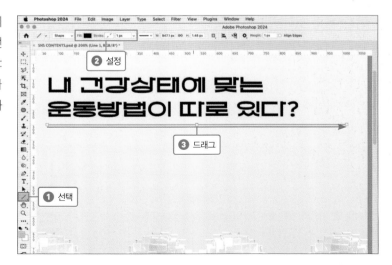

09
Contextual Task Bar 또는 Character 패널에서 글꼴: Sandoll 고딕, 글자 크기: 31pt, 자간: −40으로 지정하고 본문 텍스트를 작성합니다.

TIP 본문 텍스트

개개인의 건강 상태는 각기 다르므로 부상의 위험을 최소화하면서 효과를 극대화하는 구체적인 운동 계획이 필요합니다.

IT 기술을 접목한 전문 트레이너의 개인 맞춤형 피트니스 플랜은 각자의 만성 질환부터 선호하는 활동까지, 건강의 모든 측면을 고려하여 효과적이면서도 안전한 피트니스 루틴을 구성할 수 있습니다.

10
앞서 본문 디자인 과정에서 만든 'green', 'green2', 'green3' 레이어를 복제한 다음 하이라이트가 필요한 부분에 그림과 같이 배치합니다.

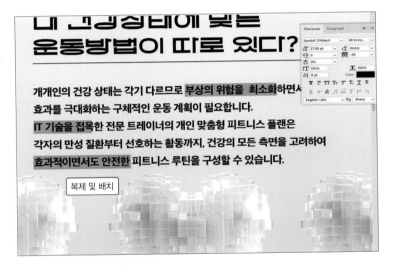

11
Ctrl+;를 눌러 안내선을 표시하고 Contextual Task Bar에서 글꼴: 느림보고딕, 글자 크기: 23pt로 설정한 다음 안내선에 맞춰 페이지 번호 'PAGE2'를 입력합니다.

TIP 메뉴에서 (View) → Rulers를 실행하면 작업 창 왼쪽과 위에 눈금자가 표시됩니다. 눈금자 단위는 기본으로 Centimeters가 지정되어 있습니다.

12 전체 레이아웃을 확인하고 배경을 제외한 레이어를 모두 선택한 다음 Ctrl+G를 눌러 그룹화합니다. 그룹 레이어 이름을 'page2'로 변경하고 완성된 이미지를 확인합니다.

07 인물 실루엣 AI 이미지 생성하기

01 세 번째 페이지의 내용은 기술을 활용한 맞춤 운동에 관한 것입니다. 데이터를 표현할 수 있도록 인물 실루엣에 그래픽을 추가한 이미지로 만들겠습니다. 프롬프트 입력창에 프롬프트를 입력합니다.

프롬프트

Silhouette of a woman wearing Nike street sportswear, listening to earphones, and looking at a smartphone. Data graph with blue tones around the woman, styled by a Balenciaga fashion model. Holographic muscles shaped by 3D grid. white and light blue tone − −s 100

번역 나이키 스트리트 스포츠웨어를 입고 이어폰을 들으며 스마트폰을 보는 여성의 실루엣. 발렌시아가 패션 모델이 스타일링한 여성 주변의 푸른색 톤의 데이터 그래프. 3D 격자무늬의 홀로그램 근육. 하얀색과 밝은 파란색 톤

02 생성된 이미지 중 의도와 가장 잘 맞는 첫 번째 이미지를 업스케일하기 위해 〈U1〉 버튼을 클릭합니다.

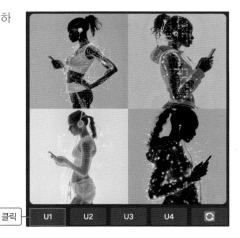

O3 업스케일된 이미지를 확인합니다. 배경에 여유가 필요하므로 〈Zoom Out 1.5x〉 버튼을 클릭합니다. 첫 번째 이미지
를 업스케일하기 위해 〈U1〉 버튼을 클릭합니다.

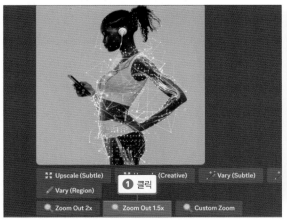 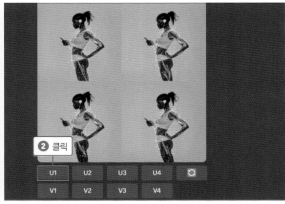

O4 이미지를 클릭하여 브라우저에서 열고 마
우스 오른쪽 버튼을 클릭한 다음 **이미지
저장**을 실행해 원본 이미지를 저장합니다.

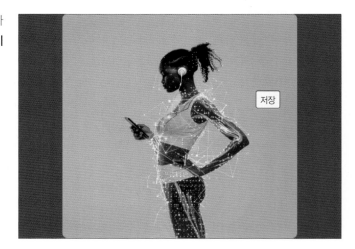

08 SNS 콘텐츠 세 번째 페이지 디자인하기

O1 앞서 만든 커버 도큐먼트에서 SNS 콘텐
츠 세 번째 페이지 제작을 이어가겠습니
다. 앞서 만든 AI 이미지 또는 SNS 콘텐츠 폴더의
'phone.jpeg' 파일을 드래그해 불러옵니다.

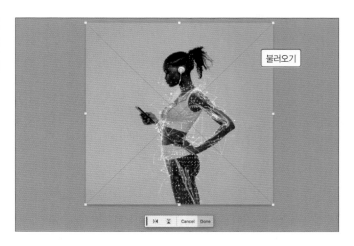

02 Layers 패널에서 블렌딩 모드를
'Overlay'로 선택해 밝은 색을 더
밝게 만듭니다.

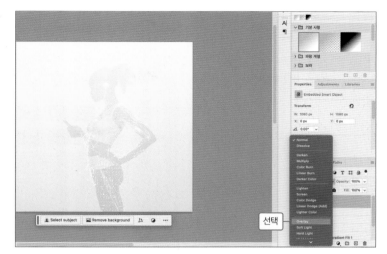

TIP Overlay를 적용하면 밝은 색은 더 밝
아지고 어두운 색은 더 어두워집니다. 이때 회색
이미지는 투명하게 처리합니다.

03 Ctrl+T를 누르고 이미지 크기를
조절한 다음 그림과 같이 아래에
배치합니다.

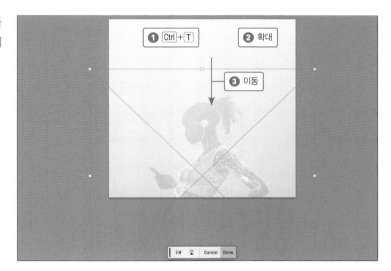

04 문자 도구(T.)를 선택하고
Contextual Task Bar 또는
Character 패널에서 글자 크기: 86pt로
설정한 다음 페이지의 소제목 '운동을 바
꿔주는 기술 내몸을 바꿔주는 테크'를 입
력합니다.

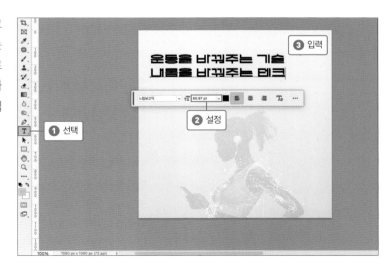

05 소제목과 본문의 영역을 확실하게 구분하기 위해 선 도구(✏)를 선택하고 옵션바에서 Fill: 검은색, Stroke: None, Stroke Width: 1px로 설정한 다음 텍스트 아래에 가로로 드래그해 선을 만듭니다.

06 Character 패널에서 글꼴: Sandoll 고딕Neo1, 글자 크기: 31pt, 자간: −40으로 설정하고 본문 텍스트를 입력합니다.

TIP 본문 텍스트

운동을 할 때에도, 하지 않을 때에도 우리의 몸은 시시각각 변화합니다. 개인의 운동 진행 상황을 추적하는 앱부터, 근력 수준에 맞게 자동으로 조절되는 운동 기구까지. 최신 피트니스 테크를 활용한다면, 지금껏 경험해 보지 못한 피트니스 효과를 느낄 수 있습니다. 테크를 활용하여 나에게 맞는 피트니스 플랜을 효과적으로 만들어보세요.

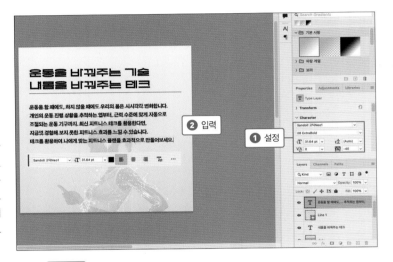

07 Contextual Task Bar에서 글꼴: 느림보고딕, 글자 크기: 23pt로 설정하고 이전 페이지처럼 페이지 번호 'PAGE3'을 입력합니다.

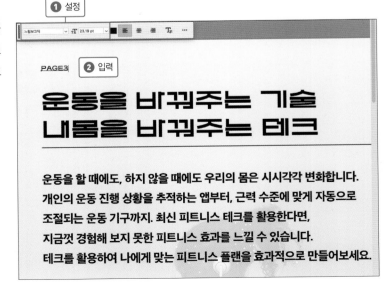

08 앞서 만든 'green', 'green2', 'green3' 레이어를
복제해 하이라이트가 필요한 부분에 그림과 같이
배치합니다.

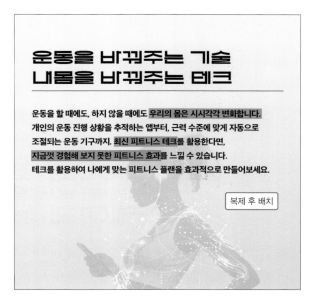

09 디자인적으로 아래쪽의 무게가 가
벼워 보여, 커버 디자인에서 사용
한 아래쪽 브랜딩 텍스트('INSTAGRAM',
'@BODYTECH', 'CONTENTS')를 복제
합니다.

10 레이아웃을 확인하고 배경을 제외한 레이어를 선
택한 다음 Ctrl+G를 눌러 그룹화합니다. 그룹 레
이어 이름을 'page3'으로 변경하고 완성된 이미지를 확인
합니다.

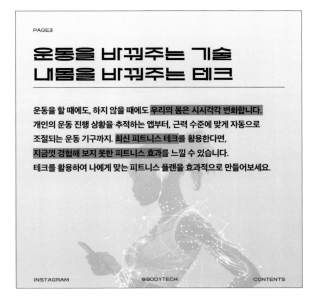

09 SNS 콘텐츠 네 번째 페이지 디자인 마무리하기

01 앞서 만든 커버 도큐먼트에서 SNS 콘텐츠 네 번째 페이지 디자인을 이어가겠습니다. 마무리 페이지에는 AI 이미지 대신, 참여를 요구하는 기호를 만들겠습니다. 문자 도구(T.)를 선택하고 Contextual Task Bar에서 글자 크기: 86pt로 설정한 다음 본문의 소제목 '계획을 넘어, 결과 까지가 테크 케어의 능력'을 입력합니다.

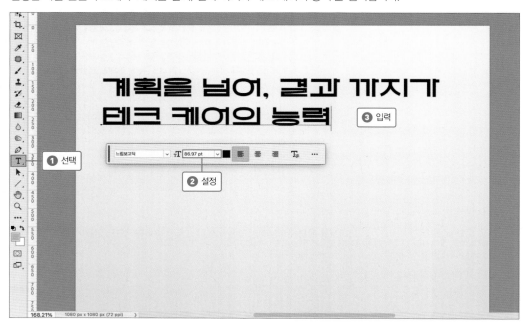

02 소제목과 본문의 영역을 확실하게 구분하기 위해 선 도구(/)를 선택하고 옵션바에서 Fill: 검은색, Stroke: None, Stroke Width: 1px로 설정한 다음 텍스트 아래에 가로로 드래그해 선을 만듭니다.

03 Character 패널에서 글꼴: Sandoll 고딕, 글자 크기: 31pt, 자간: −40으로 설정하고 본문 텍스트를 작성합니다.

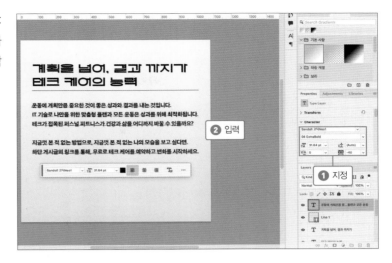

TIP 본문 텍스트

운동에 계획만큼 중요한 것이 좋은 성과와 결과를 내는 것입니다. IT 기술로 나만을 위한 맞춤형 플랜과 모든 운동은 성과를 위해 최적화됩니다. 테크가 접목된 퍼스널 피트니스가 건강과 삶을 어디까지 바꿀 수 있을까요?

지금껏 본 적 없는 방법으로, 지금껏 본 적 없는 나의 모습을 보고 싶다면. 하단 게시글의 링크를 통해, 무료로 테크 케어를 예약하고 변화를 시작하세요.

04 앞서 만든 'green' 레이어를 복제해 하이라이트가 필요한 부분에 배치하고 그림과 같이 늘려 맞춥니다.

IT 기술로 나만을 위한 맞춤형 플랜과 모든 운동은 성과를 위해 최적화됩니다.
테크가 접목된 퍼스널 피트니스가 건강과 삶을 어디까지 바꿀 수 있을까요?

지금껏 본 적 없는 방법으로, 지금껏 본 적 없는 나의 모습을 보고 싶다면.
하단 게시글의 링크를 통해, 무료로 테크 케어를 예약하고 변화를 시작하세요

복제 후 배치

05 Contextual Task Bar 또는 Character 패널에서 글꼴: 느림보고딕, 글자 크기: 23pt로 설정하고 이전 페이지와 마찬가지로 페이지 번호 'PAGE4'를 입력합니다.

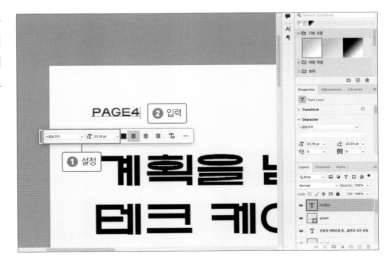

06 고객 참여를 유도하는 화살표를
만들기 위해 먼저 사각형 도구
(□.)를 선택하고 옵션바에서 Fill: None,
Stroke: 검은색, Stroke Width: 1px로 설
정합니다. Shift 를 누른 채 본문 그림과 같
이 아래에 드래그해 정사각형을 그립니다.

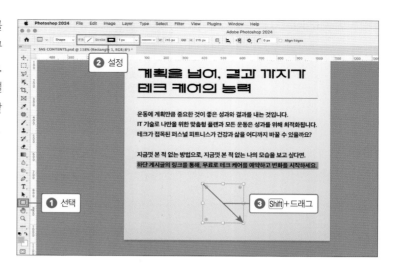

07 직접 선택 도구(▷.)를 선택하고
정사각형의 모서리 하나를 선택합
니다.

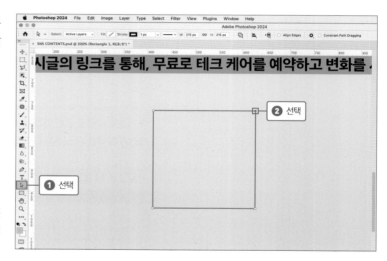

TIP 직접 선택 도구는 기준점이나 선을 하
나씩 선택할 수 있어 패스 선택 도구보다 정교
하게 패스를 수정할 수 있습니다.

08 Delete 를 눌러 경고 메시지 창이
표시되면 〈Yes〉 버튼을 클릭합니다.

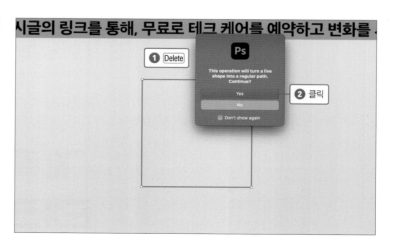

09 **Ctrl**+**T**를 누르고 왼쪽으로 45°
회전시켜 화살표가 아래를 향하게
만듭니다.

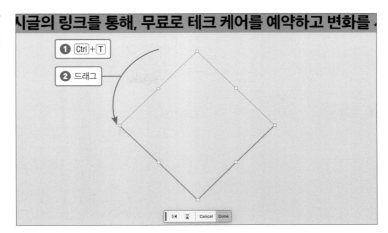

10 **Ctrl**+**J**를 두 번 눌러 복제한 3
개의 화살표를 그림과 같이 배치
합니다.

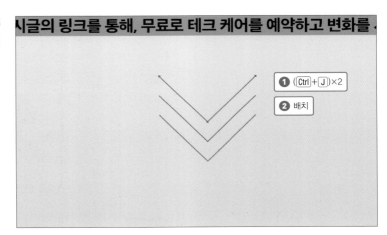

11 전체 레이아웃을 확인하고 배경을 제외한 레이어들을 선택한 다음 **Ctrl**+**G**를 눌러 그룹화합니다. 완성된 이미지를
확인합니다.

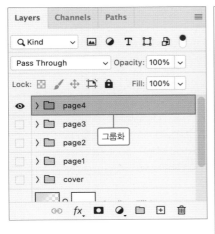

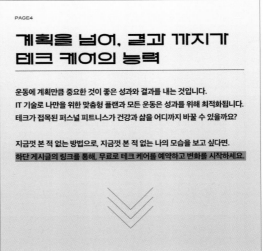

10 최종 목업 디자인하기

01 Ctrl+O를 누르고 SNS 콘텐츠 폴더에서 인스타그램 목업 파일인 'instagram_mockup.psd' 파일을 불러옵니다.

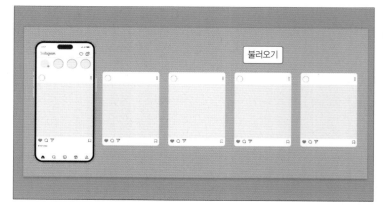

02 완성된 이미지들을 문서로 드래그해 배치합니다.

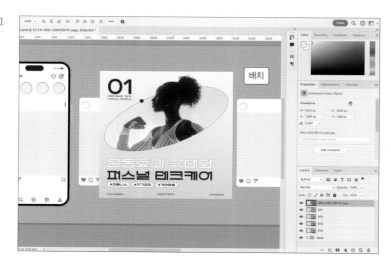

03 Ctrl+T를 누르고 크기를 조절하여 완성합니다. 크기를 맞춘 이미지를 목업 템플릿에 맞춰 배치합니다.

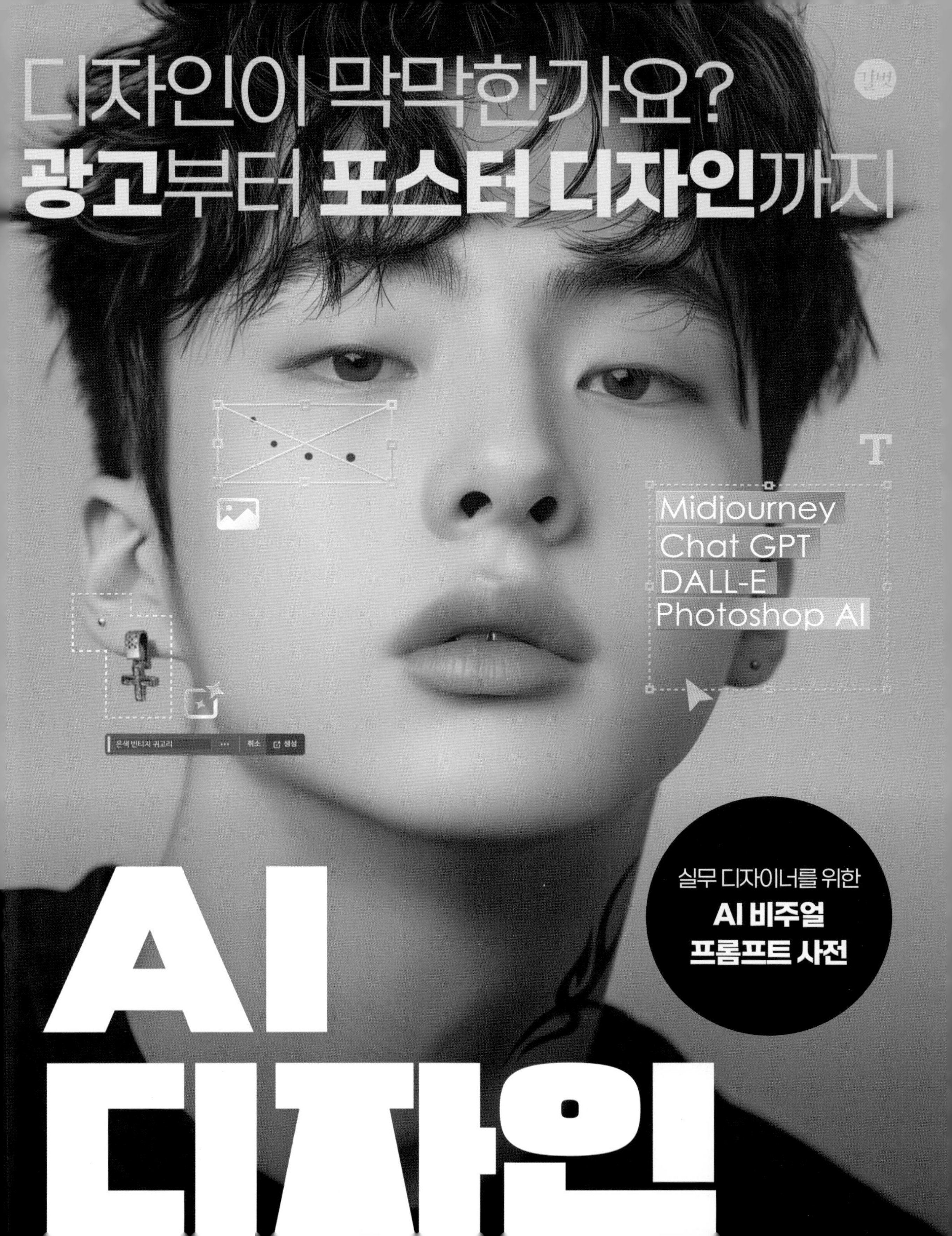

디자인이 막막한가요?
광고부터 **포스터 디자인**까지

길벗

Midjourney
Chat GPT
DALL-E
Photoshop AI

은색 빈티지 귀고리 ··· 취소 ✦ 생성

실무 디자이너를 위한
**AI 비주얼
프롬프트 사전**

AI 디자인

1 샷(Shot) 설정

샷(Shot)은 이미지에서 사용하는 문법으로, 배경이 많이 보이는 경우 상황을 명확히 전달하거나 피사체에 가까이 촬영해 심리적 상태나 감정을 묘사하는 데 유용합니다. 디테일한 프롬프트를 활용하면 목적에 맞는 정밀한 이미지를 생성할 수 있습니다.

1. 익스트림 롱 샷(Extreme Long Shot)

사람보다 장소와 장면의 인지가 중요할 때 사용합니다. '누구인가'보다는 '어디인가'를 알리는 용도로 활용합니다.

프롬프트 **extreme long shot**, 1 girl, white simple background, studio light

2. 롱 샷(Long Shot)

익스트림 롱 샷(Extreme Long Shot)보다 피사체 모습이 잘 보이며 집중되기 시작합니다. 이는 사람들의 움직임이나 행동을 보여줄 때 주로 활용됩니다.

프롬프트 **long shot**, 1 girl, white simple background, studio light

3. 미디엄 샷(Medium Shot)

배경보다 피사체에 더 집중됩니다. 피사체의 표정과 행동의 디테일이 부각됩니다.

프롬프트 **Medium shot**, 1 girl, white simple background, studio light

4. 미디엄 클로즈업(Medium Close-Up)

피사체의 얼굴에 집중되며, 배경의 비중은 많이 낮아집니다.

프롬프트 **medium close-up**, 1 girl, white simple background, studio light

5. 클로즈업(Close-Up)

피사체의 얼굴 부위에 집중되며, 섬세한 감정을 표현하기 좋습니다.

프롬프트 **close-up**, 1 girl, white simple background, studio light

6. 익스트림 클로즈업(Extreme Close-Up)

피사체의 눈 또는 코 등 하나에 더 집중하기 위해 사용합니다.

프롬프트 **extreme close-up**, 1 girl, white simple background, studio light

2 카메라와 위치 설정

카메라의 방향을 원하는 목적에 맞게 조정할 수 있습니다. 프롬프트를 더 디테일하게 설정할수록 원하는 이미지를 빠르게 얻을 수 있습니다.

1. 카메라 정면(Direct to Camera)

프롬프트 **direct to camera**, medium shot, 1 girl, white simple background, studio light

2. 카메라 3/4 측면(Three-Quarter Profile)

프롬프트 **three-quarter profile**, medium shot, 1 girl, white simple background, stuidio light

3. 측면(Profile)

프롬프트 **profile**, medium shot, 1 girl, white simple background, stuidio light

4. 뒷모습(Shot from Behind)

프롬프트 **shot from behind**, medium shot, 1 girl, white simple background, studio light

5. 로우 앵글(Low Angle)

프롬프트 **low angle**, direct to camera, medium shot, 1 girl, white simple background, studio light

6. 하이 앵글(High Angle)

프롬프트 **high angle**, direct to camera, medium shot, 1 girl, white simple background, studio light

7. 버드 아이 뷰(Bird's Eye View)

프롬프트 **bird's eye view**, 1 girl, natural lighting, landscape --ar 16:9

8. 언더워터 샷(Underwater Shot)

프롬프트 **Underwater Shot**, direct to camera, medium shot, 1 girl --ar 16:9

9. 고프로 샷(Go-Pro Shot)

프롬프트 **go-pro shot**, 1 girl, in new york city --ar 16:9

3 빛과 조명 설정

조명 설정은 분위기와 시각적 매력에 중대한 영향을 미칩니다. 다양한 방법으로 빛을 조절하여 원하는 분위기와 디테일을 표현해 보세요.

자연광-시간

1. 아침(Morning)

`프롬프트` medium shot, 20 year old male, direct to camera, in modern city, **morning** --ar 16:9

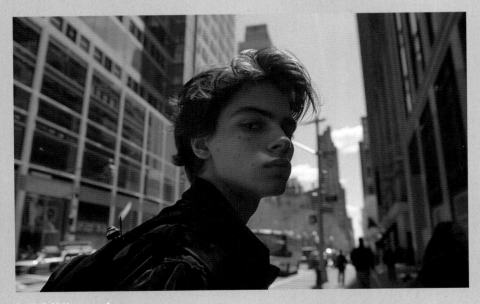

2. 오후(Afternoon)

`프롬프트` medium shot, 20 year old male, direct to camera, in modern city, **afternoon** --ar 16:9

3. 골든 아워(Golden Hour)

프롬프트 medium shot, 20 year old male,
direct to camera, in modern city,
golden hour --ar 16:9

4. 트와일라잇(Twilight)

프롬프트 medium shot, 20 year old male,
direct to camera, in modern city,
twilight --ar 16:9

5. 블루 아워(Blue Hour)

프롬프트 medium shot, 20 year old male,
direct to camera, in modern city,
blue hour --ar 16:9

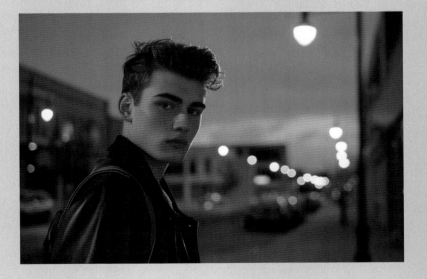

6. 밤(Night)

프롬프트 medium shot, 20 year old male,
direct to camera, in modern city,
night --ar 16:9

자연광─날씨

1. 맑은(Sunny)

프롬프트 medium shot, 20 year old male,
direct to camera, in modern park,
sunny --ar 16:9

2. 흐린(Cloudy)

프롬프트 medium shot, 20 year old male,
direct to camera, in modern park,
cloudy --ar 16:9

3. 비오는(Rainy)

프롬프트 medium shot, 20 year old male, direct to camera, in modern park, **rainy** --ar 16:9

4. 안개 낀(Foggy)

프롬프트 medium shot, 20 year old male, direct to camera, in modern park, **foggy** --ar 16:9

5. 눈덮인(Snowy)

프롬프트 medium shot, 20 year old male, direct to camera, in modern park, **snowy** --ar 16:9

프롬프트 **lightning bolt**, medium shot, 20 year old male, direct to camera, in modern park --ar 16:9

조명 설정

1. 백라이팅(Back Lighting)

실루엣을 만들거나 가장자리를 강조하기 위해 피사체 뒤에서 조명을 비춥니다.

프롬프트 **back lighting**, medium shot, 20 year old male, direct to camera, in modern background --ar 16:9

2. 실루엣 라이팅 (Silhouette Lighting)

프롬프트 **silhouette lighting**, medium shot, 20 year old male, direct to camera, in modern background --ar 16:9

3. 하이키 라이팅(High-Key Lighting)

밝고 균일한 조명으로 그림자를 최소화해 가볍고 경쾌한 느낌을 연출합니다.

프롬프트 **high-key lighting**, portrait photography, direct to camera, 20 year old male, wearing white t shirts, in clean background

4. 로우키 라이팅(Low-Key Lighting)

깊은 그림자를 지닌 고대비 조명으로 드라마틱하고 분위기 있는 분위기를 연출합니다.

프롬프트 **low-key lighting**, portrait photography, direct to camera, 20 year old male, wearing white t shirts, in clean background

5. 창문의 빛(One Light from Window)

프롬프트 **one light from window**, portrait photography, direct to camera, 20 year old male, wearing white t shirts, in clean background

6. 네온 라이팅(Neon Lighting)

프롬프트 **neon lighting**, portrait photography, direct to camera, 20 year old male, wearing white t shirts, in clean background

4 색상 톤

색상 톤 설정은 이미지 퀄리티를 향상시키고 시각적 일관성을 유지하며, 원하는 분위기를 전달하는 간편한 방법입니다.

1. 청록색과 오렌지색(Teal and Orange)

프롬프트 cinematic photography, medium shot, direct to camera, 20 year old, in the room, **Teal and Orange tone** --ar 16:9

2. 붉은색과 푸른색(Red and Blue)

프롬프트 cinematic photography, medium shot, direct to camera, 20 year old, in the room, **Red and Blue tone**, horror film style --ar 16:9

3. 검은색과 흰색(Black and White)

프롬프트 cinematic photography, medium shot, direct to camera, 20 year old, in the room, **Black and White tone**, noir film style --ar 16:9

4. 빨간색과 녹색(Red and Green)

프롬프트 medium shot, direct to camera, 13 year old, in the room, happy, **Red and Green tone**, holiday film style --ar 16:9

5. 갈색과 푸른색(Brown and Blue)

프롬프트 medium shot, direct to camera, 20 year old, in the room, happy, **Brown and Blue tone**, western film style --ar 16:9

6. 분홍색과 녹색(Pink and Green)

프롬프트 medium shot, direct to camera, 20 year old male and female, in the room, **Pink and Green tone**, romantic comedy movie style --ar 16:9

5 스타일

널리 알려진 장르나 브랜드의 키워드를 활용하면 간단한 프롬프트로도 효과적인 이미지를 생성할 수 있습니다.

장르

1. 호러(Horror)

프롬프트 medium shot, cinematic still, **Horror film style**, 20 year old male --ar 16:9

2. 판타지(Fantasy)

프롬프트 medium shot, cinematic still,
Fantasy movie, 20 year old male
--ar 16:9

3. SF(Sci-Fi)

프롬프트 medium shot, cinematic still, **Sci-Fi movie**, 20 year old male --ar 16:9

4. 애니메이션(Animation)

프롬프트 medium shot, **Animation still**, 20
year old female, happy --ar 16:9

5. 사이버펑크(Cyber Punk)

프롬프트 long shot, **cyber punk**, 20 year old female --ar 16:9

브랜드

1. 구찌(Gucci)

프롬프트 portrait photography, **gucci style model**, 20 year old female

2. 톰포드(Tomford)

프롬프트 portrait photography, **tomford style model**, 20 year old male

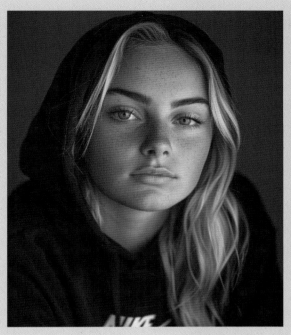

3. 나이키(Nike)

프롬프트 portrait photography, **nike style model**, 20 year old female

4. 몽클레르(Moncler)

프롬프트 portrait photography, **moncler model style**, 20 year old male

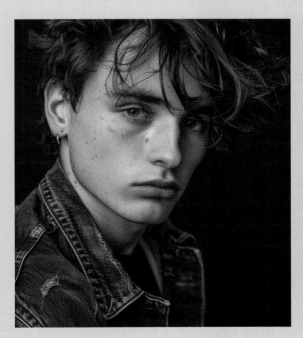

5. 디젤(Disel)

프롬프트 portrait photography, **disel model style**, 20 year old male

6. 픽사(Pixar)

프롬프트 **pixar style animation**, 10 year old boy

다양한 소재와 형태

목업 작업을 진행하면 최종 제품의 모습을 명확히 판단할 수 있어 클라이언트의 이해를 향상시킬 수 있습니다. 생성형 AI를 활용하면 기존에 마음에 드는 퀄리티의 목업 자료를 찾기 위한 시간을 덜어내고, 프로젝트의 톤에 맞는 이미지를 생성할 수 있습니다.

1. 알루미늄 캔

프롬프트 **unbranded white can, aluminum material**, 50% grey background

2. 와인 병

프롬프트 **unbranded wine bottle with white label,** 50% grey background --s 50

3. 플라스틱 병

프롬프트 **unbranded clear plastic bottle**, 50% grey background --s 50

4. 로션 병

prompt product shot of a bottle of **unbranded lotion**, 50% grey background, studio lighting --s 50

5. 향수 병

프롬프트 **flat product shot of Transparent Perfume Bottle** on clean 50% grey background

6. 화장품 에센스병

프롬프트 **unbranded cosmetic dropper bottle**, 50% grey background --s 50

7. 라운드 향수 병

프롬프트 **flat product shot of Round perfume bottle** on clean 50% grey background --s 50

8. 스프레이

prompt **unbranded white trigger spray bottle**, 50% grey background, studio lighting --s 50

9. 화장품 튜브

프롬프트 **unbranded cosmetic plastic tube**, 50% grey background --s 50

10. 화장품 유리병

프롬프트 **unbranded cosmetic glass jar**, 50% grey background --s 50

11. 화장품 플라스틱병

프롬프트 **unbranded white plastic jar**, 50% grey background, studio lighting --s 50

12. 스테인리스 텀블러

프롬프트 **unbranded Stainless Steel Tumbler**, 50% grey background --s 50

13. 유리컵

프롬프트 **unbranded clear glass cup**, 50% grey background --s 50

14. 종이컵

프롬프트 **unbranded white paper coffee cup**, on cafe table, 50% grey background --s 50

15. 상자

prompt unbranded white **express box**, square shape, pink background

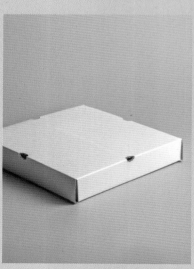

16. 피자 박스

프롬프트 **unbranded pizza box**, 50% grey background --s 50 --no pizza

17. 틴케이스

프롬프트 **unbranded clean Steel Tin Case** , 50% grey background --s 50

18. 쇼핑백

프롬프트 **flat product shot of a white paper bag** on clean 50% grey background --s 50

19. 명함

프롬프트 product shot of a **Business card of unbranded**, neutral background, studio lighting --s 50

20. 책

프롬프트 top view, product shot of a **book cover of unbranded**, on neutral desk, studio lighting --s 50

21. 플라스틱 파우치

프롬프트 **flat product shot of a white plastic pouch** on clean 50% grey background --s 50

22. 페이퍼 파우치

프롬프트 **unbranded paper pouch**, 50% grey background, studio lighting --s 50

그래픽

의류 및 소품들 또한 그래픽 디자인의 위치나 크기가 전체적인 퀄리티를 크게 좌우하므로 목업 작업을 진행하면 상상과 실제 제작품과의 격차를 크게 줄일 수 있습니다.

1. 티셔츠

프롬프트 **flat product shot of a white cotton tee** on clean 50% grey background --s 50

2. 셔츠

프롬프트 **flat product shot of a white shirts** on clean 50% grey background --s 50

3. 후드 티셔츠

프롬프트 **flat product shot of a white cotton Hoodie** on clean 50% grey background --s 50

4. 바람막이 점퍼

프롬프트 **flat product shot of a Anorak Jacket** on clean 50% grey background --s 50

5. 플리스 재킷

flat product shot of a Fleece Jacket on clean 50% grey background --s 50

6. 패딩 점퍼

flat product shot of a Padded Jumper on clean 50% grey background --s 50

7. 면 양말

unbranded white Socks, 50% grey background --s 50

8. 에코백

unbranded eco bag, 50% grey background --s 50

9. 나일론 로트백

unbranded Nylon tote bag, 50% grey background --s 50

10. 아웃도어 나일론 백팩

unbranded Outdoor Nylon Backpack , 50% grey background --s 50

11. 파우치

unbranded cotton pouch,
50% grey background --s 50

12. 가죽 핸드백

leather handbag, 50% grey
background --s 50

13. 여행용 캐리어

**unbranded Silver travel
suitcase,** 50% grey
background --s 50

14. 야구 모자

plane green baseball hat,
50% grey background --s 250

15. 버킷햇

unbranded Bucket hat, 50%
grey background --s 50

16. 비니

unbranded black beanie
with white tag, 50% grey
background --s 50

TEXTURE MOCK-UP

텍스처 목업

재질

다양한 재질을 활용하여 퀄리티를 향상시키고, 새로운 아이디어를 얻을 수 있습니다.

1. 알루미늄

프롬프트 LC 3 style chair in **aluminum texture**, clean background

2. 콘크리트

프롬프트 LC 3 style chair in **concrete texture**, clean background

3. 데님

프롬프트 LC 3 style chair in **denim texture**, clean background

4. 털(Hairy, Fluffy)

프롬프트 LC 3 style chair in **hairy texture**, clean background

5. 홀로그래픽(Holographic)

프롬프트 LC 3 style chair in **holographic texture**, clean background

6. 얼음(Icy)

프롬프트 LC 3 style chair in **icy texture**, clean background

7. 빛 파티클(Light Particles)

프롬프트 LC 3 style chair in **light particles texture**, clean background

8. 젤리(Jelly)

프롬프트 LC 3 style chair in **jelly texture**, clean background

9. 꽃(Flower)

프롬프트 LC 3 style chair **made of flowers**, clean background

10. 투명 비닐(Transparent Vinyl)

프롬프트 LC 3 style chair **made of transparent vinyl**, clean background